GÉNESIS

INTERLINEAL
HEBREO-ESPAÑOL

VOLUMEN II

Volumen II

Génesis

Interlineal Hebreo-Español

GEMATRÍA | RAÍZ | TEXTO MASORÉTICO
PRONUNCIACIÓN | HEBREO CONSONÁNTICO
PROTOHEBREO | TRADUCCIÓN

Jonatán Mira

Bereshit Ediciones (España)
bienvenidoalorigen@gmail.com
www.bienvenidoalorigen.com

Génesis. Interlineal Hebreo-Español, Vol. II
© 2021, Bereshit Ediciones

ÍNDICE

INTRODUCCIÓN

¿QUÉ ES UN INTERLINEAL?

Un interlineal es un recurso excelente para el estudio bíblico, tanto de la Biblia Hebrea como del llamado Nuevo Testamento, que permite comparar el texto en el idioma original con otros campos de interés, generalmente la traducción al español, ya que presenta un idioma debajo del otro, línea por línea en el texto.

Gracias a este sistema de estudio y análisis, muchos teólogos y eruditos bíblicos, así como amantes de la Biblia en general, disponen de una herramienta única que permite acercarse mucho más al sentido original del texto hebreo, sin necesidad de tener conocimiento alguno de las lenguas originales.

El valor de este interlineal reside en los campos que complementan a los idiomáticos. El resultado es una poderosa herramienta de exégesis para todos aquellos que buscan familiarizarse con los idiomas originales de la Biblia y profundizar en el conocimiento del hebreo.

CAMPOS COMPARATIVOS

Este interlineal contiene un total de 7 campos de estudio que garantizan una inmersión completa en el texto bíblico. Además, al final de cada capítulo se incluye un recuento del total de palabras, del total de consonantes y si hay alguna consonante hebrea que no aparezca en todo el capítulo. A continuación se puede ver una muestra y, en las siguientes páginas, se añade una explicación de cada uno de los campos para facilitar el manejo de este interlineal.

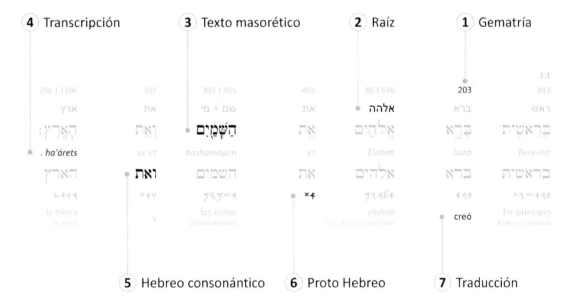

1. GEMATRÍA

La gematría es un método de interpretación de nombres, palabras y frases hebreas basado en la asignación de números a cada consonante del alfabeto hebreo. Este método, usado por muchos eruditos judíos, permite establecer relaciones entre palabras con el mismo valor numérico y descubrir nuevos temas y significados dentro del texto bíblico.

Dentro de la gematría hay varios tipos de cifrado. Por ejemplo, *At Bash*, *Mispar Hakadmi*, *Mispar Haperati*, entre otros. Sin embargo, en este interlineal se han incluido los dos más comunes que son el *Mispar Hejrají* (número necesario) y el *Mispar Gadol* (número grande).

El Mispar Hejrají es el cifrado en el cual se computa el valor de cada letra del Alefato sumando. Por ejemplo, la palabra אל *El*, que significa "Poderoso", se deletrea con *Álef* y *Lámed*; el valor de *Álef* es 1 y el de *Lámed* es 30, luego la gematría de אל *El* es 31 (1+30).

Ésta es la secuencia de los números asignados basados en el método de *Mispar Hejrají*:

א	1	י	10	ק	100
ב	2	ך | כ	20	ר	200
ג	3	ל	30	ש	300
ד	4	ם | מ	40	ת	400
ה	5	ן | נ	50		
ו	6	ס	60		
ז	7	ע	70		
ח	8	ף | פ	80		
ט	9	ץ | צ	90		

El *Mispar Gadol* es prácticamente igual que el *Mispar Hejrají*, a excepción de que las cinco consonantes que cambian de forma cuando se colocan al final de una palabra, llamadas *sofit* o finales, reciben sus propios valores que van desde el 500 al 900. Ésta es la secuencia de los números asignados basados en el método de *Mispar Gadol*:

א	1	י	10	ק	100
ב	2	כ	20	ר	200
ג	3	ל	30	ש	300
ד	4	מ	40	ת	400
ה	5	נ	50	ך	500
ו	6	ס	60	ם	600
ז	7	ע	70	ן	700
ח	8	פ	80	ף	800
ט	9	צ	90	ץ	900

2. RAÍZ

En lingüística la raíz es la parte que se mantiene invariable en todas las palabras de una misma familia; y expresa el significado común a toda la familia. En otras palabras, la raíz abarca el contenido semántico básico de la palabra.

Cada palabra hebrea tiene un juego de consonantes, llamadas también "radicales", que forman su raíz (שֹׁרֶשׁ *soresh*). En general, las raíces son trilíteras, es decir, tienen tres consonantes, aunque también existen raíces de dos y cuatro consonantes.

Las palabras hebreas se construyen a partir de una raíz y un patrón que se añade a la raíz. La combinación de esos elementos forma las palabras en hebreo. Por ejemplo, la primera palabra de la Torá es בְּרֵאשִׁית *bereshit* y suele traducirse como "en el principio". La raíz de esta palabra está formada por ר *Resh*, א *Álef*, שׁ *Shin*, tres letras que dan lugar a la palabra רֹאשׁ *rosh*, cabeza. A esta raíz se le agrega la preposición בְּ bet con shvá, "en" o "con", y el sufijo ית "-it".

| Sufijo | Raíz | Prefijo |

En resumen, la raíz contiene la esencia del significado de las palabras. Por tanto, este campo de estudio, además de ayudar al lector a comprender el origen de cada palabra hebrea, permitirá conocer y relacionar palabras que compartan una misma raíz y agruparlas por familias.

3. TEXTO MASORÉTICO

El texto hebreo que se encuentra en este interlineal es el del manuscrito de Leningrado B19[A] que es el más completo y más antiguo manuscrito de los que se conocen hasta el día de hoy. Es considerado el más genuino representante de la escuela masorética tiberiense de Ben Aser, y se conoce como texto masorético (TM).

El texto masorético es la versión hebraica de la Biblia Hebrea usada oficialmente entre los judíos, y en el cristianismo se utiliza con frecuencia como base para las traducciones del llamado Antiguo Testamento. De ahí que sea un campo de obligada presencia en un interlineal.

4. PRONUNCIACIÓN

Este campo pretende ser una ayuda para la lectura del hebreo, pero hay que tener en cuenta que la pronunciación del hebreo bíblico es distinta a la del hebreo moderno y que existen diferencias fonéticas según distintas tradiciones, por lo que es posible que el lector encuentre variantes entre la transcripción presentada en este interlineal y otras fuentes existentes.

5. HEBREO CONSONÁNTICO

En las etapas anteriores al texto masorético el hebreo carecía de vocales, sencillamente era consonántico. Sin embargo, el texto carente de la puntuación masorética da lugar a otras lecturas a las que fueron fijadas por los masoretas. Por ejemplo, en Génesis 1:1 encontramos el verbo *bará*; si a este verbo le quitamos la vocalización nos quedan tres consonantes que pueden ser puntuadas de otro modo, por ejemplo, *beró*. La diferencia es que según la primera puntuación leeríamos: *Bereshit bará Elohim...*, "En el principio creó Dios..."; mientras que según la segunda acepción debería leerse: *Bereshit beró Elohim...*, "En el principio de crear Dios...".

Así que este campo, libre de la interpretación masorética, sirve para contemplar nuevas lecturas del texto hebreo y aportar otras maneras de entender los relatos.

6. PROTOHEBREO

La lengua hebrea pertenece al grupo de lenguas semíticas y, concretamente, al grupo noroccidental. El hebreo es un desarrollo de la lengua hablada en Canaán antes de la llegada de los israelitas, tal y como se menciona en Isaías 19:18, hablada también por los fenicios, moabitas, amonitas y edomitas.

El gran parentesco existente entre el hebreo y los idiomas de los pueblos vecinos se puede corroborar mediante la Estela de Mesha, una piedra de basalto negro, que muestra una inscripción de Mesha, rey moabita del siglo IX a. C., la cual fue descubierta en 1868. Fue erigida por Mesha, alrededor de 850 a. C., como un registro y recuerdo de sus victorias en su revuelta contra el Reino de Israel, que emprendió tras la muerte de su gobernante, Ahab.

En este campo se ha usado una tipografía que procura reproducir con fidelidad los caracteres de la Estela de Mesha, ya que, sin duda, aporta un indudable valor histórico, y permite cotejar con facilidad otros manuscritos que usen esta fuente o similar.

Fragmento de la Estela de Mesha. Siglo IX d.C.

7. TRADUCCIÓN

La traducción es la actividad que consiste en comprender el significado de un texto en un idioma, llamado texto origen o «texto de salida», para producir un texto con significado equivalente, en otro idioma, llamado texto traducido o «texto meta».

En el último campo de cada tabla se encuentra la traducción de cada palabra hebrea y, aunque se ha procurado llevar a cabo una equivalencia formal para acercar al lector el texto original, cotejándola con documentos de gran valor lingüístico e histórico como por ejemplo la Biblia de Ferrara, no siempre ha sido posible por las dificultades intrínsecas a la traducción.

Nada puede sustituir al conocimiento de los idiomas bíblicos de primera mano. Por ello, se añaden las siguientes recomendaciones:

- El hebreo se lee de derecha a izquierda. Por tanto los distintos campos están ordenados en la misma dirección.

- El hebreo no diferencia entre mayúsculas y minúsculas. Este es un aspecto que se ha procurado respetar en este interlineal. Por eso, palabras que figuran en mayúscula en las distintas traducciones y versiones bíblicas aquí pueden aparecer en minúscula.

- Las palabras en hebreo no siempre tienen una equivalencia formal con el español. De manera que una palabra que en hebreo es masculina puede ser femenina en español, y viceversa. Lo mismo ocurre en cuanto al número.

- La estructura del verbo hebreo es sustancialmente diferente del español. Luego, la elección de la traducción se debe al criterio del traductor, pero no del autor original.

- Las preposiciones hebreas son muy polivalentes y ello significa que el traductor se encuentra con un amplio abanico de preposiciones españolas para emplear en cada caso, con lo que el criterio del traductor tiene que resolver el dilema.

- La traducción interlineal constituye la forma de traducción más cercana al original, pero no puede sustituir a la lectura directa del texto hebreo. El lector debe procurar no sacar conclusiones precipitadas.

- El texto original hebreo no estaba dividido en capítulos y versículos como están las Biblias actuales. La división en capítulos data del siglo XIII, y los versículos fueron introducidos en el siglo XVI. No obstante, se han mantenido para facilitar la búsqueda de los pasajes.

11:1

63 | 623	262 | 822	409	385	296 | 1106	50	31
אחד	דבר	אחד	שפה	ארץ	כלל	היה
אֲחָדִים׃	וּדְבָרִים	אֶחָת	שָׂפָה	הָאָרֶץ	כָל־	וַיְהִי
. ajadim	*udevarim*	*ejat*	*safah*	*ha'árets*	*jol*	*Vayehí*
אחדים	ודברים	אחת	שפה	הארץ	כל	ויהי
𐤀𐤇𐤃𐤉𐤌	𐤅𐤃𐤁𐤓𐤉𐤌	𐤀𐤇𐤕	𐤔𐤐𐤄	𐤄𐤀𐤓𐤑	𐤊𐤋	𐤅𐤉𐤄𐤉
. unas	y-palabras	uno único; unido	labio	la-tierra [la seca]	toda	Y-fue

11:2

620	293 | 1103	177	153	184 | 744	222 | 782	31
·	ארץ	בקע	מצא	קדם	נסע	היה
שִׁנְעָר	בְּאֶרֶץ	בִקְעָה	וַיִּמְצְאוּ	מִקֶּדֶם	בְּנָסְעָם	וַיְהִי
Shinar	*be'érets*	*vikah*	*vayimtse'ú*	*mikédem*	*benosam*	*Vayehí*
שנער	בארץ	בקעה	וימצאו	מקדם	בנסעם	ויהי
𐤔𐤍𐤏𐤓	𐤁𐤀𐤓𐤑	𐤁𐤒𐤏𐤄	𐤅𐤉𐤌𐤑𐤀𐤅	𐤌𐤒𐤃𐤌	𐤁𐤍𐤎𐤏𐤌	𐤅𐤉𐤄𐤉
Shinar	en-tierra-de [la seca]	llanura	y-encontraron	del-este antaño; oriente	en-su-partir [retirar estacas]	Y-fue

11:3

12	275	31	311	263	340 | 900	324
יהב	רעה	אלה	איש	אמר	שם	ישב
הָבָה	רֵעֵהוּ	אֶל־	אִישׁ	וַיֹּאמְרוּ	שָׁם׃	וַיֵּשְׁבוּ
havah	*re'ehu*	*el*	*ish*	*Vayomrú*	*. sham*	*vayeshvú*
הבה	רעהו	אל	איש	ויאמרו	שם	וישבו
𐤄𐤁𐤄	𐤓𐤏𐤄𐤅	𐤀𐤋	𐤀𐤉𐤔	𐤅𐤉𐤀𐤌𐤓𐤅	𐤔𐤌	𐤅𐤉𐤔𐤁𐤅
vamos	su-compañero pastor	a hacia	varón [cada uno]	Y-dijeron	. allí [ubicación]	y-se-asentaron

92	75 | 635	421	615	641	132 | 692	137
לבן	הוא	היה	שרף	שרף	לבן	לבן
הַלְּבֵנָה	לָהֶם	וַתְּהִי	לִשְׂרֵפָה	וְנִשְׂרְפָה	לְבֵנִים	נִלְבְּנָה
halevenah	*lahem*	*vatehí*	*lisrefah*	*venisrefah*	*levenim*	*nilbenah*
הלבנה	להם	ותהי	לשרפה	ונשרפה	לבנים	נלבנה
𐤄𐤋𐤁𐤍𐤄	𐤋𐤄𐤌	𐤅𐤕𐤄𐤉	𐤋𐤔𐤓𐤐𐤄	𐤅𐤍𐤔𐤓𐤐𐤄	𐤋𐤁𐤍𐤉𐤌	𐤍𐤋𐤁𐤍𐤄
el-adobe	para-ellos	y-fue	para-cremación	y-crememos	para-adobes	adobemos

11:4

12	263	278	75 | 635	20	259	83 | 733
יהב	אמר	חמר	הוא	היה	חמר	בנה
הָבָה	וַיֹּאמְרוּ	לַחֹמֶר׃	לָהֶם	הָיָה	וְהַחֵמָר	לְאָבֶן
havah	*Vayomrú*	*. lajómer*	*lahem*	*hayah*	*vehajemar*	*le'aven*
הבה	ויאמרו	לחמר	להם	היה	והחמר	לאבן
𐤄𐤁𐤄	𐤅𐤉𐤀𐤌𐤓𐤅	𐤋𐤇𐤌𐤓	𐤋𐤄𐤌	𐤄𐤉𐤄	𐤅𐤄𐤇𐤌𐤓	𐤋𐤀𐤁𐤍
vamos	Y-dijeron	. para-lodo barro; mezcla	para-ellos	fue	y-la-brea	para-piedra

<table>
<tr><td>431</td><td>392 | 952</td><td>513</td><td>83</td><td>280</td><td>86</td><td>107</td></tr>
<tr><td>עשה</td><td>שם + מי</td><td>ראש</td><td>גדל</td><td>עיר</td><td>·</td><td>בנה</td></tr>
<tr><td>וְנַֽעֲשֶׂה־</td><td>בַשָּׁמַ֔יִם</td><td>וְרֹאשׁ֣וֹ</td><td>וּמִגְדָּל֙</td><td>עִ֔יר</td><td>לָּ֣נוּ</td><td>נִבְנֶה־</td></tr>
<tr><td>vena'aseh</td><td>bashamáyim</td><td>veroshó</td><td>umigdal</td><td>ir</td><td>lanu</td><td>nivneh</td></tr>
<tr><td>ונעשה</td><td>בשמים</td><td>וראשו</td><td>ומגדל</td><td>עיר</td><td>לנו</td><td>נבנה</td></tr>
<tr><td>𐤅𐤍𐤏𐤔𐤄</td><td>𐤁𐤔𐤌𐤉𐤌</td><td>𐤅𐤓𐤀𐤔𐤅</td><td>𐤅𐤌𐤂𐤃𐤋</td><td>𐤏𐤉𐤓</td><td>𐤋𐤍𐤅</td><td>𐤍𐤁𐤍𐤄</td></tr>
<tr><td>y-hagamos</td><td>en-los-cielos
[el firmamento]</td><td>y-su-cabeza</td><td>y-torre</td><td>ciudad</td><td>para-nosotros</td><td>edifiquemos
construir</td></tr>
</table>

<table>
<tr><td>50</td><td>140</td><td>100</td><td>226 | 1036</td><td>130 | 780</td><td>340 | 900</td><td>86</td></tr>
<tr><td>כלל</td><td>פנה</td><td>עלה</td><td>פוץ</td><td>פן</td><td>שם</td><td>·</td></tr>
<tr><td>כָל־</td><td>פְּנֵ֥י</td><td>עַל־</td><td>נָפ֖וּץ</td><td>פֶּן־</td><td>שֵׁ֑ם</td><td>לָּ֣נוּ</td></tr>
<tr><td>jol</td><td>peney</td><td>al</td><td>nafuts</td><td>pen</td><td>shem</td><td>lanu</td></tr>
<tr><td>כל</td><td>פני</td><td>על</td><td>נפוץ</td><td>פן</td><td>שם</td><td>לנו</td></tr>
<tr><td>𐤊𐤋</td><td>𐤐𐤍𐤉</td><td>𐤏𐤋</td><td>𐤍𐤐𐤅𐤑</td><td>𐤐𐤍</td><td>𐤔𐤌</td><td>𐤋𐤍𐤅</td></tr>
<tr><td>toda</td><td>faces-de
presencia; superficie</td><td>sobre</td><td>seamos-dispersados</td><td>no-sea-que
quizá</td><td>nombre
[ubicación]</td><td>para-nosotros</td></tr>
</table>

11:5

<table>
<tr><td>407</td><td>285</td><td>401</td><td>631</td><td>26</td><td>220</td><td>296 | 1106</td></tr>
<tr><td>את</td><td>עור</td><td>את</td><td>ראה</td><td>היה</td><td>ירד</td><td>ארץ</td></tr>
<tr><td>וְאֶת־</td><td>הָעִ֖יר</td><td>אֶת־</td><td>לִרְאֹ֥ת</td><td>יְהוָ֔ה</td><td>וַיֵּ֣רֶד</td><td>הָאָֽרֶץ׃</td></tr>
<tr><td>ve'et</td><td>ha'ir</td><td>et</td><td>lirot</td><td>YHVH</td><td>Vayéred</td><td>. ha'árets</td></tr>
<tr><td>ואת</td><td>העיר</td><td>את</td><td>לראת</td><td>יהוה</td><td>וירד</td><td>הארץ</td></tr>
<tr><td>𐤅𐤀𐤕</td><td>𐤄𐤏𐤉𐤓</td><td>𐤀𐤕</td><td>𐤋𐤓𐤀𐤕</td><td>𐤉𐤄𐤅𐤄</td><td>𐤅𐤉𐤓𐤃</td><td>𐤄𐤀𐤓𐤑</td></tr>
<tr><td>y-··</td><td>la-ciudad</td><td>··</td><td>para-ver</td><td>YHVH</td><td>Y-descendió</td><td>. la-tierra
[la seca]</td></tr>
</table>

11:6

<table>
<tr><td>26</td><td>257</td><td>50 | 610</td><td>62</td><td>58</td><td>501</td><td>82</td></tr>
<tr><td>היה</td><td>אמר</td><td>אדם</td><td>בנה</td><td>בנה</td><td>אשר</td><td>גדל</td></tr>
<tr><td>יְהוָ֗ה</td><td>וַיֹּ֣אמֶר</td><td>הָאָדָֽם׃</td><td>בְּנֵ֥י</td><td>בָּנ֖וּ</td><td>אֲשֶׁ֥ר</td><td>הַמִּגְדָּ֑ל</td></tr>
<tr><td>YHVH</td><td>Vayómer</td><td>. ha'adam</td><td>beney</td><td>banu</td><td>asher</td><td>hamigdal</td></tr>
<tr><td>יהוה</td><td>ויאמר</td><td>האדם</td><td>בני</td><td>בנו</td><td>אשר</td><td>המגדל</td></tr>
<tr><td>𐤉𐤄𐤅𐤄</td><td>𐤅𐤉𐤀𐤌𐤓</td><td>𐤄𐤀𐤃𐤌</td><td>𐤁𐤍𐤉</td><td>𐤁𐤍𐤅</td><td>𐤀𐤔𐤓</td><td>𐤄𐤌𐤂𐤃𐤋</td></tr>
<tr><td>YHVH</td><td>Y-dijo</td><td>. ha'adam
hombre; humanidad</td><td>hijos-de
edificador</td><td>edificaron
construir</td><td>que</td><td>la-torre</td></tr>
</table>

<table>
<tr><td>18</td><td>120 | 680</td><td>409</td><td>391</td><td>13</td><td>110 | 670</td><td>55 | 705</td></tr>
<tr><td>זה</td><td>כלל</td><td>אחד</td><td>שפה</td><td>אחד</td><td>עמם</td><td>הן</td></tr>
<tr><td>וְזֶ֖ה</td><td>לְכֻלָּ֔ם</td><td>אַחַת֙</td><td>וְשָׂפָ֤ה</td><td>אֶחָד֙</td><td>עַ֤ם</td><td>הֵ֣ן</td></tr>
<tr><td>vezeh</td><td>lejulam</td><td>ajat</td><td>vesafah</td><td>ejad</td><td>am</td><td>hen</td></tr>
<tr><td>וזה</td><td>לכלם</td><td>אחת</td><td>ושפה</td><td>אחד</td><td>עם</td><td>הן</td></tr>
<tr><td>𐤅𐤆𐤄</td><td>𐤋𐤊𐤋𐤌</td><td>𐤀𐤇𐤕</td><td>𐤅𐤔𐤐𐤄</td><td>𐤀𐤇𐤃</td><td>𐤏𐤌</td><td>𐤄𐤍</td></tr>
<tr><td>y-éste</td><td>para-todos-ellos</td><td>uno
único; unido</td><td>y-labio</td><td>uno
único; unido</td><td>pueblo</td><td>¡Mira!
he-aquí</td></tr>
</table>

50	85 | 645	302	31	481	806	83 | 643
כלל	הוא	בצר	לא	עת	עשה	חלל
כֹּל	מֵהֶם	יִבָּצֵר	לֹא־	וְעַתָּה	לַעֲשׂוֹת	הַחִלָּם
kol	*mehem*	*yibatser*	*lo*	*ve'atah*	*la'asot*	*hajilam*
כל	מהם	יבצר	לא	ועתה	לעשות	החלם
𐤊𐤋	𐤌𐤄𐤌	𐤉𐤁𐤑𐤓	𐤋𐤀	𐤅𐤏𐤕𐤄	𐤋𐤏𐤔𐤅𐤕	𐤄𐤇𐤋𐤌
todo	de-ellos	será-vedado	no	y-ahora en-este-tiempo	para-hacer	su-comenzar [profanar]

11:7

340 | 900	93	259	12	806	63	501
שם	בלל	ירד	יהב	עשה	זמם	אשר
שָׁם	וְנָבְלָה	נֵרְדָה	הָבָה	לַעֲשׂוֹת׃	יָזְמוּ	אֲשֶׁר
sham	*venavlah*	*nerdah*	*Havah*	*. la'asot*	*yazmú*	*asher*
שם	ונבלה	נרדה	הבה	לעשות	יזמו	אשר
𐤔𐤌	𐤅𐤍𐤁𐤋𐤄	𐤍𐤓𐤃𐤄	𐤄𐤁𐤄	𐤋𐤏𐤔𐤅𐤕	𐤉𐤆𐤌𐤅	𐤀𐤔𐤓
allí [ubicación]	y-confundamos amasar	descendamos	Vamos	. para-hacer	planearon	que

275	780	311	426	31	501	820 | 1380
רעה	שפה	איש	שמע	לא	אשר	שפה
רֵעֵהוּ׃	שְׂפַת	אִישׁ	יִשְׁמְעוּ	לֹא	אֲשֶׁר	שְׂפָתָם
. re'ehu	*sfat*	*ish*	*yishme'ú*	*lo*	*asher*	*sfatam*
רעהו	שפת	איש	ישמעו	לא	אשר	שפתם
𐤓𐤏𐤄𐤅	𐤔𐤐𐤕	𐤀𐤉𐤔	𐤉𐤔𐤌𐤏𐤅	𐤋𐤀	𐤀𐤔𐤓	𐤔𐤐𐤕𐤌
. su-compañero pastor	labio-de	varón [cada uno]	oigan	no	que	sus-labios

11:8

50	140	100	380 | 940	441 | 1001	26	186 | 996
כלל	פנה	עלה	שם	את	היה	פוץ
כָל־	פְּנֵי	עַל־	מִשָּׁם	אֹתָם	יְהוָה	וַיָּפֶץ
jol	*peney*	*al*	*misham*	*otam*	*YHVH*	*Vayáfets*
כל	פני	על	משם	אתם	יהוה	ויפץ
𐤊𐤋	𐤐𐤍𐤉	𐤏𐤋	𐤌𐤔𐤌	𐤀𐤕𐤌	𐤉𐤄𐤅𐤄	𐤅𐤉𐤐𐤑
toda	faces-de presencia; superficie	sobre	de-allí [ubicación]	a-ellos	YHVH	Y-dispersó

11:9

301	70 | 720	100	285	482	64	296 | 1106
קרא	כן	עלה	עור	בנה	חדל	ארץ
קָרָא	כֵּן	עַל־	הָעִיר׃	לִבְנֹת	וַיַּחְדְּלוּ	הָאָרֶץ
kará	*ken*	*Al*	*. ha'ir*	*livnot*	*vayajdelú*	*ha'árets*
קרא	כן	על	העיר	לבנת	ויחדלו	הארץ
𐤒𐤓𐤀	𐤊𐤍	𐤏𐤋	𐤄𐤏𐤉𐤓	𐤋𐤁𐤍𐤕	𐤅𐤉𐤇𐤃𐤋𐤅	𐤄𐤀𐤓𐤑
llamó	eso enderezar; rectamente	Por	. la-ciudad	para-edificar construir	y-desistieron	la-tierra [la seca]

780	26	62	340 | 900	30	34	345
שפה	היה	בלל	שם	כי	בלל	שם
שְׂפַ֣ת	יְהוָ֖ה	בָּלַ֥ל	שָׁ֗ם	כִּי־	בָּבֶ֔ל	שְׁמָהּ֙
sfat	*YHVH*	*balal*	*sham*	*ki*	*Bavel*	*shmah*
שפת	יהוה	בלל	שם	כי	בבל	שמה
𐤔𐤐𐤕	𐤉𐤄𐤅𐤄	𐤁𐤋𐤋	𐤔𐤌	𐤊𐤉	𐤁𐤁𐤋	𐤔𐤌𐤄
labio-de	YHVH	confundió	allí [ubicación]	que porque	Bavel	su-nombre [ubicación]

140	100	26	225 | 785	386 | 946	296 | 1106	50
פנה	עלה	היה	פוץ	שם	ארץ	כלל
פְּנֵ֖י	עַל־	יְהוָ֔ה	הֱפִיצָ֣ם	וּמִשָּׁם֙	הָאָ֑רֶץ	כָּל־
peney	*al*	*YHVH*	*hefitsam*	*umisham*	*ha'árets*	*kol*
פני	על	יהוה	הפיצם	ומשם	הארץ	כל
𐤐𐤍𐤉	𐤏𐤋	𐤉𐤄𐤅𐤄	𐤄𐤐𐤉𐤑𐤌	𐤅𐤌𐤔𐤌	𐤄𐤀𐤓𐤑	𐤊𐤋
faces-de presencia; superficie	sobre	YHVH	los-dispersó	y-desde-allí [ubicación]	la-tierra [la seca]	toda

11:10

52 | 702	340 | 900	340 | 900	840	36	296 | 1106	50
בנה	שם	שם	ילד	אלה	ארץ	כלל
בֶּן־	שֵׁ֗ם	שֵׁ֔ם	תּוֹלְדֹ֣ת	אֵ֚לֶּה	הָאָֽרֶץ׃	כָּל־
ben	*Shem*	*Shem*	*toldot*	*Éleh*	*. ha'árets*	*kol*
בן	שם	שם	תולדת	אלה	הארץ	כל
𐤁𐤍	𐤔𐤌	𐤔𐤌	𐤕𐤅𐤋𐤃𐤕	𐤀𐤋𐤄	𐤄𐤀𐤓𐤑	𐤊𐤋
hijo-de edificador	Shem	Shem	generaciones-de historia [escrit. defect.]	Éstas	. la-tierra [la seca]	toda

209	800 | 1360	605	401	56	355	441
אחר	שנה	·	את	ילד	שנה	מאה
אַחַ֣ר	שְׁנָתַ֖יִם	אַרְפַּכְשָׁ֑ד	אֶת־	וַיּ֖וֹלֶד	שָׁנָ֔ה	מְאַ֣ת
ajar	*shnatáyim*	*Arpajshad*	*et*	*vayóled*	*shanah*	*me'at*
אחר	שנתים	ארפכשד	את	ויולד	שנה	מאת
𐤀𐤇𐤓	𐤔𐤍𐤕𐤉𐤌	𐤀𐤓𐤐𐤊𐤔𐤃	𐤀𐤕	𐤅𐤉𐤅𐤋𐤃	𐤔𐤍𐤄	𐤌𐤀𐤕
después	dos-años	Arpajshad	..	y-engendró	año cambio	cien

11:11

605	401	61	219	340 | 900	34	83
·	את	ילד	אחר	שם	חיה	יבל
אַרְפַּכְשָֽׁד	אֶת־	הוֹלִיד֣וֹ	אַֽחֲרֵי֙	שֵׁ֗ם	וַֽיְחִי־	הַמַּבּֽוּל׃
Arpajshad	*et*	*holidó*	*ajarey*	*Shem*	*Vayejí*	*. hamabul*
ארפכשד	את	הולידו	אחרי	שם	ויחי	המבול
𐤀𐤓𐤐𐤊𐤔𐤃	𐤀𐤕	𐤄𐤅𐤋𐤉𐤃𐤅	𐤀𐤇𐤓𐤉	𐤔𐤌	𐤅𐤉𐤇𐤉	𐤄𐤌𐤁𐤅𐤋
Arpajshad	..	su-engendrar	después-de	Shem	Y-vivió	. el-diluvio

11:12

611	464	102	662	56	355	447	348
·	בנה	בנה	ילד	שנה	מאה	חמש
וְאַרְפַּכְשַׁ֑ד	וּבָנֽוֹת׃	בָּנִ֖ים	וַיּ֥וֹלֶד	שָׁנָ֔ה	מֵא֣וֹת	חֲמֵ֥שׁ
Ve'Arpajshad	*. uvanot*	*banim*	*vayóled*	*shanah*	*me'ot*	*jamesh*
וארפכשד	ובנות	בנים	ויולד	שנה	מאות	חמש
𐤅𐤀𐤓𐤐𐤊𐤔𐤃	𐤅𐤁𐤍𐤅𐤕	𐤁𐤍𐤉𐤌	𐤅𐤉𐤅𐤋𐤃	𐤔𐤍𐤄	𐤌𐤀𐤅𐤕	𐤇𐤌𐤔
Y-Arpajshad	. e-hijas	hijos edificador	y-engendró	año cambio	cientos centena	cinco

338	401	56	355	686	1246	348	18
שלח	את	ילד	שנה	שלש	חמש	חיה
שָֽׁלַח׃	אֶת־	וַיּ֖וֹלֶד	שָׁנָ֑ה	וּשְׁלֹשִׁ֖ים	חָמֵ֥שׁ	חַ֣י
. Shálaj	*et*	*vayóled*	*shanah*	*ushloshim*	*jamesh*	*jay*
שלח	את	ויולד	שנה	ושלשים	חמש	חי
𐤔𐤋𐤇	𐤀𐤕	𐤅𐤉𐤅𐤋𐤃	𐤔𐤍𐤄	𐤅𐤔𐤋𐤔𐤉𐤌	𐤇𐤌𐤔	𐤇𐤉
. Shélaj	··	y-engendró	año cambio	y-treinta	cinco	vivió

11:13

630	338	401	61	219	605	34
שלש	שלח	את	ילד	אחר	·	חיה
שָׁלֹ֣שׁ	שֶׁ֔לַח	אֶת־	הוֹלִיד֣וֹ	אַֽחֲרֵי֙	אַרְפַּכְשַׁ֗ד	וַֽיְחִ֣י
shalosh	*Shélaj*	*et*	*holidó*	*ajarey*	*Arpajshad*	*Vayejí*
שלש	שלח	את	הולידו	אחרי	ארפכשד	ויחי
𐤔𐤋𐤔	𐤔𐤋𐤇	𐤀𐤕	𐤄𐤅𐤋𐤉𐤃𐤅	𐤀𐤇𐤓𐤉	𐤀𐤓𐤐𐤊𐤔𐤃	𐤅𐤉𐤇𐤉
tres	Shélaj	··	su-engendrar	después-de	Arpajshad	Y-vivió

464	102	662	56	355	447	279	400	960
בנה	בנה	ילד	שנה	מאה	רבע	שנה
וּבָנֽוֹת׃	בָּנִ֖ים	וַיּ֥וֹלֶד	שָׁנָ֑ה	מֵא֣וֹת	וְאַרְבַּ֖ע	שָׁנִ֔ים
. uvanot	*banim*	*vayóled*	*shanah*	*me'ot*	*ve'arbá*	*shanim*
ובנות	בנים	ויולד	שנה	מאות	וארבע	שנים
𐤅𐤁𐤍𐤅	𐤁𐤍𐤉𐤌	𐤅𐤉𐤅𐤋𐤃	𐤔𐤍𐤄	𐤌𐤀𐤅𐤕	𐤅𐤀𐤓𐤁𐤏	𐤔𐤍𐤉𐤌
. e-hijas	hijos edificador	y-engendró	año cambio	cientos centena	y-cuatro	años cambio

11:14

272	401	56	355	680	1240	18	344
עבר	את	ילד	שנה	שלש	חיה	שלח
עֵֽבֶר׃	אֶת־	וַיּ֖וֹלֶד	שָׁנָ֑ה	שְׁלֹשִׁ֣ים	חַ֖י	וְשֶׁ֥לַח
. Éver	*et*	*vayóled*	*shanah*	*shloshim*	*jay*	*VeShélaj*
עבר	את	ויולד	שנה	שלשים	חי	ושלח
𐤏𐤁𐤓	𐤀𐤕	𐤅𐤉𐤅𐤋𐤃	𐤔𐤍𐤄	𐤔𐤋𐤔𐤉𐤌	𐤇𐤉	𐤅𐤔𐤋𐤇
. Éver	··	y-engendró	año cambio	treinta	vivió	Y-Shélaj

11:15

630	272	401	61	219	338	34
שלש	עבר	את	ילד	אחר	שלח	חיה
שָׁלֹ֣שׁ	עֵ֫בֶר	אֶת־	הוֹלִידֹ֣ו	אַחֲרֵי֙	שֶׁ֫לַח	וַֽיְחִי־
shalosh	*Éver*	*et*	*holidó*	*ajarey*	*Shélaj*	*Vayejí*
שלש	עבר	את	הולידו	אחרי	שלח	ויחי
𐤔𐤋𐤔	𐤏𐤁𐤓	𐤀𐤕	𐤄𐤅𐤋𐤉𐤃𐤅	𐤀𐤇𐤓𐤉	𐤔𐤋𐤇	𐤅𐤉𐤇𐤉
tres	Éver	··	su-engendrar	después-de	Shélaj	Y-vivió

464	102 | 662	56	355	447	279	400 | 960
בנה	בנה	ילד	שנה	מאה	רבע	שנה
וּבָנֽוֹת׃	בָּנִ֖ים	וַיּ֥וֹלֶד	שָׁנָ֔ה	מֵא֣וֹת	וְאַרְבַּ֣ע	שָׁנִ֔ים
. uvanot	*banim*	*vayóled*	*shanah*	*me'ot*	*ve'arbá*	*shanim*
ובנות	בנים	ויולד	שנה	מאות	וארבע	שנים
𐤅𐤁𐤍𐤅𐤕	𐤁𐤍𐤉𐤌	𐤅𐤉𐤅𐤋𐤃	𐤔𐤍𐤄	𐤌𐤀𐤅𐤕	𐤅𐤀𐤓𐤁𐤏	𐤔𐤍𐤉𐤌
. e-hijas	hijos edificador	y-engendró	año cambio	cientos centena	y-cuatro	años cambio

11:16

401	56	355	686 | 1246	273	272	34
את	ילד	שנה	שלש	רבע	עבר	חיה
אֶת־	וַיּ֥וֹלֶד	שָׁנָ֔ה	וּשְׁלֹשִׁ֣ים	אַרְבַּ֥ע	עֵ֫בֶר	וַֽיְחִי־
et	*vayóled*	*shanah*	*ushloshim*	*arbá*	*Éver*	*Vayejí*
את	ויולד	שנה	ושלשים	ארבע	עבר	ויחי
𐤀𐤕	𐤅𐤉𐤅𐤋𐤃	𐤔𐤍𐤄	𐤅𐤔𐤋𐤔𐤉𐤌	𐤀𐤓𐤁𐤏	𐤏𐤁𐤓	𐤅𐤉𐤇𐤉
··	y-engendró	año cambio	y-treinta	cuatro	Éver	Y-vivió

11:17

113	401	61	219	272	34	113
פלג	את	ילד	אחר	עבר	חיה	פלג
פֶּ֫לֶג	אֶת־	הוֹלִידֹ֣ו	אַחֲרֵי֙	עֵ֗בֶר	וַֽיְחִי־	פָּֽלֶג׃
Péleg	*et*	*holidó*	*ajarey*	*Éver*	*Vayejí*	*. Páleg*
פלג	את	הולידו	אחרי	עבר	ויחי	פלג
𐤐𐤋𐤂	𐤀𐤕	𐤄𐤅𐤋𐤉𐤃𐤅	𐤀𐤇𐤓𐤉	𐤏𐤁𐤓	𐤅𐤉𐤇𐤉	𐤐𐤋𐤂
Péleg	··	su-engendrar	después-de	Éver	Y-vivió	. Péleg

102 | 662	56	355	447	279	355	680 | 1240
בנה	ילד	שנה	מאה	רבע	שנה	שלש
בָּנִ֖ים	וַיּ֥וֹלֶד	שָׁנָ֔ה	מֵא֣וֹת	וְאַרְבַּ֣ע	שָׁנָ֔ה	שְׁלֹשִׁ֣ים
banim	*vayóled*	*shanah*	*me'ot*	*ve'arbá*	*shanah*	*shloshim*
בנים	ויולד	שנה	מאות	וארבע	שנה	שלשים
𐤁𐤍𐤉𐤌	𐤅𐤉𐤅𐤋𐤃	𐤔𐤍𐤄	𐤌𐤀𐤅𐤕	𐤅𐤀𐤓𐤁𐤏	𐤔𐤍𐤄	𐤔𐤋𐤔𐤉𐤌
hijos edificador	y-engendró	año cambio	cientos centena	y-cuatro	año cambio	treinta

11:18

401	56	355	680 | 1240	113	34	464
את	ילד	שנה	שלש	פלג	חיה	בנה
אֶת־	וַיּ֣וֹלֶד	שָׁנָ֔ה	שְׁלֹשִׁ֣ים	פֶּ֕לֶג	וַֽיְחִי־	וּבָנֽוֹת׃
et	*vayóled*	*shanah*	*shloshim*	*Féleg*	*Vayejí*	*. uvanot*
את	ויולד	שנה	שלשים	פלג	ויחי	ובנות
𐤀𐤕	𐤅𐤉𐤅𐤋𐤃	𐤔𐤍𐤄	𐤔𐤋𐤔𐤉𐤌	𐤐𐤋𐤂	𐤅𐤉𐤇𐤉	𐤅𐤁𐤍𐤅𐤕
..	y-engendró	año cambio	treinta	Péleg	Y-vivió	. e-hijas

11:19

276	401	61	219	113	34	276
רעה	את	ילד	אחר	פלג	חיה	רעה
רְעֽוּ	אֶת־	הוֹלִיד֣וֹ	אַחֲרֵי֙	פֶ֕לֶג	וַֽיְחִי־	רְעֽוּ׃
Re'ú	*et*	*holidó*	*ajarey*	*Féleg*	*Vayejí*	*. Re'ú*
רעו	את	הולידו	אחרי	פלג	ויחי	רעו
𐤓𐤏𐤅	𐤀𐤕	𐤄𐤅𐤋𐤉𐤃𐤅	𐤀𐤇𐤓𐤉	𐤐𐤋𐤂	𐤅𐤉𐤇𐤉	𐤓𐤏𐤅
Re'ú	..	su-engendrar	después-de	Péleg	Y-vivió	. Re'ú

464	102 | 662	56	355	497 | 1057	400 | 960	770
בנה	בנה	ילד	שנה	מאה	שנה	שעה
וּבָנֽוֹת׃	בָּנִ֖ים	וַיּ֥וֹלֶד	שָׁנָ֑ה	וּמָאתַ֖יִם	שָׁנִ֔ים	תֵּ֣שַׁע
. uvanot	*banim*	*vayóled*	*shanah*	*umatáyim*	*shanim*	*tesha*
ובנות	בנים	ויולד	שנה	ומאתים	שנים	תשע
𐤅𐤁𐤍𐤅𐤕	𐤁𐤍𐤉𐤌	𐤅𐤉𐤅𐤋𐤃	𐤔𐤍𐤄	𐤅𐤌𐤀𐤕𐤉𐤌	𐤔𐤍𐤉𐤌	𐤕𐤔𐤏
. e-hijas	hijos edificador	y-engendró	año cambio	y-doscientos	años cambio	nueve

11:20

401	56	355	686 | 1246	750 | 1310	276	34
את	ילד	שנה	שלש	שנה	רעה	חיה
אֶת־	וַיּ֖וֹלֶד	שָׁנָ֑ה	וּשְׁלֹשִׁ֖ים	שְׁתַּ֥יִם	רְע֔וּ	וַיְחִ֣י
et	*vayóled*	*shanah*	*ushloshim*	*shtáyim*	*Re'ú*	*Vayejí*
את	ויולד	שנה	ושלשים	שתים	רעו	ויחי
𐤀𐤕	𐤅𐤉𐤅𐤋𐤃	𐤔𐤍𐤄	𐤅𐤔𐤋𐤔𐤉𐤌	𐤔𐤕𐤉𐤌	𐤓𐤏𐤅	𐤅𐤉𐤇𐤉
..	y-engendró	año cambio	y-treinta	dos	Re'ú	Y-vivió

11:21

509	401	61	219	276	34	509
שרג	את	ילד	אחר	רעה	חיה	שרג
שְׂר֔וּג	אֶת־	הוֹלִיד֣וֹ	אַחֲרֵי֙	רְע֗וּ	וַֽיְחִי־	שְׂרֽוּג׃
Serug	*et*	*holidó*	*ajarey*	*Re'ú*	*Vayejí*	*. Serug*
שרוג	את	הולידו	אחרי	רעו	ויחי	שרוג
𐤔𐤓𐤅𐤂	𐤀𐤕	𐤄𐤅𐤋𐤉𐤃𐤅	𐤀𐤇𐤓𐤉	𐤓𐤏𐤅	𐤅𐤉𐤇𐤉	𐤔𐤓𐤅𐤂
Serug	..	su-engendrar	después-de	Re'ú	Y-vivió	. Serug

464	102 | 662	56	355	497 | 1057	400 | 960	372
בנה	בנה	ילד	שנה	מאה	שנה	שבע
וּבָנוֹת׃	בָּנִים	וַיּוֹלֶד	שָׁנָה	וּמָאתַיִם	שָׁנִים	שֶׁבַע
. uvanot	*banim*	*vayóled*	*shanah*	*umatáyim*	*shanim*	*sheva*
ובנות	בנים	ויולד	שנה	ומאתים	שנים	שבע
𐤅𐤁𐤍𐤅𐤕	𐤁𐤍𐤉𐤌	𐤅𐤉𐤅𐤋𐤃	𐤔𐤍𐤄	𐤅𐤌𐤀𐤕𐤉𐤌	𐤔𐤍𐤉𐤌	𐤔𐤁𐤏
. e-hijas	hijos edificador	y-engendró	año cambio	y-doscientos	años cambio	siete

11:22

264	401	56	355	680 | 1240	509	34
נחר	את	ילד	שנה	שלש	שרג	חיה
נָחוֹר׃	אֶת־	וַיּוֹלֶד	שָׁנָה	שְׁלֹשִׁים	שְׂרוּג	וַיְחִי
. Najor	*et*	*vayóled*	*shanah*	*shloshim*	*Serug*	*Vayejí*
נחור	את	ויולד	שנה	שלשים	שרוג	ויחי
𐤍𐤇𐤅𐤓	𐤀𐤕	𐤅𐤉𐤅𐤋𐤃	𐤔𐤍𐤄	𐤔𐤋𐤔𐤉𐤌	𐤔𐤓𐤅𐤂	𐤅𐤉𐤇𐤉
. Najor	..	y-engendró	año cambio	treinta	Serug	Y-vivió

11:23

491 | 1051	264	401	61	219	509	34
מאה	נחר	את	ילד	אחר	שרג	חיה
מָאתַיִם	נָחוֹר	אֶת־	הוֹלִידוֹ	אַחֲרֵי	שְׂרוּג	וַיְחִי
matáyim	*Najor*	*et*	*holidó*	*ajarey*	*Serug*	*Vayejí*
מאתים	נחור	את	הולידו	אחרי	שרוג	ויחי
𐤌𐤀𐤕𐤉𐤌	𐤍𐤇𐤅𐤓	𐤀𐤕	𐤄𐤅𐤋𐤉𐤃𐤅	𐤀𐤇𐤓𐤉	𐤔𐤓𐤅𐤂	𐤅𐤉𐤇𐤉
doscientos	Najor	..	su-engendrar	después-de	Serug	Y-vivió

11:24

770	264	34	464	102 | 662	56	355
שעה	נחר	חיה	בנה	בנה	ילד	שנה
תֵּשַׁע	נָחוֹר	וַיְחִי	וּבָנוֹת׃	בָּנִים	וַיּוֹלֶד	שָׁנָה
tesha	*Najor*	*Vayejí*	*. uvanot*	*banim*	*vayóled*	*shanah*
תשע	נחור	ויחי	ובנות	בנים	ויולד	שנה
𐤕𐤔𐤏	𐤍𐤇𐤅𐤓	𐤅𐤉𐤇𐤉	𐤅𐤁𐤍𐤅𐤕	𐤁𐤍𐤉𐤌	𐤅𐤉𐤅𐤋𐤃	𐤔𐤍𐤄
nueve	Najor	Y-vivió	. e-hijas	hijos edificador	y-engendró	año cambio

11:25

264	34	608	401	56	355	626 | 1186
נחר	חיה	·	את	ילד	שנה	עשר
נָחוֹר	וַיְחִי	תָּרַח׃	אֶת־	וַיּוֹלֶד	שָׁנָה	וְעֶשְׂרִים
Najor	*Vayejí*	*. Téraj*	*et*	*vayóled*	*shanah*	*ve'esrim*
נחור	ויחי	תרח	את	ויולד	שנה	ועשרים
𐤍𐤇𐤅𐤓	𐤅𐤉𐤇𐤉	𐤕𐤓𐤇	𐤀𐤕	𐤅𐤉𐤅𐤋𐤃	𐤔𐤍𐤄	𐤅𐤏𐤔𐤓𐤉𐤌
Najor	Y-vivió	. Téraj	..	y-engendró	año cambio	y-veinte

355	575	770	608	401	61	219
שנה	עשר	שעה	·	את	ילד	אחר
שָׁנָה	עֶשְׂרֵה	תְּשַׁע־	תֶּרַח	אֶת־	הוֹלִידוֹ	אַחֲרֵי
shanah	*esreh*	*tesha*	*Téraj*	*et*	*holidó*	*ajarey*
שנה	עשרה	תשע	תרח	את	הולידו	אחרי
𐤔𐤍𐤄	𐤏𐤔𐤓𐤄	𐤕𐤔𐤏	𐤕𐤓𐤇	𐤀𐤕	𐤄𐤅𐤋𐤉𐤃𐤅	𐤀𐤇𐤓𐤉
año cambio	diez	nueve	Téraj	··	su-engendrar	después-de

11:26

608	34	464	102 | 662	56	355	447
·	חיה	בנה	בנה	ילד	שנה	מאה
תֶּרַח	וַיְחִי־	וּבָנוֹת׃	בָּנִים	וַיּוֹלֶד	שָׁנָה	וּמְאַת
Téraj	*Vayejí*	*. uvanot*	*banim*	*vayóled*	*shanah*	*ume'at*
תרח	ויחי	ובנות	בנים	ויולד	שנה	ומאת
𐤕𐤓𐤇	𐤅𐤉𐤇𐤉	𐤅𐤁𐤍𐤅𐤕	𐤁𐤍𐤉𐤌	𐤅𐤉𐤅𐤋𐤃	𐤔𐤍𐤄	𐤅𐤌𐤀𐤕
Téraj	Y-vivió	. e-hijas	hijos edificador	y-engendró	año cambio	y-ciento-de

264	401	243 | 803	401	56	355	422 | 982
נחר	את	אב + רום	את	ילד	שנה	שבע
נָחוֹר	אֶת־	אַבְרָם	אֶת־	וַיּוֹלֶד	שָׁנָה	שִׁבְעִים
Najor	*et*	*Avram*	*et*	*vayóled*	*shanah*	*shivim*
נחור	את	אברם	את	ויולד	שנה	שבעים
𐤍𐤇𐤅𐤓	𐤀𐤕	𐤀𐤁𐤓𐤌	𐤀𐤕	𐤅𐤉𐤅𐤋𐤃	𐤔𐤍𐤄	𐤔𐤁𐤏𐤉𐤌
Najor	··	Avram	··	y-engendró	año cambio	setenta

11:27

55	608	608	840	42	255 | 905	407
ילד	·	·	ילד	אלה	·	את
הוֹלִיד	תֶּרַח	תֶּרַח	תּוֹלְדֹת	וְאֵלֶּה	הָרָן׃	וְאֶת־
holid	*Téraj*	*Téraj*	*toldot*	*Ve'éleh*	*. Harán*	*ve'et*
הוליד	תרח	תרח	תולדת	ואלה	הרן	ואת
𐤄𐤅𐤋𐤉𐤃	𐤕𐤓𐤇	𐤕𐤓𐤇	𐤕𐤅𐤋𐤃𐤕	𐤅𐤀𐤋𐤄	𐤄𐤓𐤍	𐤅𐤀𐤕
engendró	Téraj	Téraj	generaciones-de historia [escrit. defect.]	Y-éstas	. Harán	y-···

261 | 911	255 | 905	407	264	401	243 | 803	401
·	·	את	נחר	את	אב + רום	את
וְהָרָן	הָרָן	וְאֶת־	נָחוֹר	אֶת־	אַבְרָם	אֶת־
veHarán	*Harán*	*ve'et*	*Najor*	*et*	*Avram*	*et*
והרן	הרן	ואת	נחור	את	אברם	את
𐤅𐤄𐤓𐤍	𐤄𐤓𐤍	𐤅𐤀𐤕	𐤍𐤇𐤅𐤓	𐤀𐤕	𐤀𐤁𐤓𐤌	𐤀𐤕
y-Harán	Harán	y-···	Najor	··	Avram	··

11:28

140	100	255 | 905	456	45	401	55
פנה	עלה	·	מות	לוט	את	ילד
פְּנֵי	עַל־	הָרָן	וַיָּמָת	לוֹט׃	אֶת־	הוֹלִיד
peney	*al*	*Harán*	*Vayámot*	*. Lot*	*et*	*holid*
פני	על	הרן	וימת	לוט	את	הוליד
𐤐𐤍𐤉	𐤏𐤋	𐤄𐤓𐤍	𐤅𐤉𐤌𐤕	𐤋𐤅𐤈	𐤀𐤕	𐤄𐤅𐤋𐤉𐤃
faces-de presencia; superficie	sobre	Harán	Y-murió	. Lot	··	engendró

11:29

124	374 | 934	209	486	293 | 1103	19	608
לקח	·	אור	ילד	ארץ	אב	·
וַיִּקַּח	כַּשְׂדִּים׃	בְּאוּר	מוֹלַדְתּוֹ	בְּאֶרֶץ	אָבִיו	תֶּרַח
Vayikaj	*. kasdim*	*be'Ur*	*moladtó*	*be'érets*	*aviv*	*Téraj*
ויקח	כשדים	באור	מולדתו	בארץ	אביו	תרח
𐤅𐤉𐤒𐤇	𐤊𐤔𐤃𐤉𐤌	𐤁𐤀𐤅𐤓	𐤌𐤅𐤋𐤃𐤕𐤅	𐤁𐤀𐤓𐤑	𐤀𐤁𐤉𐤅	𐤕𐤓𐤇
Y-tomó	. kasdim	en-Ur	su-parentela linaje; nacimiento	en-tierra-de [la seca]	su-padre	Téraj

243 | 803	701	340 | 900	400 | 960	75 | 635	270	243 | 803
אב + רום	איש	שם	אנש	הוא	נחר	אב + רום
אַבְרָם	אֵשֶׁת־	שֵׁם	נָשִׁים	לָהֶם	וְנָחוֹר	אַבְרָם
Avram	*éshet*	*shem*	*nashim*	*lahem*	*veNajor*	*Avram*
אברם	אשת	שם	נשים	להם	ונחור	אברם
𐤀𐤁𐤓𐤌	𐤀𐤔𐤕	𐤔𐤌	𐤍𐤔𐤉𐤌	𐤋𐤄𐤌	𐤅𐤍𐤇𐤅𐤓	𐤀𐤁𐤓𐤌
Avram	varona-de	nombre-de [ubicación]	mujeres	para-ellos	y-Najor	Avram

255 | 905	402	95	264	701	346 | 906	510
·	בנה	מלך	נחר	איש	שם	שרר
הָרָן	בַּת־	מִלְכָּה	נָחוֹר	אֵשֶׁת־	וְשֵׁם	שָׂרָי
Harán	*bat*	*Milkah*	*Najor*	*éshet*	*veshem*	*Saray*
הרן	בת	מלכה	נחור	אשת	ושם	שרי
𐤄𐤓𐤍	𐤁𐤕	𐤌𐤋𐤊𐤄	𐤍𐤇𐤅𐤓	𐤀𐤔𐤕	𐤅𐤔𐤌	𐤔𐤓𐤉
Harán	hija-de	Milkah	Najor	varona-de	y-nombre-de [ubicación]	Saray

11:30

375	510	421	95	19	95	13
עקר	שרר	היה	·	אב	מלך	אב
עֲקָרָה	שָׂרַי	וַתְּהִי	יִסְכָּה׃	וַאֲבִי	מִלְכָּה	אֲבִי־
akarah	*Saray*	*Vatehí*	*. Yiskah*	*va'aví*	*Milkah*	*aví*
עקרה	שרי	ותהי	יסכה	ואבי	מלכה	אבי
𐤏𐤒𐤓𐤄	𐤔𐤓𐤉	𐤅𐤕𐤄𐤉	𐤉𐤎𐤊𐤄	𐤅𐤀𐤁𐤉	𐤌𐤋𐤊𐤄	𐤀𐤁𐤉
estéril arrancar; desarraigar	Saray	Y-fue	. Yiskah	y-padre-de	Milkah	padre-de

11:31

243 | 803	401	608	124	40	35	61 | 711
אב + רום	את	·	לקח	ילד	הוא	אין
אַבְרָ֑ם	אֶת־	תֶּ֨רַח	וַיִּקַּ֨ח	וָלָֽד׃	לָ֖הּ	אֵ֥ין
Avram	*et*	*Téraj*	*Vayikaj*	*. valad*	*lah*	*eyn*
אברם	את	תרח	ויקח	ולד	לה	אין
𐤀𐤁𐤓𐤌	𐤀𐤕	𐤕𐤓𐤇	𐤅𐤉𐤒𐤇	𐤅𐤋𐤃	𐤋𐤄	𐤀𐤉𐤍
Avram	··	Téraj	Y-tomó	. muchacho [hapax legomenon]	para-ella	no-había

58	52 | 702	255 | 905	52 | 702	45	407	58
בנה	בנה	·	בנה	לוט	את	בנה
בְּנ֗וֹ	בֶּן־	הָרָן֙	בֶּן־	ל֤וֹט	וְאֶת־	בְּנ֔וֹ
benó	*ben*	*Harán*	*ben*	*Lot*	*ve'et*	*benó*
בנו	בן	הרן	בן	לוט	ואת	בנו
𐤁𐤍𐤅	𐤁𐤍	𐤄𐤓𐤍	𐤁𐤍	𐤋𐤅𐤈	𐤅𐤀𐤕	𐤁𐤍𐤅
su-hijo edificador	hijo-de edificador	Harán	hijo-de edificador	Lot	y-···	su-hijo edificador

113	58	243 | 803	701	456	510	407
יצא	בנה	אב + רום	איש	כלל	שרר	את
וַיֵּצְא֨וּ	בְּנ֑וֹ	אַבְרָ֣ם	אֵ֖שֶׁת	כַּלָּת֔וֹ	שָׂרַ֣י	וְאֵת֙
vayetsú	*benó*	*Avram*	*éshet*	*kalató*	*Saray*	*ve'et*
ויצאו	בנו	אברם	אשת	כלתו	שרי	ואת
𐤅𐤉𐤑𐤀𐤅	𐤁𐤍𐤅	𐤀𐤁𐤓𐤌	𐤀𐤔𐤕	𐤊𐤋𐤕𐤅	𐤔𐤓𐤉	𐤅𐤀𐤕
y-salieron	su-hijo edificador	Avram	varona-de	su-nuera	Saray	y-···

25	190 | 840	296	480	374 | 934	247	441 | 1001
בוא	כנע	ארץ	הלך	·	אור	את
וַיָּבֹ֥אוּ	כְּנַ֔עַן	אַ֣רְצָה	לָלֶ֙כֶת֙	כַּשְׂדִּ֗ים	מֵא֣וּר	אִתָּ֜ם
vayavó'u	*Kena'an*	*artsah*	*laléjet*	*kasdim*	*me'Ur*	*itam*
ויבאו	כנען	ארצה	ללכת	כשדים	מאור	אתם
𐤅𐤉𐤁𐤀𐤅	𐤊𐤍𐤏𐤍	𐤀𐤓𐤑𐤄	𐤋𐤋𐤊𐤕	𐤊𐤔𐤃𐤉𐤌	𐤌𐤀𐤅𐤓	𐤀𐤕𐤌
y-vinieron entrar	Kena'an	a-tierra-de [la seca]	para-andar	kasdim	de-Ur	con-ellos

11:32

608	60	37	340 | 900	324	258 | 908	74
·	יום	היה	שם	ישב	חרר	עד
תֶ֖רַח	יְמֵי־	וַיִּהְי֣וּ	שָֽׁם׃	וַיֵּ֥שְׁבוּ	חָרָ֖ן	עַד־
Téraj	*yemey*	*Vayihyú*	*. sham*	*vayeshvú*	*Jarán*	*ad*
תרח	ימי	ויהיו	שם	וישבו	חרן	עד
𐤕𐤓𐤇	𐤉𐤌𐤉	𐤅𐤉𐤄𐤉𐤅	𐤔𐤌	𐤅𐤉𐤔𐤁𐤅	𐤇𐤓𐤍	𐤏𐤃
Téraj	días-de tiempo [la luz]	Y-fueron	. allí [ubicación]	y-se-asentaron	Jarán	hasta

260 | 910	608	456	355	497 | 1057	400 | 960	348
חרר	·	מות	שנה	מאה	שנה	חמש
בְּחָרָֽן׃	תֶּֽרַח	וַיָּ֥מָת	שָׁנָ֑ה	וּמָאתַ֖יִם	שָׁנִ֔ים	חָמֵ֥שׁ
. beJarán	*Téraj*	*vayámot*	*shanah*	*umatáyim*	*shanim*	*jamesh*
בחרן	תרח	וימת	שנה	ומאתים	שנים	חמש
𐤁𐤇𐤓𐤍	𐤕𐤓𐤇	𐤅𐤉𐤌𐤕	𐤔𐤍𐤄	𐤅𐤌𐤀𐤕𐤉𐤌	𐤔𐤍𐤉𐤌	𐤇𐤌𐤔
. en-Jarán	Téraj	y-murió	año cambio	y-doscientos	años cambio	cinco

Total de palabras hebreas: 392.
Total de consonantes hebreas: 1450.
Consonantes ausentes: ך (*Kaf sofit*).
ף (*Pe sofit*).

12:1

351 | 831	50 | 530	50 | 530	243 | 803	31	26	257
ארץ	·	הלך	אב + רום	אלה	היה	אמר
מֵאַרְצְךָ	לְךָ	לֶךְ־	אַבְרָם	אֶל־	יְהוָה	וַיֹּאמֶר
me'artseja	*lejá*	*lej*	*Avram*	*el*	*YHVH*	*Vayómer*
מארצך	לך	לך	אברם	אל	יהוה	ויאמר
𐤌𐤀𐤓𐤑𐤊	𐤋𐤊	𐤋𐤊	𐤀𐤁𐤓𐤌	𐤀𐤋	𐤉𐤄𐤅𐤄	𐤅𐤉𐤀𐤌𐤓
de-tu-tierra [la seca]	para-ti	anda	Avram	a hacia	YHVH	Y-dijo

222 | 702	501	296 | 1106	31	33 | 513	458	546 | 1026
ראה	אשר	ארץ	אלה	אב	בנה	ילד
אַרְאֶךָּ׃	אֲשֶׁר	הָאָרֶץ	אֶל־	אָבִיךָ	וּמִבֵּית	וּמִמּוֹלַדְתְּךָ
. areká	*asher*	*ha'árets*	*el*	*avija*	*umibeyt*	*umimoladteja*
אראך	אשר	הארץ	אל	אביך	ומבית	וממולדתך
𐤀𐤓𐤀𐤊	𐤀𐤔𐤓	𐤄𐤀𐤓𐤑	𐤀𐤋	𐤀𐤁𐤉𐤊	𐤅𐤌𐤁𐤉𐤕	𐤅𐤌𐤌𐤅𐤋𐤃𐤕𐤊
. te-mostraré [te haré ver]	que	la-tierra [la seca]	a hacia	tu-padre	y-de-casa-de	y-de-tu-parentela linaje; nacimiento

12:2

26	360 | 840	49	249 | 729	43	49	397 | 877
היה	שם	גדל	ברך	גדל	גאה	עשה
וֶהְיֵה	שְׁמֶךָ	וַאֲגַדְּלָה	וַאֲבָרֶכְךָ	גָּדוֹל	לְגוֹי	וְאֶעֶשְׂךָ
veheyeh	*shmeja*	*va'agadelah*	*va'avarej'ja*	*gadol*	*legoy*	*Ve'e'esjá*
והיה	שמך	ואגדלה	ואברכך	גדול	לגוי	ואעשך
𐤅𐤄𐤉𐤄	𐤔𐤌𐤊	𐤅𐤀𐤂𐤃𐤋𐤄	𐤅𐤀𐤁𐤓𐤊𐤊	𐤂𐤃𐤅𐤋	𐤋𐤂𐤅𐤉	𐤅𐤀𐤏𐤔𐤊
y-serás	tu-nombre [ubicación]	y-engrandeceré	y-te-bendeciré	grande [escritura plena]	para-nación gentil	Y-te-haré

12:3

22 | 502	284	202	226 | 706	292 | 772	234	227
·	ברך	ארר	קלל	ברך	ברך	ברך
בְךָ	וְנִבְרְכוּ	אָאֹר	וּמְקַלֶּלְךָ	מְבָרְכֶיךָ	וַאֲבָרְכָה	בְּרָכָה׃
vejá	*venivrejú*	*a'or*	*umekalelja*	*mevarjeyja*	*Va'avarajah*	*. berajah*
בך	ונברכו	אאר	ומקללך	מברכיך	ואברכה	ברכה
𐤁𐤊	𐤅𐤍𐤁𐤓𐤊𐤅	𐤀𐤀𐤓	𐤅𐤌𐤒𐤋𐤋𐤊	𐤌𐤁𐤓𐤊𐤉𐤊	𐤅𐤀𐤁𐤓𐤊𐤄	𐤁𐤓𐤊𐤄
en-ti	y-serán-benditas	maldeciré	y-tu-maldiciente despreciar; disminuir	tus-bendicientes	Y-bendeciré	. bendición

12:4

206	521	243 | 803	66 | 546	55	828	50
דבר	אשר	אב + רום	הלך	אדם	שפח	כלל
דִּבֶּר	כַּאֲשֶׁר	אַבְרָם	וַיֵּלֶךְ	הָאֲדָמָה׃	מִשְׁפְּחֹת	כֹּל
diber	*ka'asher*	*Avram*	*Vayélej*	*. ha'adamah*	*mishpejot*	*kol*
דבר	כאשר	אברם	וילך	האדמה	משפחת	כל
𐤃𐤁𐤓	𐤊𐤀𐤔𐤓	𐤀𐤁𐤓𐤌	𐤅𐤉𐤋𐤊	𐤄𐤀𐤃𐤌𐤄	𐤌𐤔𐤐𐤇𐤕	𐤊𐤋
habló	como según	Avram	Y-anduvo	. el-terreno [femenino de אדם]	familias-de etnia; tribu	todas

52 | 702	249 | 809	45	407	66 | 546	26	47
בנה	אב + רום	לוט	את	הלך	היה	אלה
בֶּן־	וְאַבְרָם	לֽוֹט	אִתּוֹ	וַיֵּלֶךְ	יְהוָה	אֵלָיו
ben	*ve'Avram*	*Lot*	*itó*	*vayélej*	*YHVH*	*elav*
בן	ואברם	לוט	אתו	וילך	יהוה	אליו
𐤁𐤍	𐤅𐤀𐤁𐤓𐤌	𐤋𐤅𐤈	𐤀𐤕𐤅	𐤅𐤉𐤋𐤊	𐤉𐤄𐤅𐤄	𐤀𐤋𐤉𐤅
hijo-de edificador	y-Avram	Lot	con-él	y-anduvo	YHVH	a-él

12:5

124	298 | 948	499	355	428 | 988	400 | 960	348
לקח	חרר	יצא	שנה	שבע	שנה	חמש
וַיִּקַּח	מֵחָרָן׃	בְּצֵאתוֹ	שָׁנָה	וְשִׁבְעִים	שָׁנִים	חָמֵשׁ
Vayikaj	*. meJarán*	*betsetó*	*shanah*	*veshivim*	*shanim*	*jamesh*
ויקח	מחרן	בצאתו	שנה	ושבעים	שנים	חמש
𐤅𐤉𐤒𐤇	𐤌𐤇𐤓𐤍	𐤁𐤑𐤀𐤕𐤅	𐤔𐤍𐤄	𐤅𐤔𐤁𐤏𐤉𐤌	𐤔𐤍𐤉𐤌	𐤇𐤌𐤔
Y-tomó	. de-Jarán	en-su-salir	año cambio	y-setenta	años cambio	cinco

52 | 702	45	407	707	510	401	243 | 803
בנה	לוט	את	איש	שרר	את	אב + רום
בֶּן־	לוֹט	וְאֶת־	אִשְׁתּוֹ	שָׂרַי	אֶת־	אַבְרָם
ben	*Lot*	*ve'et*	*ishtó*	*Saray*	*et*	*Avram*
בן	לוט	ואת	אשתו	שרי	את	אברם
𐤁𐤍	𐤋𐤅𐤈	𐤅𐤀𐤕	𐤀𐤔𐤕𐤅	𐤔𐤓𐤉	𐤀𐤕	𐤀𐤁𐤓𐤌
hijo-de edificador	Lot	y-···	su-varona	Saray	··	Avram

407	526	501	566 | 1126	50	407	25
את	רכש	אשר	רכש	כלל	את	אח
וְאֶת־	רָכָשׁוּ	אֲשֶׁר	רְכוּשָׁם	כָּל־	וְאֶת־	אָחִיו
ve'et	*rajashú*	*asher*	*rejusham*	*kol*	*ve'et*	*ajiv*
ואת	רכשו	אשר	רכושם	כל	ואת	אחיו
𐤅𐤀𐤕	𐤓𐤊𐤔𐤅	𐤀𐤔𐤓	𐤓𐤊𐤅𐤔𐤌	𐤊𐤋	𐤅𐤀𐤕	𐤀𐤇𐤉𐤅
y-···	ganaron adquirir; posesión	que	su-ganancia adquirir; posesión	toda	y-···	su-hermano

296	480	113	260 | 910	376	501	435
ארץ	הלך	יצא	חרר	עשה	אשר	נפש
אַרְצָה	לָלֶכֶת	וַיֵּצְאוּ	בְּחָרָן	עָשׂוּ	אֲשֶׁר־	הַנֶּפֶשׁ
artsah	*laléjet*	*vayetsú*	*veJarán*	*asú*	*asher*	*hanéfesh*
ארצה	ללכת	ויצאו	בחרן	עשו	אשר	הנפש
𐤀𐤓𐤑𐤄	𐤋𐤋𐤊𐤕	𐤅𐤉𐤑𐤀𐤅	𐤁𐤇𐤓𐤍	𐤏𐤔𐤅	𐤀𐤔𐤓	𐤄𐤍𐤐𐤔
a-tierra-de [la seca]	para-andar	y-salieron	en-Jarán	hicieron	que	el-alma aliento; garganta; ser

12:6

293 | 1103	243 | 803	288	190 | 840	296	25	190 | 840
ארץ	אב + רום	עבר	כנע	ארץ	בוא	כנע
בָּאָֽרֶץ	אַבְרָם֙	וַיַּעֲבֹ֤ר	כְּנָֽעַן׃	אַ֫רְצָה	וַיָּבֹ֖אוּ	כְּנַ֔עַן
ba'árets	*Avram*	*Vaya'avor*	*. Kena'an*	*artsah*	*vayavó'u*	*Kena'an*
בארץ	אברם	ויעבר	כנען	ארצה	ויבאו	כנען
𐤁𐤀𐤓𐤑	𐤀𐤁𐤓𐤌	𐤅𐤉𐤏𐤁𐤓	𐤊𐤍𐤏𐤍	𐤀𐤓𐤑𐤄	𐤅𐤉𐤁𐤀𐤅	𐤊𐤍𐤏𐤍
en-la-tierra [la seca]	Avram	Y-cruzó	. Kena'an	a-tierra-de [la seca]	y-vinieron entrar	Kena'an

211	251	87 | 737	74	360 | 920	186 | 746	74
כנע	ירה	איל	עד	שכם	קום	עד
וְהַֽכְּנַעֲנִ֖י	מוֹרֶ֑ה	אֵל֣וֹן	עַ֖ד	שְׁכֶ֔ם	מְק֣וֹם	עַ֚ד
vehakena'aní	*moreh*	*elón*	*ad*	*Shjem*	*mekom*	*ad*
והכנעני	מורה	אלון	עד	שכם	מקום	עד
𐤅𐤄𐤊𐤍𐤏𐤍𐤉	𐤌𐤅𐤓𐤄	𐤀𐤋𐤅𐤍	𐤏𐤃	𐤔𐤊𐤌	𐤌𐤒𐤅𐤌	𐤏𐤃
y-el-kena'aní	moreh [maestro; lluvia]	encina-de [árbol fuerte: roble]	hasta	Shjem	el-lugar-de	hasta

12:7

257	243 | 803	31	26	217	293 | 1103	8
אמר	אב + רום	אלה	היה	ראה	ארץ	אז
וַיֹּ֕אמֶר	אַבְרָ֔ם	אֶל־	יְהוָה֙	וַיֵּרָ֤א	בָּאָֽרֶץ׃	אָ֖ז
vayómer	*Avram*	*el*	*YHVH*	*Vayerá*	*. ba'árets*	*az*
ויאמר	אברם	אל	יהוה	וירא	בארץ	אז
𐤅𐤉𐤀𐤌𐤓	𐤀𐤁𐤓𐤌	𐤀𐤋	𐤉𐤄𐤅𐤄	𐤅𐤉𐤓𐤀	𐤁𐤀𐤓𐤑	𐤀𐤆
y-dijo	Avram	a hacia	YHVH	Y-se-apareció ver	. en-la-tierra [la seca]	entonces

340 | 900	68 | 718	413	296 | 1106	401	451 | 1101	327 | 807
שם	בנה	זה	ארץ	את	נתן	זרע
שָׁ֙ם	וַיִּ֤בֶן	הַזֹּ֑את	הָאָ֣רֶץ	אֶת־	אֶתֵּ֖ן	לְזַ֣רְעֲךָ֔
sham	*vayivén*	*hazot*	*ha'árets*	*et*	*etén*	*lezaraja*
שם	ויבן	הזאת	הארץ	את	אתן	לזרעך
𐤔𐤌	𐤅𐤉𐤁𐤍	𐤄𐤆𐤀𐤕	𐤄𐤀𐤓𐤑	𐤀𐤕	𐤀𐤕𐤍	𐤋𐤆𐤓𐤏𐤊
allí [ubicación]	y-edificó construir	la-ésta	la-tierra [la seca]	..	daré	a-tu-simiente semilla

12:8

215	380 | 940	586	47	261	56	57
הרר	שם	עתק	אלה	ראה	היה	זבח
הָהָ֗רָה	מִשָּׁ֜ם	וַיַּעְתֵּ֨ק	אֵלָֽיו׃	הַנִּרְאֶ֥ה	לַיהוָ֖ה	מִזְבֵּ֔חַ
haharah	*misham*	*Vayatek*	*. elav*	*hanireh*	*laYHVH*	*mizbé'aj*
ההרה	משם	ויעתק	אליו	הנראה	ליהוה	מזבח
𐤄𐤄𐤓𐤄	𐤌𐤔𐤌	𐤅𐤉𐤏𐤕𐤒	𐤀𐤋𐤉𐤅	𐤄𐤍𐤓𐤀𐤄	𐤋𐤉𐤄𐤅𐤄	𐤌𐤆𐤁𐤇
al-monte	de-allí [ubicación]	Y-se-removió	. a-él	el-apariciente	para-YHVH	altar

31	412	41	25	31	442	184 | 744
·	בנה	אהל	נטה	·	בנה	קדם
אֶל	בֵּית־	אָהֳלֹה	וַיֵּט	אֶל	לְבֵית־	מִקֶּדֶם
El	*Beyt*	*oholoh*	*vayet*	*El*	*leVeyt*	*mikédem*
אל	בית	אהלה	ויט	אל	לבית	מקדם
𐤀𐤋	𐤁𐤉𐤕	𐤀𐤄𐤋𐤄	𐤅𐤉𐤈	𐤀𐤋	𐤋𐤁𐤉𐤕	𐤌𐤒𐤃𐤌
El	Beyt [casa de]	su-tienda	y-extendió	El	a-Beyt [a casa de]	al-este antaño; oriente

56	57	340 | 900	68 | 718	184 | 744	91	90 | 650
היה	זבח	שם	בנה	קדם	עוה	ים
לַיהוָה	מִזְבֵּחַ	שָׁם	וַיִּבֶן־	מִקֶּדֶם	וְהָעַי	מִיָּם
laYHVH	*mizbé'aj*	*sham*	*vayivén*	*mikédem*	*veha'Ay*	*miyam*
ליהוה	מזבח	שם	ויבן	מקדם	והעי	מים
𐤋𐤉𐤄𐤅𐤄	𐤌𐤆𐤁𐤇	𐤔𐤌	𐤅𐤉𐤁𐤍	𐤌𐤒𐤃𐤌	𐤅𐤄𐤏𐤉	𐤌𐤉𐤌
para-YHVH	altar	allí [ubicación]	y-edificó construir	al-este antaño; oriente	y-el-Ay	al-oeste [mar occidental]

12:9

192	61 | 541	243 | 803	146	26	342 | 902	317
נסע	הלך	אב + רום	נסע	היה	שם	קרא
וְנָסוֹעַ	הָלוֹךְ	אַבְרָם	וַיִּסַּע	יְהוָה׃	בְּשֵׁם	וַיִּקְרָא
venaso'a	*haloj*	*Avram*	*Vayisá*	*. YHVH*	*beshem*	*vayikrá*
ונסוע	הלוך	אברם	ויסע	יהוה	בשם	ויקרא
𐤅𐤍𐤎𐤅𐤏	𐤄𐤋𐤅𐤊	𐤀𐤁𐤓𐤌	𐤅𐤉𐤎𐤏	𐤉𐤄𐤅𐤄	𐤁𐤔𐤌	𐤅𐤉𐤒𐤓𐤀
y-partir [retirar estacas]	andar	Avram	Y-partió [retirar estacas]	. YHVH	en-nombre-de [ubicación]	y-llamó

12:10

385	243 | 803	220	293 | 1103	272	31	65
צור	אב + רום	ירד	ארץ	רעב	היה	נגב
מִצְרָיְמָה	אַבְרָם	וַיֵּרֶד	בָּאָרֶץ	רָעָב	וַיְהִי	הַנֶּגְבָּה׃
Mitsráymah	*Avram*	*vayéred*	*ba'árets*	*ra'av*	*Vayehí*	*. haNégbah*
מצרימה	אברם	וירד	בארץ	רעב	ויהי	הנגבה
𐤌𐤑𐤓𐤉𐤌𐤄	𐤀𐤁𐤓𐤌	𐤅𐤉𐤓𐤃	𐤁𐤀𐤓𐤑	𐤓𐤏𐤁	𐤅𐤉𐤄𐤉	𐤄𐤍𐤂𐤁𐤄
a-Mitsráyim	Avram	y-descendió	en-la-tierra [la seca]	hambre	Y-fue	. al-Néguev [sur]

12:11

31	293 | 1103	277	26	30	340 | 900	239
היה	ארץ	רעב	כבד	כי	שם	גור
וַיְהִי	בָּאָרֶץ׃	הָרָעָב	כָבֵד	כִּי־	שָׁם	לָגוּר
Vayehí	*. ba'árets*	*hara'av*	*javed*	*ki*	*sham*	*lagur*
ויהי	בארץ	הרעב	כבד	כי	שם	לגור
𐤅𐤉𐤄𐤉	𐤁𐤀𐤓𐤑	𐤄𐤓𐤏𐤁	𐤊𐤁𐤃	𐤊𐤉	𐤔𐤌	𐤋𐤂𐤅𐤓
Y-fue	. en-la-tierra [la seca]	el-hambre	pesado grave; severo	que porque	allí [ubicación]	para-residir [como extranjero]

510	31	257	385	39	317	521
שרר	אלה	אמר	צור	בוא	קרב	אשר
שָׂרָ֑י	אֶל־	וַיֹּ֙אמֶר֙	מִצְרָ֑יְמָה	לָב֣וֹא	הִקְרִ֖יב	כַּאֲשֶׁ֥ר
Saray	*el*	*vayómer*	*Mitsráymah*	*lavó*	*hikriv*	*ka'asher*
שרי	אל	ויאמר	מצרימה	לבוא	הקריב	כאשר
𐤔𐤓𐤉	𐤀𐤋	𐤅𐤉𐤀𐤌𐤓	𐤌𐤑𐤓𐤉𐤌𐤄	𐤋𐤁𐤅𐤀	𐤄𐤒𐤓𐤉𐤁	𐤊𐤀𐤔𐤓
Saray	a hacia	y-dijo	a-Mitsráyim	para-venir entrar	se-acercó [ofrecer]	como según

490	306	30	494	51	60	707
יפה	איש	כי	ידע	נא	הן	איש
יְפַת־	אִשָּׁ֥ה	כִּ֛י	יָדַ֕עְתִּי	נָ֣א	הִנֵּה־	אִשְׁתּ֔וֹ
yefat	*ishah*	*ki*	*yadati*	*na*	*hineh*	*ishtó*
יפת	אשה	כי	ידעתי	נא	הנה	אשתו
𐤉𐤐𐤕	𐤀𐤔𐤄	𐤊𐤉	𐤉𐤃𐤏𐤕𐤉	𐤍𐤀	𐤄𐤍𐤄	𐤀𐤔𐤕𐤅
hermosa-de agradable; bello	varona	que porque	he-conocido	por-favor ahora	¡Mira! he-aquí	su-varona

12:12

385 | 945	421 | 901	217	30	26	401	246
צור	את	ראה	כי	היה	את	ראה
הַמִּצְרִ֔ים	אֹתָךְ֙	יִרְא֤וּ	כִּֽי־	וְהָיָ֗ה	אָֽתְּ׃	מַרְאֶ֖ה
hamitsrim	*otaj*	*yirú*	*ki*	*Vehayah*	*. at*	*mareh*
המצרים	אתך	יראו	כי	והיה	את	מראה
𐤄𐤌𐤑𐤓𐤉𐤌	𐤀𐤕𐤊	𐤉𐤓𐤀𐤅	𐤊𐤉	𐤅𐤄𐤉𐤄	𐤀𐤕	𐤌𐤓𐤀𐤄
los-mitsrim	a-ti	verán	que porque	Y-será	. tú	aspecto

34	427 | 907	411	220	408	707	253
חיה	את	את	הרג	זה	איש	אמר
יְחַיּֽוּ׃	וְאֹתָ֥ךְ	אֹתִ֖י	וְהָרְג֥וּ	זֹ֑את	אִשְׁתּ֖וֹ	וְאָמְר֛וּ
. yejayú	*ve'otaj*	*otí*	*vehargú*	*zot*	*ishtó*	*ve'omrú*
יחיו	ואתך	אתי	והרגו	זאת	אשתו	ואמרו
𐤉𐤇𐤉𐤅	𐤅𐤀𐤕𐤊	𐤀𐤕𐤉	𐤅𐤄𐤓𐤂𐤅	𐤆𐤀𐤕	𐤀𐤔𐤕𐤅	𐤅𐤀𐤌𐤓𐤅
. mantendrán-viva	y-a-ti	a-mí	y-matarán	ésta	su-varona	y-dirán

12:13

40	31	190 | 840	401	419	51	251
·	יטב	ענה	את	אח	נא	אמר
לִ֣י	יִֽיטַב־	לְמַ֙עַן֙	אָ֑תְּ	אֲחֹ֣תִי	נָ֖א	אִמְרִי־
li	*yitav*	*lema'án*	*at*	*ajotí*	*na*	*Imrí*
לי	ייטב	למען	את	אחתי	נא	אמרי
𐤋𐤉	𐤉𐤉𐤈𐤁	𐤋𐤌𐤏𐤍	𐤀𐤕	𐤀𐤇𐤕𐤉	𐤍𐤀	𐤀𐤌𐤓𐤉
a-mí	vaya-bien	para-que [propósito]	tú	mi-hermana	por-favor ahora	Di

12:14

243 | 803	29	31	85 | 565	440	429	300 | 780
אב + רום	בוא	היה	גלל	נפש	חיה	עבר
אַבְרָם	כְּבוֹא	וַיְהִי	בִּגְלָלֵךְ׃	נַפְשִׁי	וְחָיְתָה	בַּעֲבוּרֵךְ
Avram	*kevó*	*Vayehí*	*. biglalej*	*nafshí*	*vejaytah*	*va'avurej*
אברם	כבוא	ויהי	בגללך	נפשי	וחיתה	בעבורך
𐤀𐤁𐤓𐤌	𐤊𐤁𐤅𐤀	𐤅𐤉𐤄𐤉	𐤁𐤂𐤋𐤋𐤊	𐤍𐤐𐤔𐤉	𐤅𐤇𐤉𐤕𐤄	𐤁𐤏𐤁𐤅𐤓𐤊
Avram	como-venir entrar	Y-fue	. por-tu-motivo [movimiento]	mi-alma aliento; garganta; ser	y-viva	por-tu-causa [por cruce]

490	30	311	401	385 | 945	223	385
יפה	כי	איש	את	צור	ראה	צור
יָפָה	כִּי־	הָאִשָּׁה	אֶת־	הַמִּצְרִים	וַיִּרְאוּ	מִצְרַיְמָה
yafah	*ki*	*ha'ishah*	*et*	*hamitsrim*	*vayirú*	*Mitsráymah*
יפה	כי	האשה	את	המצרים	ויראו	מצרימה
𐤉𐤐𐤄	𐤊𐤉	𐤄𐤀𐤔𐤄	𐤀𐤕	𐤄𐤌𐤑𐤓𐤉𐤌	𐤅𐤉𐤓𐤀𐤅	𐤌𐤑𐤓𐤉𐤌𐤄
hermosa agradable; bello	que porque	la-varona	..	los-mitsrim	y-vieron	a-Mitsráyim

12:15

87	355	510	406	223	45	12
הלל	·	שרר	את	ראה	מאד	הוא
וַיְהַלְלוּ	פַרְעֹה	שָׂרֵי	אֹתָהּ	וַיִּרְאוּ	מְאֹד׃	הִוא
vayehalelu	*faroh*	*sarey*	*otah*	*Vayirú*	*. me'od*	*hi*
ויהללו	פרעה	שרי	אתה	ויראו	מאד	הוא
𐤅𐤉𐤄𐤋𐤋𐤅	𐤐𐤓𐤏𐤄	𐤔𐤓𐤉	𐤀𐤕𐤄	𐤅𐤉𐤓𐤀𐤅	𐤌𐤀𐤃	𐤄𐤅𐤀
y-alabaron	faraón	mayorales-de	a-ella	Y-vieron	. mucho fuerza; poder; vigor	ella

355	412	311	514	355	31	406
·	בנה	איש	לקח	·	אלה	את
פַּרְעֹה׃	בֵּית	הָאִשָּׁה	וַתֻּקַּח	פַּרְעֹה	אֶל־	אֹתָהּ
. paroh	*beyt*	*ha'ishah*	*vatukaj*	*paroh*	*el*	*otah*
פרעה	בית	האשה	ותקח	פרעה	אל	אתה
𐤐𐤓𐤏𐤄	𐤁𐤉𐤕	𐤄𐤀𐤔𐤄	𐤅𐤕𐤒𐤇	𐤐𐤓𐤏𐤄	𐤀𐤋	𐤀𐤕𐤄
. faraón	casa-de	la-varona	y-fue-tomada	faraón	a hacia	a-ella

12:16

308	141 | 791	36	31	285	36	279 | 839
בקר	צאן	הוא	היה	עבר	יטב	אב + רום
וּבָקָר	צֹאן־	לוֹ	וַיְהִי־	בַּעֲבוּרָהּ	הֵיטִיב	וּלְאַבְרָם
uvakar	*tson*	*lo*	*vayehí*	*ba'avurah*	*heytiv*	*Ule'Avram*
ובקר	צאן	לו	ויהי	בעבורה	היטיב	ולאברם
𐤅𐤁𐤒𐤓	𐤑𐤀𐤍	𐤋𐤅	𐤅𐤉𐤄𐤉	𐤁𐤏𐤁𐤅𐤓𐤄	𐤄𐤉𐤈𐤉𐤁	𐤅𐤋𐤀𐤁𐤓𐤌
y-res [ganado mayor]	rebaño [ganado menor]	para-él	y-fue	por-causa-de-ella [por cruce]	hizo-bien	Y-a-Avram

12:17

26	139	129 | 689	857	794	132 | 692	304 | 864
היה	נגע	גמל	אתן	שפח	עבד	חמר
יְהוָה	וַיְנַגַּע	וּגְמַלִּים׃	וַאֲתֹנֹת	וּשְׁפָחֹת	וַעֲבָדִים	וַחֲמֹרִים
YHVH	*Vayenagá*	*. ugemalim*	*va'atonot*	*ushfajot*	*va'avadim*	*vajamorim*
יהוה	וינגע	וגמלים	ואתנת	ושפחת	ועבדים	וחמרים
𐤉𐤄𐤅𐤄	𐤅𐤉𐤍𐤂𐤏	𐤅𐤂𐤌𐤋𐤉𐤌	𐤅𐤀𐤕𐤍𐤕	𐤅𐤔𐤐𐤇𐤕	𐤅𐤏𐤁𐤃𐤉𐤌	𐤅𐤇𐤌𐤓𐤉𐤌
YHVH	Y-azotó llagar; plagar	. y-camellos	y-asnas	y-siervas	y-siervos	y-asnos

100	418	407	87 | 647	173 | 733	355	401
עלה	בנה	את	גדל	נגע	·	את
עַל־	בֵּיתוֹ	וְאֶת־	גְּדֹלִים	נְגָעִים	פַּרְעֹה	אֶת־
al	*beytó*	*ve'et*	*gedolim*	*nega'im*	*paroh*	*et*
על	ביתו	ואת	גדלים	נגעים	פרעה	את
𐤏𐤋	𐤁𐤉𐤕𐤅	𐤅𐤀𐤕	𐤂𐤃𐤋𐤉𐤌	𐤍𐤂𐤏𐤉𐤌	𐤐𐤓𐤏𐤄	𐤀𐤕
por	su-casa	y-···	grandes	azotes llaga; plaga	faraón	··

12:18

273 | 833	355	317	243 | 803	701	510	206
אב + רום	·	קרא	אב + רום	איש	שרר	דבר
לְאַבְרָם	פַּרְעֹה	וַיִּקְרָא	אַבְרָם׃	אֵשֶׁת	שָׂרַי	דְּבַר
le'Avram	*faroh*	*Vayikrá*	*. Avram*	*éshet*	*Saray*	*davar*
לאברם	פרעה	ויקרא	אברם	אשת	שרי	דבר
𐤋𐤀𐤁𐤓𐤌	𐤐𐤓𐤏𐤄	𐤅𐤉𐤒𐤓𐤀	𐤀𐤁𐤓𐤌	𐤀𐤔𐤕	𐤔𐤓𐤉	𐤃𐤁𐤓
a-Avram	faraón	Y-llamó	. Avram	varona-de	Saray	palabra-de asunto; cosa

31	75	40	780	408	45	257
לא	מה	·	עשה	זה	מה	אמר
לֹא־	לָמָּה	לִּי	עָשִׂיתָ	זֹּאת	מַה־	וַיֹּאמֶר
lo	*lámah*	*li*	*asita*	*zot*	*mah*	*vayómer*
לא	למה	לי	עשית	זאת	מה	ויאמר
𐤋𐤀	𐤋𐤌𐤄	𐤋𐤉	𐤏𐤔𐤉𐤕	𐤆𐤀𐤕	𐤌𐤄	𐤅𐤉𐤀𐤌𐤓
no	¿Por qué	a-mí	hiciste	esto	¿Qué	y-dijo

12:19

641	75	12	721 | 1201	30	40	412
אמר	מה	הוא	איש	כי	·	נגד
אָמַרְתָּ	לָמָה	הִוא׃	אִשְׁתְּךָ	כִּי	לִי	הִגַּדְתָּ
amarta	*Lámah*	*. hi*	*ishteja*	*ki*	*li*	*higadta*
אמרת	למה	הוא	אשתך	כי	לי	הגדת
𐤀𐤌𐤓𐤕	𐤋𐤌𐤄	𐤄𐤅𐤀	𐤀𐤔𐤕𐤊	𐤊𐤉	𐤋𐤉	𐤄𐤂𐤃𐤕
dijiste	¿Por-qué	. ella	tu-varona	que porque	a-mí	manifestaste contar; declarar

481	336	40	406	115	12	419
עת	איש	·	את	לקח	הוא	אח
וְעַתָּ֗ה	לְאִשָּׁ֑ה	לִ֖י	אֹתָ֛הּ	וָאֶקַּ֥ח	הִ֔וא	אֲחֹ֣תִי
ve'atah	*le'ishah*	*li*	*otah*	*va'ekaj*	*hi*	*ajotí*
ועתה	לאשה	לי	אתה	ואקח	הוא	אחתי
𐤅𐤏𐤕𐤄	𐤋𐤀𐤔𐤄	𐤋𐤉	𐤀𐤕𐤄	𐤅𐤀𐤒𐤇	𐤄𐤅𐤀	𐤀𐤇𐤕𐤉
y-ahora en-este-tiempo	para-varona	para-mí	a-ella	y-tomé	ella	mi-hermana

12:20

355	116	112	56 | 536	108	721 | 1201	60
·	עלה	צוה	הלך	לקח	איש	הן
פַּרְעֹ֖ה	עָלָ֛יו	וַיְצַ֥ו	וָלֵֽךְ׃	קַ֥ח	אִשְׁתְּךָ֖	הִנֵּ֥ה
paroh	*alav*	*Vayetsav*	*. valej*	*kaj*	*ishteja*	*hineh*
פרעה	עליו	ויצו	ולך	קח	אשתך	הנה
𐤐𐤓𐤏𐤄	𐤏𐤋𐤉𐤅	𐤅𐤉𐤑𐤅	𐤅𐤋𐤊	𐤒𐤇	𐤀𐤔𐤕𐤊	𐤄𐤍𐤄
faraón	sobre-él	Y-mandó	. y-anda	toma	tu-varona	¡Mira! he-aquí

50	407	707	407	407	360	401 | 961
כלל	את	איש	את	את	שלח	אנש
כָּל־	וְאֶת־	אִשְׁתּ֥וֹ	וְאֶת־	אֹת֛וֹ	וַֽיְשַׁלְּח֥וּ	אֲנָשִׁ֑ים
kol	*ve'et*	*ishtó*	*ve'et*	*otó*	*vayeshaleju*	*anashim*
כל	ואת	אשתו	ואת	אתו	וישלחו	אנשים
𐤊𐤋	𐤅𐤀𐤕	𐤀𐤔𐤕𐤅	𐤅𐤀𐤕	𐤀𐤕𐤅	𐤅𐤉𐤔𐤋𐤇𐤅	𐤀𐤍𐤔𐤉𐤌
todo	y-···	su-varona	y-···	a-él	y-enviaron [con fuerza o urgencia]	hombres mortal

36	501
הוא	אשר
לֽוֹ׃	אֲשֶׁר־
. lo	*asher*
לו	אשר
𐤋𐤅	𐤀𐤔𐤓
. para-él	que

Total de palabras hebreas: 268.
Total de consonantes hebreas: 1015.
Consonantes ausentes: -

13:1

501	56	713	12	420 | 980	243 | 803	116
אשר	כלל	איש	הוא	צור	אב + רום	עלה
אֲשֶׁר־	וְכָל־	וְאִשְׁתּוֹ	הוּא	מִמִּצְרַיִם	אַבְרָם	וַיַּעַל
asher	*vejol*	*ve'ishtó*	*hu*	*miMitsráyim*	*Avram*	*Vaya'al*
אשר	וכל	ואשתו	הוא	ממצרים	אברם	ויעל
𐤀𐤔𐤓	𐤅𐤊𐤋	𐤅𐤀𐤔𐤕𐤅	𐤄𐤅𐤀	𐤌𐤌𐤑𐤓𐤉𐤌	𐤀𐤁𐤓𐤌	𐤅𐤉𐤏𐤋
que	y-todo	y-su-varona	él	de-Mitsráyim	Avram	Y-ascendió

13:2

45	26	249 | 809	65	116	51	36
מאד	כבד	אב + רום	נגב	עם	לוט	הוא
מְאֹד	כָּבֵד	וְאַבְרָם	הַנֶּגְבָּה׃	עִמּוֹ	וְלוֹט	לוֹ
me'od	*kaved*	*Ve'Avram*	*. haNégbah*	*imó*	*veLot*	*lo*
מאד	כבד	ואברם	הנגבה	עמו	ולוט	לו
𐤌𐤀𐤃	𐤊𐤁𐤃	𐤅𐤀𐤁𐤓𐤌	𐤄𐤍𐤂𐤁𐤄	𐤏𐤌𐤅	𐤅𐤋𐤅𐤈	𐤋𐤅
mucho fuerza; poder; vigor	pesado grave; severo	Y-Avram	. al-Néguev [sur]	con-él	y-Lot	para-él

13:3

80	95	216	66 | 546	22	102 | 582	197
עד	נגב	נסע	הלך	זהב	כסף	קנה
וְעַד־	מִנֶּגֶב	לְמַסָּעָיו	וַיֵּלֶךְ	וּבַזָּהָב׃	בַּכֶּסֶף	בַּמִּקְנֶה
ve'ad	*miNégev*	*lemasa'av*	*Vayélej*	*. uvazahav*	*bakésef*	*bamikneh*
ועד	מנגב	למסעיו	וילך	ובזהב	בכסף	במקנה
𐤅𐤏𐤃	𐤌𐤍𐤂𐤁	𐤋𐤌𐤎𐤏𐤉𐤅	𐤅𐤉𐤋𐤊	𐤅𐤁𐤆𐤄𐤁	𐤁𐤊𐤎𐤐	𐤁𐤌𐤒𐤍𐤄
y-hasta	del-Néguev [sur]	para-sus-partidas [retirar estacas]	Y-anduvo	. y-en-oro	en-plata	en-propiedad adquisición [ganado]

340 | 900	20	501	191 | 751	74	31	412
שם	היה	אשר	קום	עד	·	בנה
שָׁם	הָיָה	אֲשֶׁר־	הַמָּקוֹם	עַד־	אֵל	בֵּית־
sham	*hayah*	*asher*	*hamakom*	*ad*	*El*	*Beyt*
שם	היה	אשר	המקום	עד	אל	בית
𐤔𐤌	𐤄𐤉𐤄	𐤀𐤔𐤓	𐤄𐤌𐤒𐤅𐤌	𐤏𐤃	𐤀𐤋	𐤁𐤉𐤕
allí [ubicación]	estuvo	que	el-lugar	hasta	El	Beyt [casa de]

85	68 | 718	31	412	62 | 712	445	41
עוה	בין	·	בנה	בין	חלל	אהל
הָעָי׃	וּבֵין	אֵל	בֵּית־	בֵּין	בַּתְּחִלָּה	אָהֳלֹה
. ha'Ay	*uveyn*	*El*	*Beyt*	*beyn*	*batejilah*	*oholoh*
העי	ובין	אל	בית	בין	בתחלה	אהלה
𐤄𐤏𐤉	𐤅𐤁𐤉𐤍	𐤀𐤋	𐤁𐤉𐤕	𐤁𐤉𐤍	𐤁𐤕𐤇𐤋𐤄	𐤀𐤄𐤋𐤄
. el-Ay	y-entre	El	Beyt [casa de]	entre	en-el-comienzo	su-tienda

13:4

558	340 | 900	375	501	62	186 | 746	31
ראש	שם	עשה	אשר	זבח	קום	אלה
בָּרִאשֹׁנָה	שָׁם	עָשָׂה	אֲשֶׁר־	הַמִּזְבֵּחַ	מְקוֹם	אֶל־
barishonah	*sham*	*asah*	*asher*	*hamizbé'aj*	*mekom*	*El*
בראשנה	שם	עשה	אשר	המזבח	מקום	אל
𐤁𐤓𐤀𐤔𐤍𐤄	𐤔𐤌	𐤏𐤔𐤄	𐤀𐤔𐤓	𐤄𐤌𐤆𐤁𐤇	𐤌𐤒𐤅𐤌	𐤀𐤋
con-anterioridad en-primer-lugar	allí [ubicación]	hizo	que	el-altar	lugar-de	A hacia

13:5

75	49 | 609	26	342 | 902	243 | 803	340 | 900	317
לוט	גם	היה	שם	אב + רום	שם	קרא
לְלוֹט	וְגַם־	יְהוָה׃	בְּשֵׁם	אַבְרָם	שָׁם	וַיִּקְרָא
leLot	*Vegam*	*. YHVH*	*beshem*	*Avram*	*sham*	*vayikrá*
ללוט	וגם	יהוה	בשם	אברם	שם	ויקרא
𐤋𐤋𐤅𐤈	𐤅𐤂𐤌	𐤉𐤄𐤅𐤄	𐤁𐤔𐤌	𐤀𐤁𐤓𐤌	𐤔𐤌	𐤅𐤉𐤒𐤓𐤀
para-Lot	Y-también	. YHVH	en-nombre-de [ubicación]	Avram	allí [ubicación]	y-llamó

92 | 652	308	141 | 791	20	243 | 803	401	60 | 540
אהל	בקר	צאן	היה	אב + רום	את	הלך
וְאֹהָלִים׃	וּבָקָר	צֹאן־	הָיָה	אַבְרָם	אֶת־	הַהֹלֵךְ
. ve'ohalim	*uvakar*	*tson*	*hayah*	*Avram*	*et*	*haholej*
ואהלים	ובקר	צאן	היה	אברם	את	ההלך
𐤅𐤀𐤄𐤋𐤉𐤌	𐤅𐤁𐤒𐤓	𐤑𐤀𐤍	𐤄𐤉𐤄	𐤀𐤁𐤓𐤌	𐤀𐤕	𐤄𐤄𐤋𐤊
. y-tiendas	y-res [ganado mayor]	rebaño [ganado menor]	fue	Avram	..	el-andante

13:6

30	28	732	296 | 1106	441 | 1001	351	37
כי	יחד	ישב	ארץ	את	נשא	לא
כִּי־	יַחְדָּו	לָשֶׁבֶת	הָאָרֶץ	אֹתָם	נָשָׂא	וְלֹא־
ki	*yajdav*	*lashévet*	*ha'árets*	*otam*	*nasá*	*Veló*
כי	יחדו	לשבת	הארץ	אתם	נשא	ולא
𐤊𐤉	𐤉𐤇𐤃𐤅	𐤋𐤔𐤁𐤕	𐤄𐤀𐤓𐤑	𐤀𐤕𐤌	𐤍𐤔𐤀	𐤅𐤋𐤀
que porque	siendo-uno juntos	para-asentar	la-tierra [la seca]	a-ellos	alzó	Y-no

28	732	66	37	202	566 | 1126	20
יחד	ישב	יכל	לא	רבב	רכש	היה
יַחְדָּו׃	לָשֶׁבֶת	יָכְלוּ	וְלֹא	רָב	רְכוּשָׁם	הָיָה
. yajdav	*lashévet*	*yajlú*	*veló*	*rav*	*rejusham*	*hayah*
יחדו	לשבת	יכלו	ולא	רב	רכושם	היה
𐤉𐤇𐤃𐤅	𐤋𐤔𐤁𐤕	𐤉𐤊𐤋𐤅	𐤅𐤋𐤀	𐤓𐤁	𐤓𐤊𐤅𐤔𐤌	𐤄𐤉𐤄
. siendo-uno juntos	para-asentar	podían	y-no	abundante	su-ganancia adquirir; posesión	fue

13:7

<table>
<tr><td>68 | 718</td><td>243 | 803</td><td>195</td><td>280</td><td>62 | 712</td><td>212</td><td>31</td></tr>
<tr><td>בין</td><td>אב + רום</td><td>קנה</td><td>רעה</td><td>בין</td><td>ריב</td><td>היה</td></tr>
<tr><td>וּבֵין</td><td>אַבְרָ֑ם</td><td>מִקְנֵה־</td><td>רֹעֵ֣י</td><td>בֵּ֚ין</td><td>רִ֗יב</td><td>וַֽיְהִי־</td></tr>
<tr><td>uveyn</td><td>Avram</td><td>mikneh</td><td>ro'ey</td><td>beyn</td><td>riv</td><td>Vayehí</td></tr>
<tr><td>ובין</td><td>אברם</td><td>מקנה</td><td>רעי</td><td>בין</td><td>ריב</td><td>ויהי</td></tr>
<tr><td>𐤅𐤁𐤉𐤍</td><td>𐤀𐤁𐤓𐤌</td><td>𐤌𐤒𐤍𐤄</td><td>𐤓𐤏𐤉</td><td>𐤁𐤉𐤍</td><td>𐤓𐤉𐤁</td><td>𐤅𐤉𐤄𐤉</td></tr>
<tr><td>y-entre</td><td>Avram</td><td>propiedad-de
adquisición [ganado]</td><td>pastores-de
compañero</td><td>entre</td><td>contienda</td><td>Y-fue</td></tr>
</table>

<table>
<tr><td>312</td><td>8</td><td>308</td><td>211</td><td>45</td><td>195</td><td>280</td></tr>
<tr><td>ישב</td><td>אז</td><td>פרז</td><td>כנע</td><td>לוט</td><td>קנה</td><td>רעה</td></tr>
<tr><td>יֹשֵׁ֥ב</td><td>אָ֖ז</td><td>וְהַפְּרִזִּ֔י</td><td>וְהַֽכְּנַעֲנִי֙</td><td>ל֑וֹט</td><td>מִקְנֵה־</td><td>רֹעֵ֖י</td></tr>
<tr><td>yoshev</td><td>az</td><td>vehaperizí</td><td>vehakena'aní</td><td>Lot</td><td>mikneh</td><td>ro'ey</td></tr>
<tr><td>ישב</td><td>אז</td><td>והפרזי</td><td>והכנעני</td><td>לוט</td><td>מקנה</td><td>רעי</td></tr>
<tr><td>𐤉𐤔𐤁</td><td>𐤀𐤆</td><td>𐤅𐤄𐤐𐤓𐤆𐤉</td><td>𐤅𐤄𐤊𐤍𐤏𐤍𐤉</td><td>𐤋𐤅𐤈</td><td>𐤌𐤒𐤍𐤄</td><td>𐤓𐤏𐤉</td></tr>
<tr><td>estaba-morando</td><td>entonces</td><td>y-el-perizí</td><td>y-el-kena'aní</td><td>Lot</td><td>propiedad-de
adquisición [ganado]</td><td>pastores-de
compañero</td></tr>
</table>

13:8

<table>
<tr><td>51</td><td>31</td><td>45</td><td>31</td><td>243 | 803</td><td>257</td><td>293 | 1103</td></tr>
<tr><td>נא</td><td>אל</td><td>לוט</td><td>אלה</td><td>אב + רום</td><td>אמר</td><td>ארץ</td></tr>
<tr><td>נָ֜א</td><td>אַל־</td><td>ל֗וֹט</td><td>אֶל־</td><td>אַבְרָ֜ם</td><td>וַיֹּ֨אמֶר</td><td>בָּאָֽרֶץ׃</td></tr>
<tr><td>na</td><td>al</td><td>Lot</td><td>el</td><td>Avram</td><td>Vayómer</td><td>. ba'árets</td></tr>
<tr><td>נא</td><td>אל</td><td>לוט</td><td>אל</td><td>אברם</td><td>ויאמר</td><td>בארץ</td></tr>
<tr><td>𐤍𐤀</td><td>𐤀𐤋</td><td>𐤋𐤅𐤈</td><td>𐤀𐤋</td><td>𐤀𐤁𐤓𐤌</td><td>𐤅𐤉𐤀𐤌𐤓</td><td>𐤁𐤀𐤓𐤑</td></tr>
<tr><td>por-favor
ahora</td><td>no</td><td>Lot</td><td>a
hacia</td><td>Avram</td><td>Y-dijo</td><td>. en-la-tierra
[la seca]</td></tr>
</table>

<table>
<tr><td>68 | 718</td><td>280</td><td>68 | 718</td><td>98 | 578</td><td>72</td><td>257</td><td>415</td></tr>
<tr><td>בין</td><td>רעה</td><td>בין</td><td>בין</td><td>בין</td><td>ריב</td><td>היה</td></tr>
<tr><td>וּבֵ֣ין</td><td>רֹעַ֔י</td><td>וּבֵ֣ין</td><td>וּבֵינֶ֔יךָ</td><td>בֵּינִ֣י</td><td>מְרִיבָה֙</td><td>תְהִ֤י</td></tr>
<tr><td>uveyn</td><td>ro'ay</td><td>uveyn</td><td>uveyneyja</td><td>beyní</td><td>merivah</td><td>tehí</td></tr>
<tr><td>ובין</td><td>רעי</td><td>ובין</td><td>וביניך</td><td>ביני</td><td>מריבה</td><td>תהי</td></tr>
<tr><td>𐤅𐤁𐤉𐤍</td><td>𐤓𐤏𐤉</td><td>𐤅𐤁𐤉𐤍</td><td>𐤅𐤁𐤉𐤍𐤉𐤊</td><td>𐤁𐤉𐤍𐤉</td><td>𐤌𐤓𐤉𐤁𐤄</td><td>𐤕𐤄𐤉</td></tr>
<tr><td>y-entre</td><td>mis-pastores
compañero</td><td>y-entre</td><td>y-entre-ti</td><td>entre-mí</td><td>contienda</td><td>haya</td></tr>
</table>

13:9

<table>
<tr><td>50</td><td>36</td><td>115</td><td>59 | 619</td><td>401 | 961</td><td>30</td><td>300 | 780</td></tr>
<tr><td>כלל</td><td>לא</td><td>אנך</td><td>אח</td><td>אנש</td><td>כי</td><td>רעה</td></tr>
<tr><td>כָל־</td><td>הֲלֹ֨א</td><td>אֲנָֽחְנוּ׃</td><td>אַחִ֖ים</td><td>אֲנָשִׁ֥ים</td><td>כִּֽי־</td><td>רֹעֶ֑יךָ</td></tr>
<tr><td>jol</td><td>Haló</td><td>. anajnu</td><td>ajim</td><td>anashim</td><td>ki</td><td>ro'eyja</td></tr>
<tr><td>כל</td><td>הלא</td><td>אנחנו</td><td>אחים</td><td>אנשים</td><td>כי</td><td>רעיך</td></tr>
<tr><td>𐤊𐤋</td><td>𐤄𐤋𐤀</td><td>𐤀𐤍𐤇𐤍𐤅</td><td>𐤀𐤇𐤉𐤌</td><td>𐤀𐤍𐤔𐤉𐤌</td><td>𐤊𐤉</td><td>𐤓𐤏𐤉𐤊</td></tr>
<tr><td>toda</td><td>¿Acaso-no</td><td>. nosotros</td><td>hermanos</td><td>hombres
mortal</td><td>que
porque</td><td>tus-pastores
compañero</td></tr>
</table>

376	41 | 601	150	51	289	190 | 670	296 | 1106
שמאל	אם	עלה	נא	פרד	פנה	ארץ
הַשְּׂמֹאל	אִם־	מֵעָלָי	נָא	הִפָּרֶד	לְפָנֶיךָ	הָאָרֶץ
hasemol	*im*	*me'alay*	*na*	*hipared*	*lefaneyja*	*ha'árets*
השמאל	אם	מעלי	נא	הפרד	לפניך	הארץ
השמאל	אם	מעלי	נא	הפרד	לפניך	הארץ
la-izquierda	si	de-sobre-mí	por-favor ahora	divídete partir; separar	ante-ti presencia; superficie	la-tierra [la seca]

13:10

401	45	317	393	115 | 765	47 | 607	112
את	לוט	נשא	שמאל	ימן	אם	ימן
אֶת־	לוֹט	וַיִּשָּׂא־	וְאַשְׂמְאִילָה׃	הַיָּמִין	וְאִם־	וְאֵימִנָה
et	*Lot*	*Vayisá*	*. ve'asme'ilah*	*hayamín*	*ve'im*	*ve'eyminah*
את	לוט	וישא	ואשמאילה	הימין	ואם	ואימנה
את	לוט	וישא	ואשמאילה	הימין	ואם	ואימנה
··	Lot	Y-alzó	. iré-a-izquierda	la-derecha	y-si	iré-a-derecha

30	269 | 919	240	50	401	217	146
כי	ירד	כרר	כלל	את	ראה	עין
כִּי	הַיַּרְדֵּן	כִּכַּר	כָּל־	אֶת־	וַיַּרְא	עֵינָיו
ki	*haYardén*	*kikar*	*kol*	*et*	*vayar*	*eynav*
כי	הירדן	ככר	כל	את	וירא	עיניו
כי	הירדן	ככר	כל	את	וירא	עיניו
que porque	el-Yardén	llanura-de	toda	··	y-vio	sus-ojos

104 | 664	401	26	708	170	445	55
·	את	היה	שחת	פנה	שקה	כלל
סְדֹם	אֶת־	יְהוָה	שַׁחֵת	לִפְנֵי	מַשְׁקֶה	כֻלָּהּ
Sdom	*et*	*YHVH*	*shajet*	*lifney*	*mashkeh*	*julah*
סדם	את	יהוה	שחת	לפני	משקה	כלה
סדם	את	יהוה	שחת	לפני	משקה	כלה
Sdom	··	YHVH	arruinar destruir	antes-de presencia; superficie	de-riego	toda-ella

28	380 | 940	311 | 1121	26	73 | 723	315	407
בוא	צור	ארץ	היה	גנן	עמר	את
בֹּאֲכָה	מִצְרַיִם	כְּאֶרֶץ	יְהוָה	כְּגַן־	עֲמֹרָה	וְאֶת־
bo'ajah	*Mitsráyim*	*ke'érets*	*YHVH*	*kegán*	*Amorah*	*ve'et*
באכה	מצרים	כארץ	יהוה	כגן	עמרה	ואת
באכה	מצרים	כארץ	יהוה	כגן	עמרה	ואת
viniendo-a	Mitsráyim	como-tierra-de [la seca]	YHVH	como-jardín-de paraíso	Amorah	y-···

13:11

240	50	401	45	36	226	360
כרר	כלל	את	לוט	הוא	בחר	צער
כִּכַּר	כָּל־	אֵת	לוֹט	לוֹ	וַיִּבְחַר־	צֹעַר׃
kikar	*kol*	*et*	*Lot*	*lo*	*Vayivjar*	*. Tsó'ar*
ככר	כל	את	לוט	לו	ויבחר	צער
𐤊𐤊𐤓	𐤊𐤋	𐤀𐤕	𐤋𐤅𐤈	𐤋𐤅	𐤅𐤉𐤁𐤇𐤓	𐤑𐤏𐤓
llanura-de	toda	··	Lot	para-él	Y-escogió	. Tsó'ar

140	311	306	184 | 744	45	146	269 | 919
עלה	איש	פרד	קדם	לוט	נסע	ירד
מֵעַל	אִישׁ	וַיִּפָּרְדוּ	מִקֶּדֶם	לוֹט	וַיִּסַּע	הַיַּרְדֵּן
me'al	*ish*	*vayipardú*	*mikédem*	*Lot*	*vayisá*	*haYardén*
מעל	איש	ויפרדו	מקדם	לוט	ויסע	הירדן
𐤌𐤏𐤋	𐤀𐤉𐤔	𐤅𐤉𐤐𐤓𐤃𐤅	𐤌𐤒𐤃𐤌	𐤋𐤅𐤈	𐤅𐤉𐤎𐤏	𐤄𐤉𐤓𐤃𐤍
de-sobre	varón [cada uno]	y-se-dividieron partir; separar	al-este antaño; oriente	Lot	y-partió [arrancar las estacas]	el-Yardén

13:12

312	51	190 | 840	293 | 1103	312	243 | 803	25
ישב	לוט	כנע	ארץ	ישב	אב + רום	אח
יָשַׁב	וְלוֹט	כְּנָעַן	בְּאֶרֶץ־	יָשַׁב	אַבְרָם	אָחִיו׃
yashav	*veLot*	*Kena'an*	*be'érets*	*yashav*	*Avram*	*. ajiv*
ישב	ולוט	כנען	בארץ	ישב	אברם	אחיו
𐤉𐤔𐤁	𐤅𐤋𐤅𐤈	𐤊𐤍𐤏𐤍	𐤁𐤀𐤓𐤑	𐤉𐤔𐤁	𐤀𐤁𐤓𐤌	𐤀𐤇𐤉𐤅
se-asentó	y-Lot	Kena'an	en-tierra-de [la seca]	se-asentó	Avram	. su-hermano

13:13

104 | 664	367	104 | 664	74	52	245	282
·	אנש	·	עד	אהל	כרר	עור
סְדֹם	וְאַנְשֵׁי	סְדֹם׃	עַד־	וַיֶּאֱהַל	הַכִּכָּר	בְּעָרֵי
Sdom	*Ve'anshey*	*. Sdom*	*ad*	*vaye'ehal*	*hakikar*	*be'arey*
סדם	ואנשי	סדם	עד	ויאהל	הככר	בערי
𐤎𐤃𐤌	𐤅𐤀𐤍𐤔𐤉	𐤎𐤃𐤌	𐤏𐤃	𐤅𐤉𐤀𐤄𐤋	𐤄𐤊𐤊𐤓	𐤁𐤏𐤓𐤉
Sdom	Y-hombres-de mortal	. Sdom	hasta	y-acampó [poner la tienda]	la-llanura	en-ciudades-de

13:14

31	241	32	45	56	74 | 634	320 | 880
אלה	אמר	היה	מאד	היה	חטא	רעע
אֶל־	אָמַר	וַיהוָה	מְאֹד׃	לַיהוָה	וְחַטָּאִים	רָעִים
el	*amar*	*VaYHVH*	*. me'od*	*laYHVH*	*vejata'im*	*rá'im*
אל	אמר	ויהוה	מאד	ליהוה	וחטאים	רעים
𐤀𐤋	𐤀𐤌𐤓	𐤅𐤉𐤄𐤅𐤄	𐤌𐤀𐤃	𐤋𐤉𐤄𐤅𐤄	𐤅𐤇𐤈𐤀𐤉𐤌	𐤓𐤏𐤉𐤌
a hacia	dijo	Y-YHVH	. mucho fuerza; poder; vigor	para-YHVH	y-pecadores	malos

51	301	156	45	289	219	243 | 803
נא	נשא	עם	לוט	פרד	אחר	אב + רום
נָ֣א	שָׂ֣א	מֵעִמּֽוֹ	ל֔וֹט	הִפָּ֣רֶד־	אַחֲרֵי֙	אַבְרָ֗ם
na	*sa*	*me'imó*	*Lot*	*hipared*	*ajarey*	*Avram*
נא	שא	מעמו	לוט	הפרד	אחרי	אברם
𐤍𐤀	𐤔𐤀	𐤌𐤏𐤌𐤅	𐤋𐤅𐤈	𐤄𐤐𐤓𐤃	𐤀𐤇𐤓𐤉	𐤀𐤁𐤓𐤌
por-favor ahora	alza	de-con-él	Lot	dividir partir; separar	después-de	Avram

340 | 900	406	501	191 | 751	90 | 740	212	160 | 640
שם	את	אשר	קום	מן	ראה	עין
שָׁ֗ם	אַתָּ֣ה	אֲשֶׁר־	הַמָּק֖וֹם	מִן־	וּרְאֵ֔ה	עֵינֶ֙יךָ֙
sham	*atah*	*asher*	*hamakom*	*min*	*ure'eh*	*eyneyja*
שם	אתה	אשר	המקום	מן	וראה	עיניך
𐤔𐤌	𐤀𐤕𐤄	𐤀𐤔𐤓	𐤄𐤌𐤒𐤅𐤌	𐤌𐤍	𐤅𐤓𐤀𐤄	𐤏𐤉𐤍𐤉𐤊
allí [ubicación]	tú	que	el-lugar	de desde	y-mira	tus-ojos

13:15

50	401	30	61	155	66	225
כלל	את	כי	ים	קדם	נגב	צפן
כָּל־	אֶת־	כִּ֧י	וָיָֽמָּה׃	וָקֵ֖דְמָה	וָנֶ֥גְבָּה	צָפֹ֥נָה
kol	*et*	*Ki*	*. vayamah*	*vakedmah*	*vaNégbah*	*tsafónah*
כל	את	כי	וימה	וקדמה	ונגבה	צפנה
𐤊𐤋	𐤀𐤕	𐤊𐤉	𐤅𐤉𐤌𐤄	𐤅𐤒𐤃𐤌𐤄	𐤅𐤍𐤂𐤁𐤄	𐤑𐤐𐤍𐤄
toda	..	Que porque	. y-al-oeste [mar occidental]	y-al-este antaño; oriente	y-al-Néguev [sur]	al-norte

333 | 813	506	50 | 530	206	406	501	296 | 1106
זרע	נתן	·	ראה	את	אשר	ארץ
וּֽלְזַרְעֲךָ֖	אֶתְּנֶ֑נָּה	לְךָ֣	רֹאֶ֔ה	אַתָּ֣ה	אֲשֶׁר־	הָאָ֛רֶץ
ulezaraja	*etenenah*	*lejá*	*ro'eh*	*atah*	*asher*	*ha'árets*
ולזרעך	אתננה	לך	ראה	אתה	אשר	הארץ
𐤅𐤋𐤆𐤓𐤏𐤊	𐤀𐤕𐤍𐤍𐤄	𐤋𐤊	𐤓𐤀𐤄	𐤀𐤕𐤄	𐤀𐤔𐤓	𐤄𐤀𐤓𐤑
y-a-tu-simiente semilla	la-daré	a-ti	estás-viendo	tú	que	la-tierra [la seca]

13:16

296 | 1106	370	297 | 777	401	756	146 | 706	74
ארץ	עפר	זרע	את	שים	עלם	עד
הָאָ֑רֶץ	כַּעֲפַ֣ר	זַרְעֲךָ֖	אֶֽת־	וְשַׂמְתִּ֥י	עוֹלָֽם׃	עַד־
ha'árets	*ka'afar*	*zaraja*	*et*	*Vesamtí*	*. olam*	*ad*
הארץ	כעפר	זרעך	את	ושמתי	עולם	עד
𐤄𐤀𐤓𐤑	𐤊𐤏𐤐𐤓	𐤆𐤓𐤏𐤊	𐤀𐤕	𐤅𐤔𐤌𐤕𐤉	𐤏𐤅𐤋𐤌	𐤏𐤃
la-tierra [la seca]	como-el-polvo-de [simb. tumba]	tu-simiente semilla	..	Y-pondré [ubicación]	. siempre [*olam* = está escondido]	hasta

350	401	526	311	66	41 | 601	501
עפר	את	מנה	איש	יכל	אם	אשר
עֲפַר	אֶת־	לִמְנוֹת	אִישׁ	יוּכַל	אִם־	אֲשֶׁר
afar	*et*	*limnot*	*ish*	*yujal*	*im*	*asher*
עפר	את	למנות	איש	יוכל	אם	אשר
𐤏𐤐𐤓	𐤀𐤕	𐤋𐤌𐤍𐤅𐤕	𐤀𐤉𐤔	𐤉𐤅𐤊𐤋	𐤀𐤌	𐤀𐤔𐤓
polvo-de [simb. tumba]	..	a-contar censar; pesar	varón	podrá	si	que

13:17

293 | 1103	460 | 940	146 | 706	105	297 | 777	43 | 603	296 | 1106
ארץ	הלך	קום	מנה	זרע	גם	ארץ
בָּאָרֶץ	הִתְהַלֵּךְ	קוּם	יִמָּנֶה׃	זַרְעֲךָ	גַּם־	הָאָרֶץ
ba'árets	*hithalej*	*Kum*	*. yimaneh*	*zaraja*	*gam*	*ha'árets*
בארץ	התהלך	קום	ימנה	זרעך	גם	הארץ
𐤁𐤀𐤓𐤑	𐤄𐤕𐤄𐤋𐤊	𐤒𐤅𐤌	𐤉𐤌𐤍𐤄	𐤆𐤓𐤏𐤊	𐤂𐤌	𐤄𐤀𐤓𐤑
por-la-tierra [la seca]	anda	Levántate	. será-contada censar; pesar	tu-simiente semilla	también	la-tierra [la seca]

13:18

243 | 803	52	506	50 | 530	30	251	256
אב + רום	אהל	נתן	·	כי	רחב	ארך
אַבְרָם	וַיֶּאֱהַל	אֶתְּנֶנָּה׃	לְךָ	כִּי	וּלְרָחְבָּהּ	לְאָרְכָּהּ
Avram	*Vaye'ehal*	*. etenenah*	*lejá*	*ki*	*ulerojbah*	*le'orkah*
אברם	ויאהל	אתננה	לך	כי	ולרחבה	לארכה
𐤀𐤁𐤓𐤌	𐤅𐤉𐤀𐤄𐤋	𐤀𐤕𐤍𐤍𐤄	𐤋𐤊	𐤊𐤉	𐤅𐤋𐤓𐤇𐤁𐤄	𐤋𐤀𐤓𐤊𐤄
Avram	Y-acampó [poner la tienda]	. la-daré	a-ti	que porque	y-a-su-ancho	a-su-largo

68 | 718	268 | 918	501	281	93	318	19
בנה	חבר	אשר	מרא	איל	ישב	בוא
וַיִּבֶן־	בְּחֶבְרוֹן	אֲשֶׁר	מַמְרֵא	בְּאֵלֹנֵי	וַיֵּשֶׁב	וַיָּבֹא
vayivén	*beJevrón*	*asher*	*Mamré*	*be'eloney*	*vayéshev*	*vayavó*
ויבן	בחברון	אשר	ממרא	באלני	וישב	ויבא
𐤅𐤉𐤁𐤍	𐤁𐤇𐤁𐤓𐤅𐤍	𐤀𐤔𐤓	𐤌𐤌𐤓𐤀	𐤁𐤀𐤋𐤍𐤉	𐤅𐤉𐤔𐤁	𐤅𐤉𐤁𐤀
y-edificó construir	en-Jevrón	que	Mamré	en-encinar-de [árbol fuerte: roble]	y-se-asentó	y-vino

56	57	340 | 900
היה	זבח	שם
לַיהוָה׃	מִזְבֵּחַ	שָׁם
. laYHVH	*mizbé'aj*	*sham*
ליהוה	מזבח	שם
𐤋𐤉𐤄𐤅𐤄	𐤌𐤆𐤁𐤇	𐤔𐤌
. para-YHVH	altar	allí [ubicación]

Total de palabras hebreas: 241.
Total de consonantes hebreas: 879.
Consonantes ausentes: -

14:1

90 | 570	237 | 717	620	90 | 570	351	62	31
מלך	·	·	מלך	·	יום	היה
מֶלֶךְ	אַרְיוֹךְ	שִׁנְעָר	מֶלֶךְ־	אַמְרָפֶל	בִּימֵי	וַיְהִי
mélej	*Aryoj*	*Shinar*	*mélej*	*Amrafel*	*bimey*	*Vayehí*
מלך	אריוך	שנער	מלך	אמרפל	בימי	ויהי
𐤌𐤋𐤊	𐤀𐤓𐤉𐤅𐤊	𐤔𐤍𐤏𐤓	𐤌𐤋𐤊	𐤀𐤌𐤓𐤐𐤋	𐤁𐤉𐤌𐤉	𐤅𐤉𐤄𐤉
rey-de	Aryoj	Shinar	rey-de	Amrafel	en-los-días-de tiempo [la luz]	Y-fue

59 | 619	90 | 570	510	150 | 710	90 | 570	564	291
גאה	מלך	·	עלם	מלך	·	·
גּוֹיִם׃	מֶלֶךְ	וְתִדְעָל	עֵילָם	מֶלֶךְ	כְּדָרְלָעֹמֶר	אֶלָּסָר
. goyim	*mélej*	*veTidal*	*Eylam*	*mélej*	*Kedorla'omer*	*Elasar*
גוים	מלך	ותדעל	עילם	מלך	כדרלעמר	אלסר
𐤂𐤅𐤉𐤌	𐤌𐤋𐤊	𐤅𐤕𐤃𐤏𐤋	𐤏𐤉𐤋𐤌	𐤌𐤋𐤊	𐤊𐤃𐤓𐤋𐤏𐤌𐤓	𐤀𐤋𐤎𐤓
. naciones gentil	rey-de	y-Tidal	Eylam	rey-de	Kedorla'omer	Elasar

14:2

407	104 | 664	90 | 570	272	401	123	376
את	·	מלך	·	את	לחם	עשה
וְאֶת־	סְדֹם	מֶלֶךְ	בֶּרַע	אֶת־	מִלְחָמָה	עָשׂוּ
ve'et	*Sdom*	*mélej*	*Berá*	*et*	*miljamah*	*Asú*
ואת	סדם	מלך	ברע	את	מלחמה	עשו
𐤅𐤀𐤕	𐤎𐤃𐤌	𐤌𐤋𐤊	𐤁𐤓𐤏	𐤀𐤕	𐤌𐤋𐤇𐤌𐤄	𐤏𐤔𐤅
y-··	Sdom	rey-de	Berá	··	guerra	Hicieron

549	50	90 | 570	353	315	90 | 570	572
שם + אבר	אדם	מלך	שנא + אב	עמר	מלך	רשע
וְשֶׁמְאֵבֶר	אַדְמָה	מֶלֶךְ	שִׁנְאָב	עֲמֹרָה	מֶלֶךְ	בִּרְשַׁע
veShemever	*Admah*	*mélej*	*Shinav*	*Amorah*	*mélej*	*Birshá*
ושמאבר	אדמה	מלך	שנאב	עמרה	מלך	ברשע
𐤅𐤔𐤌𐤀𐤁𐤓	𐤀𐤃𐤌𐤄	𐤌𐤋𐤊	𐤔𐤍𐤀𐤁	𐤏𐤌𐤓𐤄	𐤌𐤋𐤊	𐤁𐤓𐤔𐤏
y-Shemever	Admah [contracc. de *adamah*]	rey-de	Shinav	Amorah	rey-de	Birshá

14:3

50	360	16	102	96 | 576	152 | 712	90 | 570
כלל	צער	הוא	בלע	מלך	צבה	מלך
כָּל־	צֹעַר׃	הִיא־	בֶּלַע	וּמֶלֶךְ	צְבֹיִים	מֶלֶךְ
Kol	*. Tsó'ar*	*hi*	*Belá*	*umélej*	*Tsvoyim*	*mélej*
כל	צער	היא	בלע	ומלך	צביים	מלך
𐤊𐤋	𐤑𐤏𐤓	𐤄𐤉𐤀	𐤁𐤋𐤏	𐤅𐤌𐤋𐤊	𐤑𐤁𐤉𐤉𐤌	𐤌𐤋𐤊
Todos	. Tsó'ar	ella	Belá	y-rey-de	Tsvoyim	rey-de

50 | 610	12	359 | 919	210	31	216	36
ימם	הוא	·	עמק	אלה	חבר	אלה
יָ֑ם	הֽוּא	הַשִּׂדִּ֑ים	עֵ֣מֶק	אֶל־	חָֽבְר֔וּ	אֵ֨לֶּה
yam	*hu*	*haSidim*	*émek*	*el*	*javerú*	*éleh*
ים	הוא	השדים	עמק	אל	חברו	אלה
𐤉𐤌	𐤄𐤅𐤀	𐤄𐤔𐤃𐤉𐤌	𐤏𐤌𐤒	𐤀𐤋	𐤇𐤁𐤓𐤅	𐤀𐤋𐤄
mar-de	él	los-Sidim	valle-de	a hacia	se-aliaron unir	estos

14:4

564	401	82	355	575	750 | 1310	83
·	את	עבד	שנה	עשר	שנה	מלח
כְּדָרְלָעֹ֔מֶר	אֶת־	עָבְד֖וּ	שָׁנָ֗ה	עֶשְׂרֵ֣ה	שְׁתֵּ֤ים	הַמֶּֽלַח׃
Kedorla'omer	*et*	*ovdú*	*shanah*	*esreh*	*Shteym*	*. hamélaj*
כדרלעמר	את	עבדו	שנה	עשרה	שתים	המלח
𐤊𐤃𐤓𐤋𐤏𐤌𐤓	𐤀𐤕	𐤏𐤁𐤃𐤅	𐤔𐤍𐤄	𐤏𐤔𐤓𐤄	𐤔𐤕𐤉𐤌	𐤄𐤌𐤋𐤇
Kedorla'omer	..	sirvieron cultivar; venerar	año cambio	diez	Dos	. la-sal

14:5

355	575	281	250	355	575	636
שנה	עשר	רבע	מרד	שנה	עשר	שלש
שָׁנָ֗ה	עֶשְׂרֵ֜ה	וּבְאַרְבַּ֨ע	מָרָֽדוּ׃	שָׁנָ֖ה	עֶשְׂרֵ֥ה	וּשְׁלֹשׁ־
shanah	*esreh*	*Uve'arbá*	*. maradú*	*shanah*	*esreh*	*ushlosh*
שנה	עשרה	ובארבע	מרדו	שנה	עשרה	ושלש
𐤔𐤍𐤄	𐤏𐤔𐤓𐤄	𐤅𐤁𐤀𐤓𐤁𐤏	𐤌𐤓𐤃𐤅	𐤔𐤍𐤄	𐤏𐤔𐤓𐤄	𐤅𐤔𐤋𐤔
año cambio	diez	Y-en-cuatro	. se-rebelaron	año cambio	diez	y-tres

401	42	407	501	151 | 711	564	3
את	נכה	את	אשר	מלך	·	בוא
אֶת־	וַיַּכּ֤וּ	אִתּ֔וֹ	אֲשֶׁ֣ר	וְהַמְּלָכִים֙	כְדָרְלָעֹ֜מֶר	בָּ֣א
et	*vayakú*	*itó*	*asher*	*vehamelajim*	*Jedorla'omer*	*ba*
את	ויכו	אתו	אשר	והמלכים	כדרלעמר	בא
𐤀𐤕	𐤅𐤉𐤊𐤅	𐤀𐤕𐤅	𐤀𐤔𐤓	𐤅𐤄𐤌𐤋𐤊𐤉𐤌	𐤊𐤃𐤓𐤋𐤏𐤌𐤓	𐤁𐤀
..	e-hirieron	con-él	que	y-los-reyes	Kedorla'omer	vino

407	47 | 607	75 | 635	407	400 | 960	1372	331 | 891
את	·	·	את	קרן	עשר	רפא
וְאֵת֙	בְּהָ֑ם	הַזּוּזִ֖ים	וְאֶת־	קַרְנַ֔יִם	בְּעַשְׁתְּרֹ֣ת	רְפָאִים֙
ve'et	*beHam*	*hazuzim*	*ve'et*	*Karnáyim*	*be'Ashterot*	*refa'im*
ואת	בהם	הזוזים	ואת	קרנים	בעשתרת	רפאים
𐤅𐤀𐤕	𐤁𐤄𐤌	𐤄𐤆𐤅𐤆𐤉𐤌	𐤅𐤀𐤕	𐤒𐤓𐤍𐤉𐤌	𐤁𐤏𐤔𐤕𐤓𐤕	𐤓𐤐𐤀𐤉𐤌
y-···	en-Ham	los-zuzim	y-···	Karnáyim	en-Ashterot	refa'im [vigorosos]

14:6

580	447 | 1007	223	407	760 | 1320	313	106 | 666
שער	הרר	חור	את	קרה	שוה	אימה
שֵׂעִיר	בְּהַרְרָם	הַחֹרִי	וְאֵת־	קִרְיָתָיִם׃	בְּשָׁוֵה	הָאֵימִים
Se'ir	*beharram*	*hajorí*	*Ve'et*	*. Kiryatáyim*	*beShaveh*	*ha'eymim*
שעיר	בהררם	החרי	ואת	קריתים	בשוה	האימים
𐤔𐤏𐤉𐤓	𐤁𐤄𐤓𐤓𐤌	𐤄𐤇𐤓𐤉	𐤅𐤀𐤕	𐤒𐤓𐤉𐤕𐤉𐤌	𐤁𐤔𐤅𐤄	𐤄𐤀𐤉𐤌𐤉𐤌
Se'ir	en-el-monte-de	los-jorí [habitan en cuevas]	Y-··	. Kiryatáyim	en-Shaveh	los-eymim

14:7

324	251	74	501	331 | 981	41	74
שוב	דבר	עלה	אשר	פאר	אול	עד
וַיָּשֻׁבוּ	הַמִּדְבָּר׃	עַל־	אֲשֶׁר	פָּארָן	אֵיל	עַד
Vayashuvu	*. hamidbar*	*al*	*asher*	*Parán*	*Eyl*	*ad*
וישבו	המדבר	על	אשר	פארן	איל	עד
𐤅𐤉𐤔𐤁𐤅	𐤄𐤌𐤃𐤁𐤓	𐤏𐤋	𐤀𐤔𐤓	𐤐𐤀𐤓𐤍	𐤀𐤉𐤋	𐤏𐤃
Y-volvieron	. el-desierto	sobre	que	Parán	Eyl	hasta

42	404	12	429	130 | 780	31	25
נכה	קדש	הוא	שפט	עין	אלה	בוא
וַיַּכּוּ	קָדֵשׁ	הִוא	מִשְׁפָּט	עֵין	אֶל־	וַיָּבֹאוּ
vayakú	*Kadesh*	*hi*	*Mishpat*	*Eyn*	*el*	*vayavó'u*
ויכו	קדש	הוא	משפט	עין	אל	ויבאו
𐤅𐤉𐤊𐤅	𐤒𐤃𐤔	𐤄𐤅𐤀	𐤌𐤔𐤐𐤈	𐤏𐤉𐤍	𐤀𐤋	𐤅𐤉𐤁𐤀𐤅
e-hirieron	Kadesh	ella	Mishpat	Eyn	a hacia	y-vinieron

256	401	49 | 609	255	309	50	401
·	את	גם	·	שדה	כלל	את
הָאֱמֹרִי	אֶת־	וְגַם	הָעֲמָלֵקִי	שְׂדֵה	כָּל־	אֶת־
ha'emorí	*et*	*vegam*	*ha'amalekí*	*sdeh*	*kol*	*et*
האמרי	את	וגם	העמלקי	שדה	כל	את
𐤄𐤀𐤌𐤓𐤉	𐤀𐤕	𐤅𐤂𐤌	𐤄𐤏𐤌𐤋𐤒𐤉	𐤔𐤃𐤄	𐤊𐤋	𐤀𐤕
el-emorí	··	y-también	el-amalekí	campo-de	todo	··

14:8

96 | 576	104 | 664	90 | 570	107	640	240 | 890	317
מלך	·	מלך	יצא	·	חצץ	ישב
וּמֶלֶךְ	סְדֹם	מֶלֶךְ־	וַיֵּצֵא	תָּמָר׃	בְּחַצְצֹן	הַיֹּשֵׁב
umélej	*Sdom*	*mélej*	*Vayetse*	*. Tamar*	*beJatstsón*	*hayoshev*
ומלך	סדם	מלך	ויצא	תמר	בחצצן	הישב
𐤅𐤌𐤋𐤊	𐤎𐤃𐤌	𐤌𐤋𐤊	𐤅𐤉𐤑𐤀	𐤕𐤌𐤓	𐤁𐤇𐤑𐤑𐤍	𐤄𐤉𐤔𐤁
y-rey-de	Sdom	rey-de	Y-salió	. Tamar	en-Jatstsón	el-que-mora

102	96 | 576	152 | 712	96 | 576	50	96 | 576	315
בלע	מלך	צבה	מלך	אדם	מלך	עמר
בֶּ֥לַע	וּמֶ֣לֶךְ	צְבֹיִ֔ים	וּמֶ֣לֶךְ	אַדְמָ֗ה	וּמֶ֣לֶךְ	עֲמֹרָ֔ה
Belá	*umélej*	*Tsvoyim*	*umélej*	*Admah*	*umélej*	*Amorah*
בלע	ומלך	צביים	ומלך	אדמה	ומלך	עמרה
𐤁𐤋𐤏	𐤅𐤌𐤋𐤊	𐤑𐤁𐤉𐤉𐤌	𐤅𐤌𐤋𐤊	𐤀𐤃𐤌𐤄	𐤅𐤌𐤋𐤊	𐤏𐤌𐤓𐤄
Belá	y-rey-de	Tsvoyim	y-rey-de	Admah [contracc. de *adamah*]	y-rey-de	Amorah

359 | 919	212	123	441 | 1001	312	360	12
·	עמק	לחם	את	ערך	צער	הוא
הַשִּׂדִּֽים׃	בְּעֵ֥מֶק	מִלְחָמָ֔ה	אִתָּ֛ם	וַיַּֽעַרְכ֤וּ	צֹ֑עַר	הִוא־
. haSidim	*be'émek*	*miljamah*	*itam*	*vaya'arjú*	*Tsó'ar*	*hi*
השדים	בעמק	מלחמה	אתם	ויערכו	צער	הוא
𐤄𐤔𐤃𐤉𐤌	𐤁𐤏𐤌𐤒	𐤌𐤋𐤇𐤌𐤄	𐤀𐤕𐤌	𐤅𐤉𐤏𐤓𐤊𐤅	𐤑𐤏𐤓	𐤄𐤅𐤀
. los-Sidim	en-valle-de	guerra	contra-ellos	y-ordenaron	Tsó'ar	ella

14:9

59 | 619	90 | 570	510	150 | 710	90 | 570	564	401
גאה	מלך	·	עלם	מלך	·	את
גּוֹיִ֑ם	מֶ֣לֶךְ	וְתִדְעָל֙	עֵילָ֗ם	מֶ֣לֶךְ	כְּדָרְלָעֹ֜מֶר	אֵ֣ת
goyim	*mélej*	*veTidal*	*Eylam*	*mélej*	*Kedorla'omer*	*Et*
גוים	מלך	ותדעל	עילם	מלך	כדרלעמר	את
𐤂𐤅𐤉𐤌	𐤌𐤋𐤊	𐤅𐤕𐤃𐤏𐤋	𐤏𐤉𐤋𐤌	𐤌𐤋𐤊	𐤊𐤃𐤓𐤋𐤏𐤌𐤓	𐤀𐤕
naciones gentil	rey-de	y-Tidal	Eylam	rey-de	Kedorla'omer	··

278	291	90 | 570	243 | 723	620	90 | 570	357
רבע	·	מלך	·	·	מלך	·
אַרְבָּעָ֥ה	אֶלָּסָ֑ר	מֶ֣לֶךְ	וְאַרְי֖וֹךְ	שִׁנְעָ֔ר	מֶ֣לֶךְ	וְאַמְרָפֶל֙
arbá'ah	*Elasar*	*mélej*	*ve'Aryoj*	*Shinar*	*mélej*	*ve'Amrafel*
ארבעה	אלסר	מלך	ואריוך	שנער	מלך	ואמרפל
𐤀𐤓𐤁𐤏𐤄	𐤀𐤋𐤎𐤓	𐤌𐤋𐤊	𐤅𐤀𐤓𐤉𐤅𐤊	𐤔𐤍𐤏𐤓	𐤌𐤋𐤊	𐤅𐤀𐤌𐤓𐤐𐤋
cuatro	Elasar	rey-de	y-Aryoj	Shinar	rey-de	y-Amrafel

14:10

603	603	359 | 919	216	358	401	140 | 700
באר	באר	·	עמק	חמש	את	מלך
בֶּאֱרֹת֙	בֶּאֱרֹ֤ת	הַשִּׂדִּ֗ים	וְעֵ֨מֶק	הַחֲמִשָּֽׁה׃	אֶת־	מְלָכִ֖ים
be'erot	*be'erot*	*haSidim*	*Ve'émek*	*. hajamishah*	*et*	*melajim*
בארת	בארת	השדים	ועמק	החמשה	את	מלכים
𐤁𐤀𐤓𐤕	𐤁𐤀𐤓𐤕	𐤄𐤔𐤃𐤉𐤌	𐤅𐤏𐤌𐤒	𐤄𐤇𐤌𐤔𐤄	𐤀𐤕	𐤌𐤋𐤊𐤉𐤌
pozos-de	pozos	los-Sidim	Y-valle-de	. los-cinco	··	reyes

345	132	321	104 | 664	90 | 570	132	248
שם	נפל	עמר	·	מלך	נוס	חמר
שָׁ֫מָּה	וַיִּפְּלוּ־	וַעֲמֹרָה	סְדֹם	מֶלֶךְ־	וַיָּנֻסוּ	חֵמָר
shamah	*vayipelú*	*va'Amorah*	*Sdom*	*mélej*	*vayanusú*	*jemar*
שמה	ויפלו	ועמרה	סדם	מלך	וינסו	חמר
𐤔𐤌𐤄	𐤅𐤉𐤐𐤋𐤅	𐤅𐤏𐤌𐤓𐤄	𐤎𐤃𐤌	𐤌𐤋𐤊	𐤅𐤉𐤍𐤎𐤅	𐤇𐤌𐤓
allí [ubicación]	y-cayeron	y-Amorah	Sdom	rey-de	y-huyeron	brea asfalto; betún

14:11

520	50	401	130	116	210	612 | 1172
רכש	כלל	את	לקח	נוס	הרר	שאר
רְכֻשׁ	כָּל־	אֶת־	וַיִּקְחוּ	נָסוּ׃	הֶרָה	וְהַנִּשְׁאָרִים
rejush	*kol*	*et*	*Vayikjú*	*. nasú*	*herah*	*vehanisharim*
רכש	כל	את	ויקחו	נסו	הרה	והנשארים
𐤓𐤊𐤔	𐤊𐤋	𐤀𐤕	𐤅𐤉𐤒𐤇𐤅	𐤍𐤎𐤅	𐤄𐤓𐤄	𐤅𐤄𐤍𐤔𐤀𐤓𐤉𐤌
ganancia-de adquirir; posesión	toda	..	Y-tomaron	. huyeron	al-monte	y-los-supervivientes

14:12

130	72	91 | 651	50	407	321	104 | 664
לקח	הלך	אכל	כלל	את	עמר	·
וַיִּקְחוּ	וַיֵּלֵכוּ׃	אָכְלָם	כָּל־	וְאֶת־	וַעֲמֹרָה	סְדֹם
Vayikjú	*. vayelejú*	*ojlam*	*kol*	*ve'et*	*va'Amorah*	*Sdom*
ויקחו	וילכו	אכלם	כל	ואת	ועמרה	סדם
𐤅𐤉𐤒𐤇𐤅	𐤅𐤉𐤋𐤊𐤅	𐤀𐤊𐤋𐤌	𐤊𐤋	𐤅𐤀𐤕	𐤅𐤏𐤌𐤓𐤄	𐤎𐤃𐤌
Y-tomaron	. y-anduvieron	su-comida	toda	y-··	y-Amorah	Sdom

243 | 803	19	52 | 702	526	407	45	401
אב + רום	אח	בנה	רכש	את	לוט	את
אַבְרָם	אֲחִי	בֶּן־	רְכֻשׁוֹ	וְאֶת־	לוֹט	אֶת־
Avram	*ají*	*ben*	*rejushó*	*ve'et*	*Lot*	*et*
אברם	אחי	בן	רכשו	ואת	לוט	את
𐤀𐤁𐤓𐤌	𐤀𐤇𐤉	𐤁𐤍	𐤓𐤊𐤔𐤅	𐤅𐤀𐤕	𐤋𐤅𐤈	𐤀𐤕
Avram	hermano-de	hijo-de edificador	su-ganancia adquirir; posesión	y-··	Lot	..

14:13

23	134	19	106 | 666	312	18	72
נגד	פלט	בוא	·	ישב	הוא	הלך
וַיַּגֵּד	הַפָּלִיט	וַיָּבֹא	בִּסְדֹם׃	יֹשֵׁב	וְהוּא	וַיֵּלְכוּ
vayaged	*hapalit*	*Vayavó*	*. biSdom*	*yoshev*	*vehú*	*vayelejú*
ויגד	הפליט	ויבא	בסדם	ישב	והוא	וילכו
𐤅𐤉𐤂𐤃	𐤄𐤐𐤋𐤉𐤈	𐤅𐤉𐤁𐤀	𐤁𐤎𐤃𐤌	𐤉𐤔𐤁	𐤅𐤄𐤅𐤀	𐤅𐤉𐤋𐤊𐤅
y-manifestó contar; declarar	el-fugitivo escapado	Y-vino	. en-Sdom	estaba-morando	y-él	y-anduvieron

256	281	93	370 | 1020	18	287	273 | 833
·	מרא	איל	שכן	הוא	עבר	אב + רום
הָאֱמֹרִ֔י	מַמְרֵ֣א	בְּאֵלֹנֵי֙	שֹׁכֵ֗ן	וְהוּא֩	הָעִבְרִ֑י	לְאַבְרָ֣ם
ha'emorí	*Mamré*	*be'eloney*	*shojén*	*vehú*	*ha'ivrí*	*le'Avram*
האמרי	ממרא	באלני	שכן	והוא	העברי	לאברם
𐤄𐤀𐤌𐤓𐤉	𐤌𐤌𐤓𐤀	𐤁𐤀𐤋𐤍𐤉	𐤔𐤊𐤍	𐤅𐤄𐤅𐤀	𐤄𐤏𐤁𐤓𐤉	𐤋𐤀𐤁𐤓𐤌
el-emorí	Mamré	en-encinar-de [árbol fuerte: roble]	estaba-acampando asentar; posar	y-él	el-ivrí [hebreo]	a-Avram

612	112	51 | 611	320	25	351	19
ברה	בעל	הוא	·	אח	·	אח
בְרִית־	בַּעֲלֵ֥י	וְהֵ֖ם	עָנֵ֔ר	וַאֲחִי֙	אֶשְׁכֹּל֙	אֲחִ֤י
verit	*ba'aley*	*vehem*	*Aner*	*va'ají*	*Eshkol*	*ají*
ברית	בעלי	והם	ענר	ואחי	אשכל	אחי
𐤁𐤓𐤉𐤕	𐤁𐤏𐤋𐤉	𐤅𐤄𐤌	𐤏𐤍𐤓	𐤅𐤀𐤇𐤉	𐤀𐤔𐤊𐤋	𐤀𐤇𐤉
pacto-de alianza	señores-de aliado; marido	y-ellos	Aner	y-hermano-de	Eshkol	hermano-de

14:14

316	25	357	30	243 | 803	426	243 | 803
ריק	אח	שבה	כי	אב + רום	שמע	אב + רום
וַיָּ֨רֶק	אָחִ֔יו	נִשְׁבָּ֖ה	כִּ֥י	אַבְרָ֔ם	וַיִּשְׁמַ֣ע	אַבְרָֽם׃
vayárek	*ajiv*	*nishbah*	*ki*	*Avram*	*Vayishmá*	*. Avram*
וירק	אחיו	נשבה	כי	אברם	וישמע	אברם
𐤅𐤉𐤓𐤒	𐤀𐤇𐤉𐤅	𐤍𐤔𐤁𐤄	𐤊𐤉	𐤀𐤁𐤓𐤌	𐤅𐤉𐤔𐤌𐤏	𐤀𐤁𐤓𐤌
y-vació desenvainar [armar]	su-hermano	fue-capturado	que porque	Avram	Y-oyó	. Avram

636	570	395	418	64	104	401
שלש	עשר	שמן	בנה	ילד	חנך	את
וּשְׁלֹ֣שׁ	עָשָׂר֙	שְׁמֹנָ֤ה	בֵיתוֹ֒	יְלִידֵ֣י	חֲנִיכָ֡יו	אֶת־
ushlosh	*asar*	*shmonah*	*veytó*	*yelidey*	*janijav*	*et*
ושלש	עשר	שמנה	ביתו	ילידי	חניכיו	את
𐤅𐤔𐤋𐤔	𐤏𐤔𐤓	𐤔𐤌𐤍𐤄	𐤁𐤉𐤕𐤅	𐤉𐤋𐤉𐤃𐤉	𐤇𐤍𐤉𐤊𐤉𐤅	𐤀𐤕
y-tres	diez	ocho	su-casa	engendrados-de	sus-diestros iniciado; instruidos	..

14:15

75	155 | 715	154	54 | 704	74	300 | 1020	447
ליל	עלה	חלק	דין	עד	רדף	מאה
לַ֜יְלָה	עֲלֵיהֶ֨ם	וַיֵּחָלֵ֩ק	דָּֽן׃	עַד־	וַיִּרְדֹּ֖ף	מֵא֑וֹת
láylah	*aleyhem*	*Vayejalek*	*. Dan*	*ad*	*vayirdof*	*me'ot*
לילה	עליהם	ויחלק	דן	עד	וירדף	מאות
𐤋𐤉𐤋𐤄	𐤏𐤋𐤉𐤄𐤌	𐤅𐤉𐤇𐤋𐤒	𐤃𐤍	𐤏𐤃	𐤅𐤉𐤓𐤃𐤐	𐤌𐤀𐤅𐤕
noche [la oscuridad]	sobre-ellos	Y-se-desplegó	. Dan	hasta	y-persiguió	cientos centena

501	21	74	340 | 900	76 | 636	98	12
אשר	חבה	עד	רדף	נכה	עבד	הוא
אֲשֶׁר	חוֹבָה	עַד־	וַיִּרְדְּפֵם	וַיַּכֵּם	וַעֲבָדָיו	הוּא
asher	*Jovah*	*ad*	*vayirdefem*	*vayakem*	*va'avadav*	*hu*
אשר	חובה	עד	וירדפם	ויכם	ועבדיו	הוא
𐤀𐤔𐤓	𐤇𐤅𐤁𐤄	𐤏𐤃	𐤅𐤉𐤓𐤃𐤐𐤌	𐤅𐤉𐤊𐤌	𐤅𐤏𐤁𐤃𐤉𐤅	𐤄𐤅𐤀
que	Jovah	hasta	y-les-persiguió	y-les-hirió	y-sus-siervos	él

14:16

49 | 609	525	50	401	318	474	411
גם	רכש	כלל	את	שוב	·	שמאל
וְגַם	הָרְכֻשׁ	כָּל־	אֵת	וַיָּשֶׁב	לְדַמָּשֶׂק׃	מִשְּׂמֹאל
vegam	*harejush*	*kol*	*et*	*Vayáshev*	*. leDamásek*	*misemol*
וגם	הרכש	כל	את	וישב	לדמשק	משמאל
𐤅𐤂𐤌	𐤄𐤓𐤊𐤔	𐤊𐤋	𐤀𐤕	𐤅𐤉𐤔𐤁	𐤋𐤃𐤌𐤔𐤒	𐤌𐤔𐤌𐤀𐤋
y-también	la-ganancia adquirir; posesión	toda	··	E-hizo-volver	. a-Damásek	de-izquierda

401	49 | 609	317	532	25	45	401
את	גם	שוב	רכש	אח	לוט	את
אֶת־	וְגַם	הֵשִׁיב	וּרְכֻשׁוֹ	אָחִיו	לוֹט	אֶת־
et	*vegam*	*heshiv*	*urejushó*	*ajiv*	*Lot*	*et*
את	וגם	השיב	ורכשו	אחיו	לוט	את
𐤀𐤕	𐤅𐤂𐤌	𐤄𐤔𐤉𐤁	𐤅𐤓𐤊𐤔𐤅	𐤀𐤇𐤉𐤅	𐤋𐤅𐤈	𐤀𐤕
··	y-también	hizo-volver	y-su-ganancia adquirir; posesión	su-hermano	Lot	··

14:17

737	104 | 664	90 | 570	107	115 | 675	407	405 | 965
קרא	·	מלך	יצא	עמם	את	אנש
לִקְרָאתוֹ	סְדֹם	מֶלֶךְ־	וַיֵּצֵא	הָעָם׃	וְאֶת־	הַנָּשִׁים
likrató	*Sdom*	*mélej*	*Vayetse*	*. ha'am*	*ve'et*	*hanashim*
לקראתו	סדם	מלך	ויצא	העם	ואת	הנשים
𐤋𐤒𐤓𐤀𐤕𐤅	𐤎𐤃𐤌	𐤌𐤋𐤊	𐤅𐤉𐤑𐤀	𐤄𐤏𐤌	𐤅𐤀𐤕	𐤄𐤍𐤔𐤉𐤌
a-encontrarle	Sdom	rey-de	Y-salió	. el-pueblo	y-···	las-mujeres

407	340	224	401	471	314	219
את	·	·	את	נכה	שוב	אחר
וְאֶת־	לָעֹמֶר	כְּדָר־	אֶת־	מֵהַכּוֹת	שׁוּבוֹ	אַחֲרֵי
ve'et	*la'omer*	*Kedar*	*et*	*mehakot*	*shuvó*	*ajarey*
ואת	לעמר	כדר	את	מהכות	שובו	אחרי
𐤅𐤀𐤕	𐤋𐤏𐤌𐤓	𐤊𐤃𐤓	𐤀𐤕	𐤌𐤄𐤊𐤅𐤕	𐤔𐤅𐤁𐤅	𐤀𐤇𐤓𐤉
y-···	la'omer	Kedar	··	de-herir	su-volver	después-de

12	311	210	31	407	501	145 | 705
הוא	שוה	עמק	אלה	את	אשר	מלך
הִוא	שָׁוֵה	עֵמֶק	אֶל־	אִתּוֹ	אֲשֶׁר	הַמְּלָכִים
hu	*Shaveh*	*émek*	*el*	*itó*	*asher*	*hamelajim*
הוא	שוה	עמק	אל	אתו	אשר	המלכים
𐤄𐤅𐤀	𐤔𐤅𐤄	𐤏𐤌𐤒	𐤀𐤋	𐤀𐤕𐤅	𐤀𐤔𐤓	𐤄𐤌𐤋𐤊𐤉𐤌
él	Shaveh	valle-de	a hacia	con-él	que	los-reyes

14:18

112	370 | 930	90 | 570	194	106	96 | 576	210
יצא	שלם	מלך	צדק	מלך	מלך	עמק
הוֹצִיא	שָׁלֵם	מֶלֶךְ	צֶדֶק	וּמַלְכִּי־	הַמֶּלֶךְ׃	עֵמֶק
hotsí	*Shalem*	*mélej*	*tsédek*	*Umalkí*	*. hamélej*	*émek*
הוציא	שלם	מלך	צדק	ומלכי	המלך	עמק
𐤄𐤅𐤑𐤉𐤀	𐤔𐤋𐤌	𐤌𐤋𐤊	𐤑𐤃𐤒	𐤅𐤌𐤋𐤊𐤉	𐤄𐤌𐤋𐤊	𐤏𐤌𐤒
sacó	Shalem	rey-de	justicia	Y-el-rey-de [Malkitsédek]	. el-rey	valle-de

14:19

249	166 | 816	61	75 | 725	18	76 | 726	78 | 638
ברך	עלה	·	כהן	הוא	יין	לחם
וַיְבָרְכֵהוּ	עֶלְיוֹן׃	לְאֵל	כֹהֵן	וְהוּא	וָיָיִן	לֶחֶם
Vayevarjehu	*. elyón*	*le'El*	*johen*	*vehú*	*vayayín*	*léjem*
ויברכהו	עליון	לאל	כהן	והוא	ויין	לחם
𐤅𐤉𐤁𐤓𐤊𐤄𐤅	𐤏𐤋𐤉𐤅𐤍	𐤋𐤀𐤋	𐤊𐤄𐤍	𐤅𐤄𐤅𐤀	𐤅𐤉𐤉𐤍	𐤋𐤇𐤌
Y-le-bendijo	. alto elevado; supremo	para-El	sacerdote	y-él	y-vino	pan [alimento básico]

390 | 950	155	166 | 816	61	243 | 803	228 | 708	257
שם + מי	קנה	עלה	·	אב + רום	ברך	אמר
שָׁמַיִם	קֹנֵה	עֶלְיוֹן	לְאֵל	אַבְרָם	בָּרוּךְ	וַיֹּאמַר
shamáyim	*koneh*	*elyón*	*le'El*	*Avram*	*baruj*	*vayomar*
שמים	קנה	עליון	לאל	אברם	ברוך	ויאמר
𐤔𐤌𐤉𐤌	𐤒𐤍𐤄	𐤏𐤋𐤉𐤅𐤍	𐤋𐤀𐤋	𐤀𐤁𐤓𐤌	𐤁𐤓𐤅𐤊	𐤅𐤉𐤀𐤌𐤓
cielos [el firmamento]	el-que-posee adquirir; formar; redimir	alto elevado; supremo	por-El	Avram	bendito	y-dijo

14:20

320 | 800	93 | 743	501	166 | 816	31	234 | 714	297 | 1107
צרר	מגן	אשר	עלה	·	ברך	ארץ
צָרֶיךָ	מִגֵּן	אֲשֶׁר־	עֶלְיוֹן	אֵל	וּבָרוּךְ	וָאָרֶץ׃
tsareyja	*migén*	*asher*	*elyón*	*El*	*Uvaruj*	*. va'árets*
צריך	מגן	אשר	עליון	אל	וברוך	וארץ
𐤑𐤓𐤉𐤊	𐤌𐤂𐤍	𐤀𐤔𐤓	𐤏𐤋𐤉𐤅𐤍	𐤀𐤋	𐤅𐤁𐤓𐤅𐤊	𐤅𐤀𐤓𐤑
tus-angustiadores	entregó [defender]	que	alto elevado; supremo	El	Y-bendito	. y-tierra [la seca]

14:21

90 | 570	257	90	610	36	466 | 1116	36 | 516
מלך	אמר	כלל	עשר	הוא	נתן	יד
מֶֽלֶךְ־	וַיֹּ֨אמֶר	מִכֹּֽל׃	מַעֲשֵׂ֖ר	ל֛וֹ	וַיִּתֶּן־	בְּיָדֶ֑ךָ
mélej	*Vayómer*	*. mikol*	*ma'aser*	*lo*	*vayitén*	*beyadeja*
מלך	ויאמר	מכל	מעשר	לו	ויתן	בידך
𐤌𐤋𐤊	𐤅𐤉𐤀𐤌𐤓	𐤌𐤊𐤋	𐤌𐤏𐤔𐤓	𐤋𐤅	𐤅𐤉𐤕𐤍	𐤁𐤉𐤃𐤊
rey-de	Y-dijo	. de-todo	diezmos	a-él	y-dio	en-tu-mano

531	435	40	450 | 1100	243 | 803	31	104 | 664
רכש	נפש	·	נתן	אב + רום	אלה	·
וְהָרְכֻ֖שׁ	הַנֶּ֔פֶשׁ	לִ֣י	תֶּן־	אַבְרָ֔ם	אֶל־	סְדֹ֛ם
veharejush	*hanéfesh*	*li*	*ten*	*Avram*	*el*	*Sdom*
והרכש	הנפש	לי	תן	אברם	אל	סדם
𐤅𐤄𐤓𐤊𐤔	𐤄𐤍𐤐𐤔	𐤋𐤉	𐤕𐤍	𐤀𐤁𐤓𐤌	𐤀𐤋	𐤎𐤃𐤌
y-la-ganancia adquirir; posesión	el-alma aliento; garganta; ser	a-mí	da	Avram	a hacia	Sdom

14:22

104 | 664	90 | 570	31	243 | 803	257	50 | 530	108
·	מלך	אלה	אב + רום	אמר	·	לקח
סְדֹ֑ם	מֶ֣לֶךְ	אֶל־	אַבְרָ֖ם	וַיֹּ֥אמֶר	לָֽךְ׃	קַֽח־
Sdom	*mélej*	*el*	*Avram*	*Vayómer*	*. laj*	*kaj*
סדם	מלך	אל	אברם	ויאמר	לך	קח
𐤎𐤃𐤌	𐤌𐤋𐤊	𐤀𐤋	𐤀𐤁𐤓𐤌	𐤅𐤉𐤀𐤌𐤓	𐤋𐤊	𐤒𐤇
Sdom	rey-de	a hacia	Avram	Y-dijo	. para-ti	toma

155	166 | 816	31	26	31	24	665
קנה	עלה	·	היה	אלה	יד	רום
קֹנֵ֖ה	עֶלְי֔וֹן	אֵ֣ל	יְהוָה֙	אֶל־	יָדִי֙	הֲרִימֹ֨תִי
koneh	*elyón*	*El*	*YHVH*	*el*	*yadí*	*harimotí*
קנה	עליון	אל	יהוה	אל	ידי	הרימתי
𐤒𐤍𐤄	𐤏𐤋𐤉𐤅𐤍	𐤀𐤋	𐤉𐤄𐤅𐤄	𐤀𐤋	𐤉𐤃𐤉	𐤄𐤓𐤉𐤌𐤕𐤉
el-que-posee adquirir; formar; redimir	alto elevado; supremo	El	YHVH	a hacia	mi-mano	elevé

14:23

150	526 | 1006	80	63	41 | 601	297 | 1107	390 | 950
נעל	שרך	עד	חוט	אם	ארץ	שם + מי
נַ֔עַל	שְׂרֽוֹךְ־	וְעַ֣ד	מִחוּט֙	אִם־	וָאָֽרֶץ׃	שָׁמַ֥יִם
na'al	*sroj*	*ve'ad*	*mijut*	*Im*	*. va'árets*	*shamáyim*
נעל	שרוך	ועד	מחוט	אם	וארץ	שמים
𐤍𐤏𐤋	𐤔𐤓𐤅𐤊	𐤅𐤏𐤃	𐤌𐤇𐤅𐤈	𐤀𐤌	𐤅𐤀𐤓𐤑	𐤔𐤌𐤉𐤌
calzado	correa-de	y-hasta	de-hilo cordón	Que	. y-tierra [la seca]	cielos [el firmamento]

<table>
<tr><td>641</td><td>37</td><td>50 | 530</td><td>501</td><td>90</td><td>109</td><td>47 | 607</td></tr>
<tr><td>אמר</td><td>לא</td><td>·</td><td>אשר</td><td>כלל</td><td>לקח</td><td>אם</td></tr>
<tr><td>תֹּאמַ֫ר</td><td>וְלֹ֥א</td><td>לָ֑ךְ</td><td>אֲשֶׁר־</td><td>מִכָּל־</td><td>אֶקַּ֗ח</td><td>וְאִם־</td></tr>
<tr><td>tomar</td><td>veló</td><td>laj</td><td>asher</td><td>mikol</td><td>ekaj</td><td>ve'im</td></tr>
<tr><td>תאמר</td><td>ולא</td><td>לך</td><td>אשר</td><td>מכל</td><td>אקח</td><td>ואם</td></tr>
<tr><td>𐤕𐤀𐤌𐤓</td><td>𐤅𐤋𐤀</td><td>𐤋𐤊</td><td>𐤀𐤔𐤓</td><td>𐤌𐤊𐤋</td><td>𐤀𐤒𐤇</td><td>𐤅𐤀𐤌</td></tr>
<tr><td>dirás</td><td>y-no</td><td>para-ti</td><td>que</td><td>de-todo</td><td>tomaré</td><td>y-que-no</td></tr>
</table>

14:24

<table>
<tr><td>501</td><td>300</td><td>116</td><td>243 | 803</td><td>401</td><td>985</td><td>61</td></tr>
<tr><td>אשר</td><td>רקק</td><td>בל + עד</td><td>אב + רום</td><td>את</td><td>עשר</td><td>אנך</td></tr>
<tr><td>אֲשֶׁ֣ר</td><td>רַ֚ק</td><td>בִּלְעָדַ֗י</td><td>אַבְרָֽם׃</td><td>אֶת־</td><td>הֶעֱשַׁ֖רְתִּי</td><td>אֲנִ֔י</td></tr>
<tr><td>asher</td><td>rak</td><td>Biladay</td><td>. Avram</td><td>et</td><td>he'eshartí</td><td>aní</td></tr>
<tr><td>אשר</td><td>רק</td><td>בלעדי</td><td>אברם</td><td>את</td><td>העשרתי</td><td>אני</td></tr>
<tr><td>𐤀𐤔𐤓</td><td>𐤓𐤒</td><td>𐤁𐤋𐤏𐤃𐤉</td><td>𐤀𐤁𐤓𐤌</td><td>𐤀𐤕</td><td>𐤄𐤏𐤔𐤓𐤕𐤉</td><td>𐤀𐤍𐤉</td></tr>
<tr><td>que</td><td>sólo</td><td>Excepto
[aparte de mí]</td><td>. Avram</td><td>··</td><td>enriquecí</td><td>yo</td></tr>
</table>

<table>
<tr><td>411</td><td>61</td><td>501</td><td>406 | 966</td><td>144</td><td>375 | 935</td><td>57</td></tr>
<tr><td>את</td><td>הלך</td><td>אשר</td><td>אנש</td><td>חלק</td><td>נער</td><td>אכל</td></tr>
<tr><td>אִתִּ֑י</td><td>הָלְכ֖וּ</td><td>אֲשֶׁ֥ר</td><td>הָאֲנָשִׁ֔ים</td><td>וְחֵ֙לֶק֙</td><td>הַנְּעָרִ֔ים</td><td>אָכְל֣וּ</td></tr>
<tr><td>ití</td><td>haljú</td><td>asher</td><td>ha'anashim</td><td>vejélek</td><td>hane'arim</td><td>ojlú</td></tr>
<tr><td>אתי</td><td>הלכו</td><td>אשר</td><td>האנשים</td><td>וחלק</td><td>הנערים</td><td>אכלו</td></tr>
<tr><td>𐤀𐤕𐤉</td><td>𐤄𐤋𐤊𐤅</td><td>𐤀𐤔𐤓</td><td>𐤄𐤀𐤍𐤔𐤉𐤌</td><td>𐤅𐤇𐤋𐤒</td><td>𐤄𐤍𐤏𐤓𐤉𐤌</td><td>𐤀𐤊𐤋𐤅</td></tr>
<tr><td>conmigo</td><td>anduvieron</td><td>que</td><td>los-hombres
mortal</td><td>y-parte-de</td><td>los-mozos</td><td>comieron</td></tr>
</table>

<table>
<tr><td>178 | 738</td><td>124</td><td>45 | 605</td><td>287</td><td>351</td><td>320</td></tr>
<tr><td>חלק</td><td>לקח</td><td>הוא</td><td>מרא</td><td>·</td><td>·</td></tr>
<tr><td>חֶלְקָֽם׃</td><td>יִקְח֥וּ</td><td>הֵ֖ם</td><td>וּמַמְרֵ֔א</td><td>אֶשְׁכֹּל֙</td><td>עָנֵר֙</td></tr>
<tr><td>. jelkam</td><td>yikjú</td><td>hem</td><td>uMamré</td><td>Eshkol</td><td>Aner</td></tr>
<tr><td>חלקם</td><td>יקחו</td><td>הם</td><td>וממרא</td><td>אשכל</td><td>ענר</td></tr>
<tr><td>𐤇𐤋𐤒𐤌</td><td>𐤉𐤒𐤇𐤅</td><td>𐤄𐤌</td><td>𐤅𐤌𐤌𐤓𐤀</td><td>𐤀𐤔𐤊𐤋</td><td>𐤏𐤍𐤓</td></tr>
<tr><td>. su-parte</td><td>tomarán</td><td>ellos</td><td>y-Mamré</td><td>Eshkol</td><td>Aner</td></tr>
</table>

Total de palabras hebreas: 342.
Total de consonantes hebreas: 1285.
Consonantes ausentes: -

15:1

31	26	206	20	41	261 | 821	209
אלה	היה	דבר	היה	אלה	דבר	אחר
אֶל־	יְהוָה֙	דְבַר־	הָיָה	הָאֵלֶּה	הַדְּבָרִים	אַחַר
el	*YHVH*	*devar*	*hayah*	*ha'éleh*	*hadevarim*	*Ajar*
אל	יהוה	דבר	היה	האלה	הדברים	אחר
𐤀𐤋	𐤉𐤄𐤅𐤄	𐤃𐤁𐤓	𐤄𐤉𐤄	𐤄𐤀𐤋𐤄	𐤄𐤃𐤁𐤓𐤉𐤌	𐤀𐤇𐤓
a hacia	YHVH	palabra-de asunto; cosa	fue	las-éstas	las-palabras asunto; cosa	Tras

81	243 | 803	611	31	271	62	243 | 803
אנך	אב + רום	ירא	אל	אמר	חזה	אב + רום
אָנֹכִי֙	אַבְרָם	תִּירָא	אַל־	לֵאמֹר	בַּמַּחֲזֶה	אַבְרָם
anojí	*Avram*	*tirá*	*al*	*lemor*	*bamajazeh*	*Avram*
אנכי	אברם	תירא	אל	לאמר	במחזה	אברם
𐤀𐤍𐤊𐤉	𐤀𐤁𐤓𐤌	𐤕𐤉𐤓𐤀	𐤀𐤋	𐤋𐤀𐤌𐤓	𐤁𐤌𐤇𐤆𐤄	𐤀𐤁𐤓𐤌
yo	Avram	temas	no	al-decir	en-la-visión	Avram

15:2

243 | 803	257	45	212	540 | 1020	50 | 530	93 | 743
אב + רום	אמר	מאד	רבה	שכר	·	גנן
אַבְרָם	וַיֹּאמֶר	מְאֹד׃	הַרְבֵּה	שְׂכָרְךָ	לָךְ	מָגֵן
Avram	*Vayómer*	*. me'od*	*harbeh*	*sjarja*	*laj*	*magén*
אברם	ויאמר	מאד	הרבה	שכרך	לך	מגן
𐤀𐤁𐤓𐤌	𐤅𐤉𐤀𐤌𐤓	𐤌𐤀𐤃	𐤄𐤓𐤁𐤄	𐤔𐤊𐤓𐤊	𐤋𐤊	𐤌𐤂𐤍
Avram	Y-dijo	. mucho fuerza; poder; vigor	hacer-aumentar crecer; multiplicar	tu-galardón recompensa; salario	para-ti	escudo [defensa alrededor]

61 | 541	87	40	850 | 1500	45	26	65
הלך	אנך	·	נתן	מה	היה	אדן
הוֹלֵךְ	וְאָנֹכִי	לִי	תִּתֶּן־	מַה־	יֱהוִה֙	אֲדֹנָי
holej	*ve'anojí*	*li*	*titén*	*mah*	*YHVH*	*Adonay*
הולך	ואנכי	לי	תתן	מה	יהוה	אדני
𐤄𐤅𐤋𐤊	𐤅𐤀𐤍𐤊𐤉	𐤋𐤉	𐤕𐤕𐤍	𐤌𐤄	𐤉𐤄𐤅𐤄	𐤀𐤃𐤍𐤉
estoy-andando	y-yo	a-mí	darás	¿Qué	YHVH	*Adonay*

318	444	12	422	440	58 | 708	490
אל + עזר	·	הוא	בנה	משק	בנה	ערר
אֱלִיעֶזֶר׃	דַּמֶּשֶׂק	הוּא	בֵּיתִי	מֶשֶׁק	וּבֶן־	עֲרִירִי
. Eli'ézer	*damések*	*hu*	*beytí*	*méshek*	*uvén*	*ariri*
אליעזר	דמשק	הוא	ביתי	משק	ובן	ערירי
𐤀𐤋𐤉𐤏𐤆𐤓	𐤃𐤌𐤔𐤒	𐤄𐤅𐤀	𐤁𐤉𐤕𐤉	𐤌𐤔𐤒	𐤅𐤁𐤍	𐤏𐤓𐤉𐤓𐤉
. Eli'ézer	damések	él	mi-casa	mayordomo-de [hapax legomenon]	e-hijo edificador	privado-de-hijos [contrario a edificado]

15:3

277	855	31	40	55 | 705	243 | 803	257
זרע	נתן	לא	·	הן	אב + רום	אמר
זָ֑רַע	נָתַ֖תָּה	לֹ֥א	לִ֔י	הֵ֣ן	אַבְרָ֔ם	וַיֹּ֘אמֶר֮
zara	*natatah*	*lo*	*li*	*hen*	*Avram*	*Vayómer*
זרע	נתתה	לא	לי	הן	אברם	ויאמר
𐤆𐤓𐤏	𐤍𐤕𐤕𐤄	𐤋𐤀	𐤋𐤉	𐤄𐤍	𐤀𐤁𐤓𐤌	𐤅𐤉𐤀𐤌𐤓
simiente semilla	diste	no	a-mí	¡Mira! he-aquí	Avram	Y-dijo

15:4

206	66	411	516	422	52 | 702	66
דבר	הן	את	ירש	בנה	בנה	הן
דְבַר־	וְהִנֵּ֨ה	אֹתִֽי׃	יוֹרֵ֥שׁ	בֵּיתִ֖י	בֶן־	וְהִנֵּ֥ה
devar	*Vehineh*	*. otí*	*yoresh*	*beytí*	*ven*	*vehineh*
דבר	והנה	אתי	יורש	ביתי	בן	והנה
𐤃𐤁𐤓	𐤅𐤄𐤍𐤄	𐤀𐤕𐤉	𐤉𐤅𐤓𐤔	𐤁𐤉𐤕𐤉	𐤁𐤍	𐤅𐤄𐤍𐤄
palabra-de asunto; cosa	Y-¡Mira! he-aquí	. a-mí	heredero tomar-posesión	mi-casa	hijo-de edificador	y-¡Mira! he-aquí

30	12	540 | 1020	31	271	47	26
כי	זה	ירש	לא	אמר	אלה	היה
כִּי־	זֶ֑ה	יִֽירָשְׁךָ֖	לֹ֥א	לֵאמֹ֗ר	אֵלָ֜יו	יְהוָ֨ה
ki	*zeh*	*yirashja*	*lo*	*lemor*	*elav*	*YHVH*
כי	זה	יירשך	לא	לאמר	אליו	יהוה
𐤊𐤉	𐤆𐤄	𐤉𐤉𐤓𐤔𐤊	𐤋𐤀	𐤋𐤀𐤌𐤓	𐤀𐤋𐤉𐤅	𐤉𐤄𐤅𐤄
que porque	éste	te-heredará tomar-posesión	no	al-decir	a-él	YHVH

15:5

113	540 | 1020	12	180 | 660	101	501	41 | 601
יצא	ירש	הוא	·	יצא	אשר	אם
וַיּוֹצֵ֨א	יִֽירָשֶֽׁךָ׃	ה֖וּא	מִמֵּעֶ֔יךָ	יֵצֵ֣א	אֲשֶׁ֤ר	אִם֙
Vayotsé	*. yirasheja*	*hu*	*mime'eyja*	*yetsé*	*asher*	*im*
ויוצא	יירשך	הוא	ממעיך	יצא	אשר	אם
𐤅𐤉𐤅𐤑𐤀	𐤉𐤉𐤓𐤔𐤊	𐤄𐤅𐤀	𐤌𐤌𐤏𐤉𐤊	𐤉𐤑𐤀	𐤀𐤔𐤓	𐤀𐤌
E-hizo-salir	. te-heredará tomar-posesión	él	de-tus-entrañas	saldrá	que	si

346	400	51	16	257	114	407
ספר	שם + מי	נא	נבט	אמר	חוץ	את
וּסְפֹר֙	הַשָּׁמַ֗יְמָה	נָ֜א	הַבֶּט־	וַיֹּ֘אמֶר֮	הַח֗וּצָה	אֹת֜וֹ
usfor	*hashamáymah*	*na*	*habet*	*vayómer*	*hajutsah*	*otó*
וספר	השמימה	נא	הבט	ויאמר	החוצה	אתו
𐤅𐤎𐤐𐤓	𐤄𐤔𐤌𐤉𐤌𐤄	𐤍𐤀	𐤄𐤁𐤈	𐤅𐤉𐤀𐤌𐤓	𐤄𐤇𐤅𐤑𐤄	𐤀𐤕𐤅
y-cuenta censar; enumerar	a-los-cielos [el firmamento]	por-favor ahora	observa	y-dijo	afuera	a-él

36	257	441 | 1001	370	456	41 | 601	103 | 663
הוא	אמר	את	ספר	יכל	אם	כוה
לֹו	וַיֹּאמֶר	אֹתָם	לִסְפֹּר	תּוּכַל	אִם־	הַכּוֹכָבִים
lo	*vayómer*	*otam*	*lispor*	*tujal*	*im*	*hakojavim*
לו	ויאמר	אתם	לספר	תוכל	אם	הכוכבים
𐤋𐤅	𐤅𐤉𐤀𐤌𐤓	𐤀𐤕𐤌	𐤋𐤎𐤐𐤓	𐤕𐤅𐤊𐤋	𐤀𐤌	𐤄𐤊𐤅𐤊𐤁𐤉𐤌
a-él	y-dijo	a-ellas	para-contar	puedes	si	las-estrellas

15:6

36	331	28	102 | 752	297 | 777	30	25
הוא	חשב	היה	אמן	זרע	היה	כה
לֹו	וַיַּחְשְׁבֶהָ	בַּיהוָה	וְהֶאֱמִן	זַרְעֶךָ׃	יִהְיֶה	כֹּה
lo	*vayajsheveha*	*baYHVH*	*Vehe'emín*	*. zareja*	*yihyeh*	*koh*
לו	ויחשבה	ביהוה	והאמן	זרעך	יהיה	כה
𐤋𐤅	𐤅𐤉𐤇𐤔𐤁𐤄	𐤁𐤉𐤄𐤅𐤄	𐤅𐤄𐤀𐤌𐤍	𐤆𐤓𐤏𐤊	𐤉𐤄𐤉𐤄	𐤊𐤄
a-él	y-fue-considerada	en-YHVH	Y-creyó confiar; ser-fiel	. tu-simiente semilla	será	así

15:7

532 | 1012	501	26	61	47	257	199
יצא	אשר	היה	אנך	אלה	אמר	צדק
הוֹצֵאתִיךָ	אֲשֶׁר	יְהוָה	אֲנִי	אֵלָיו	וַיֹּאמֶר	צְדָקָה׃
hotsetija	*asher*	*YHVH*	*aní*	*elav*	*Vayómer*	*. tsdakah*
הוצאתיך	אשר	יהוה	אני	אליו	ויאמר	צדקה
𐤄𐤅𐤑𐤀𐤕𐤉𐤊	𐤀𐤔𐤓	𐤉𐤄𐤅𐤄	𐤀𐤍𐤉	𐤀𐤋𐤉𐤅	𐤅𐤉𐤀𐤌𐤓	𐤑𐤃𐤒𐤄
te-saqué	que	YHVH	yo	a-él	Y-dijo	. justicia

413	296 | 1106	401	50 | 530	830	374 | 934	247
זה	ארץ	את	·	נתן	·	אור
הַזֹּאת	הָאָרֶץ	אֶת־	לְךָ	לָתֶת	כַּשְׂדִּים	מֵאוּר
hazot	*ha'árets*	*et*	*lejá*	*latet*	*kasdim*	*me'Ur*
הזאת	הארץ	את	לך	לתת	כשדים	מאור
𐤄𐤆𐤀𐤕	𐤄𐤀𐤓𐤑	𐤀𐤕	𐤋𐤊	𐤋𐤕𐤕	𐤊𐤔𐤃𐤉𐤌	𐤌𐤀𐤅𐤓
la-ésta	la-tierra [la seca]	..	a-ti	para-dar	kasdim	de-Ur

15:8

30	75	47	26	65	257	935
כי	ידע	מה	היה	אדן	אמר	ירש
כִּי	אֵדַע	בַּמָּה	יֱהוִה	אֲדֹנָי	וַיֹּאמַר	לְרִשְׁתָּהּ׃
ki	*edá*	*bamah*	*YHVH*	*Adonay*	*Vayomar*	*. lerishtah*
כי	אדע	במה	יהוה	אדני	ויאמר	לרשתה
𐤊𐤉	𐤀𐤃𐤏	𐤁𐤌𐤄	𐤉𐤄𐤅𐤄	𐤀𐤃𐤍𐤉	𐤅𐤉𐤀𐤌𐤓	𐤋𐤓𐤔𐤕𐤄
que porque	conoceré	¿En-qué	YHVH	*Adonay*	Y-dijo	. para-heredarla tomar-posesión

15:9

1070	108	40	113	47	257	566
שלש	עגל	·	לקח	אלה	אמר	ירש
מְשֻׁלֶּשֶׁת	עֶגְלָה	לִי	קְחָה	אֵלָיו	וַיֹּאמֶר	אִירָשֶׁנָּה׃
meshuléshet	*eglah*	*li*	*kejah*	*elav*	*Vayómer*	*. irashénah*
משלשת	עגלה	לי	קחה	אליו	ויאמר	אירשנה
𐤌𐤔𐤋𐤔𐤕	𐤏𐤂𐤋𐤄	𐤋𐤉	𐤒𐤇𐤄	𐤀𐤋𐤉𐤅	𐤅𐤉𐤀𐤌𐤓	𐤀𐤉𐤓𐤔𐤍𐤄
terciada	becerra	para-mí	toma	a-él	Y-dijo	. la-heredaré tomar-posesión

15:10

124	52	606	670	47	1070	83
לקח	גזל	תור	שלש	אול	שלש	עזז
וַיִּקַּח־	וְגוֹזָל׃	וְתֹר	מְשֻׁלָּשׁ	וְאַיִל	מְשֻׁלֶּשֶׁת	וְעֵז
Vayikaj	*. vegozal*	*vetor*	*meshulash*	*ve'ayil*	*meshuléshet*	*ve'ez*
ויקח	וגוזל	ותר	משלש	ואיל	משלשת	ועז
𐤅𐤉𐤒𐤇	𐤅𐤂𐤅𐤆𐤋	𐤅𐤕𐤓	𐤌𐤔𐤋𐤔	𐤅𐤀𐤉𐤋	𐤌𐤔𐤋𐤔𐤕	𐤅𐤏𐤆
Y-tomó	. y-palomino	y-tórtola	terciado	y-carnero poderoso	terciada	y-cabra cabrito

428 | 908	441 | 1001	618	36	50	401	36
תוך	את	בתר	אלה	כלל	את	הוא
בְּתָוֶךְ	אֹתָם	וַיְבַתֵּר	אֵלֶּה	כָּל־	אֶת־	לוֹ
batávej	*otam*	*vayevater*	*éleh*	*kol*	*et*	*lo*
בתוך	אתם	ויבתר	אלה	כל	את	לו
𐤁𐤕𐤅𐤊	𐤀𐤕𐤌	𐤅𐤉𐤁𐤕𐤓	𐤀𐤋𐤄	𐤊𐤋	𐤀𐤕	𐤋𐤅
por-el-medio	a-ellos	y-partió	estos	todos	··	para-él

375	407	281	731	608	311	466 | 1116
צפר	את	רעה	קרא	בתר	איש	נתן
הַצִּפֹּר	וְאֶת־	רֵעֵהוּ	לִקְרַאת	בִּתְרוֹ	אִישׁ־	וַיִּתֵּן
hatsipor	*ve'et*	*re'ehu*	*likrat*	*bitró*	*ish*	*vayitén*
הצפר	ואת	רעהו	לקראת	בתרו	איש	ויתן
𐤄𐤑𐤐𐤓	𐤅𐤀𐤕	𐤓𐤏𐤄𐤅	𐤋𐤒𐤓𐤀𐤕	𐤁𐤕𐤓𐤅	𐤀𐤉𐤔	𐤅𐤉𐤕𐤍
el-pájaro	y-··	su-compañero pastor	a-encontrar	su-mitad sección	varón [cada uno]	y-puso dar

15:11

318	338 | 898	100	94	220	602	31
נשב	פגר	עלה	עיט	ירד	בתר	לא
וַיַּשֵּׁב	הַפְּגָרִים	עַל־	הָעַיִט	וַיֵּרֶד	בָּתַר׃	לֹא
vayáshev	*hapegarim*	*al*	*ha'áyit*	*Vayéred*	*. vatar*	*lo*
וישב	הפגרים	על	העיט	וירד	בתר	לא
𐤅𐤉𐤔𐤁	𐤄𐤐𐤂𐤓𐤉𐤌	𐤏𐤋	𐤄𐤏𐤉𐤈	𐤅𐤉𐤓𐤃	𐤁𐤕𐤓	𐤋𐤀
y-ahuyentó hacer-soplar	los-cadáveres	sobre	el-rapaz [ave de rapiña]	Y-descendió	. partió	no

15:12

165	655	39	645	31	243 | 803	441 | 1001
נפל	רדם	בוא	שמש	היה	אב + רום	את
נָפְלָה	וְתַרְדֵּמָה	לָבוֹא	הַשֶּׁמֶשׁ	וַיְהִי	אַבְרָם:	אֹתָם
naflah	*vetardemah*	*lavó*	*hashémesh*	*Vayehí*	*. Avram*	*otam*
נפלה	ותרדמה	לבוא	השמש	ויהי	אברם	אתם
𐤍𐤐𐤋𐤄	𐤅𐤕𐤓𐤃𐤌𐤄	𐤋𐤁𐤅𐤀	𐤄𐤔𐤌𐤔	𐤅𐤉𐤄𐤉	𐤀𐤁𐤓𐤌	𐤀𐤕𐤌
cayó	y-letargo sueño; trance	para-entrar [ponerse]	el-sol	Y-fue	. Avram	a-ellos

560	42	333	56	66	243 | 803	100
נפל	גדל	חשך	אים	הן	אב + רום	עלה
נֹפֶלֶת	גְדֹלָה	חֲשֵׁכָה	אֵימָה	וְהִנֵּה	אַבְרָם	עַל־
nofélet	*gedolah*	*jashejah*	*eymah*	*vehineh*	*Avram*	*al*
נפלת	גדלה	חשכה	אימה	והנה	אברם	על
𐤍𐤐𐤋𐤕	𐤂𐤃𐤋𐤄	𐤇𐤔𐤊𐤄	𐤀𐤉𐤌𐤄	𐤅𐤄𐤍𐤄	𐤀𐤁𐤓𐤌	𐤏𐤋
estaba-cayendo	grande	oscuridad [desgracia; ignorancia]	miedo espanto; terror	y-¡Mira! he-aquí	Avram	sobre

15:13

203	30	474	80	273 | 833	257	116
גור	כי	ידע	ידע	אב + רום	אמר	עלה
גֵר	כִּי־	תֵּדַע	יָדֹעַ	לְאַבְרָם	וַיֹּאמֶר	עָלָיו:
ger	*ki*	*tedá*	*yado'a*	*le'Avram*	*Vayómer*	*. alav*
גר	כי	תדע	ידע	לאברם	ויאמר	עליו
𐤂𐤓	𐤊𐤉	𐤕𐤃𐤏	𐤉𐤃𐤏	𐤋𐤀𐤁𐤓𐤌	𐤅𐤉𐤀𐤌𐤓	𐤏𐤋𐤉𐤅
extranjero	que porque	conoces	conocer ciertamente	a-Avram	Y-dijo	. sobre-él

132	128 | 688	75 | 635	31	293 | 1103	297 | 777	30
ענה	עבד	הוא	לא	ארץ	זרע	היה
וְעִנּוּ	וַעֲבָדוּם	לָהֶם	לֹא	בְּאֶרֶץ	זַרְעֲךָ	יִהְיֶה
ve'inú	*va'avadum*	*lahem*	*lo*	*be'érets*	*zaraja*	*yihyeh*
וענו	ועבדום	להם	לא	בארץ	זרעך	יהיה
𐤅𐤏𐤍𐤅	𐤅𐤏𐤁𐤃𐤅𐤌	𐤋𐤄𐤌	𐤋𐤀	𐤁𐤀𐤓𐤑	𐤆𐤓𐤏𐤊	𐤉𐤄𐤉𐤄
y-afligirán humillar	y-les-servirán cultivar; venerar	para-ellos	no	en-tierra [la seca]	tu-simiente semilla	será

15:14

24	401	49 | 609	355	447	273	441 | 1001
גאה	את	גם	שנה	מאה	רבע	את
הַגּוֹי	אֶת־	וְגַם	שָׁנָה:	מֵאוֹת	אַרְבַּע	אֹתָם
hagoy	*et*	*Vegam*	*. shanah*	*me'ot*	*arbá*	*otam*
הגוי	את	וגם	שנה	מאות	ארבע	אתם
𐤄𐤂𐤅𐤉	𐤀𐤕	𐤅𐤂𐤌	𐤔𐤍𐤄	𐤌𐤀𐤅𐤕	𐤀𐤓𐤁𐤏	𐤀𐤕𐤌
la-nación gentil	..	Y-también	. año cambio	cientos centena	cuatro	a-ellos

107	70 | 720	225	81	54 | 704	92	501
יצא	כן	אחר	אנך	דין	עבד	אשר
יֵצְאוּ	כֵּן	וְאַחֲרֵי־	אָנֹכִי	דָּן	יַעֲבֹדוּ	אֲשֶׁר
yetsú	*jen*	*ve'ajarey*	*anojí*	*dan*	*ya'avodu*	*asher*
יצאו	כן	ואחרי	אנכי	דן	יעבדו	אשר
𐤉𐤑𐤀𐤅	𐤊𐤍	𐤅𐤀𐤇𐤓𐤉	𐤀𐤍𐤊𐤉	𐤃𐤍	𐤉𐤏𐤁𐤃𐤅	𐤀𐤔𐤓
saldrán	eso enderezar; rectamente	y-después-de	yo	estaré-juzgando	servirán cultivar; venerar	que

15:15

378 | 938	433 | 913	31	409	412	43	522
שלם	אב	אלה	בוא	את	גדל	רכש
בְּשָׁלוֹם	אֲבֹתֶיךָ	אֶל־	תָּבוֹא	וְאַתָּה	גָּדוֹל׃	בִּרְכֻשׁ
beshalom	*avoteyja*	*el*	*tavó*	*Ve'atah*	*. gadol*	*birejush*
בשלום	אבתיך	אל	תבוא	ואתה	גדול	ברכש
𐤁𐤔𐤋𐤅𐤌	𐤀𐤁𐤕𐤉𐤊	𐤀𐤋	𐤕𐤁𐤅𐤀	𐤅𐤀𐤕𐤄	𐤂𐤃𐤅𐤋	𐤁𐤓𐤊𐤔
en-paz plenitud	tus-padres	a hacia	vendrás	Y-tú	. grande [escritura plena]	con-ganancia adquirir; posesión

15:16

60	324	292	216	22	319	702
הוא	שוב	רבע	דור	טוב	שיב	קבר
הֵנָּה	יָשׁוּבוּ	רְבִיעִי	וְדוֹר	טוֹבָה׃	בְּשֵׂיבָה	תִּקָּבֵר
henah	*yashuvu*	*revi'í*	*Vedor*	*. tovah*	*beseyvah*	*tikaver*
הנה	ישובו	רביעי	ודור	טובה	בשיבה	תקבר
𐤄𐤍𐤄	𐤉𐤔𐤅𐤁𐤅	𐤓𐤁𐤉𐤏𐤉	𐤅𐤃𐤅𐤓	𐤈𐤅𐤁𐤄	𐤁𐤔𐤉𐤁𐤄	𐤕𐤒𐤁𐤓
aquí	volverán	cuarta	Y-generación [lapso de tiempo]	. buena bien; hermoso	en-vejez ancianidad; canas	serás-sepultado

60	74	256	126 | 776	370 | 930	31	30
הוא	עד	·	עוה	שלם	לא	כי
הֵנָּה׃	עַד־	הָאֱמֹרִי	עֲוֹן	שָׁלֵם	לֹא־	כִּי
. henah	*ad*	*ha'emorí*	*avón*	*shalem*	*lo*	*ki*
הנה	עד	האמרי	עון	שלם	לא	כי
𐤄𐤍𐤄	𐤏𐤃	𐤄𐤀𐤌𐤓𐤉	𐤏𐤅𐤍	𐤔𐤋𐤌	𐤋𐤀	𐤊𐤉
. aquí	hasta	el-emorí	perversidad-de culpa	plena [rel. con paz]	no	que porque

15:17

656	66	20	120	8	645	31
נר	הן	היה	עלט	בוא	שמש	היה
תַנּוּר	וְהִנֵּה	הָיָה	וַעֲלָטָה	בָּאָה	הַשֶּׁמֶשׁ	וַיְהִי
tanur	*vehineh*	*hayah*	*va'alatah*	*ba'ah*	*hashémesh*	*Vayehí*
תנור	והנה	היה	ועלטה	באה	השמש	ויהי
𐤕𐤍𐤅𐤓	𐤅𐤄𐤍𐤄	𐤄𐤉𐤄	𐤅𐤏𐤋𐤈𐤄	𐤁𐤀𐤄	𐤄𐤔𐤌𐤔	𐤅𐤉𐤄𐤉
horno-de	y-¡Mira! he-aquí	fue	y-penumbra	entró [se puso]	el-sol	Y-fue

420 | 1070	130	301	501	272	62 | 712	265 | 825
עשן	לפד	אש	אשר	עבר	בין	גזר
עָשָׁן֙	וְלַפִּ֣יד	אֵ֔שׁ	אֲשֶׁ֣ר	עָבַ֔ר	בֵּ֖ין	הַגְּזָרִ֥ים
ashán	*velapid*	*esh*	*asher*	*avar*	*beyn*	*hagezarim*
עשן	ולפיד	אש	אשר	עבר	בין	הגזרים
𐤏𐤔𐤍	𐤅𐤋𐤐𐤉𐤃	𐤀𐤔	𐤀𐤔𐤓	𐤏𐤁𐤓	𐤁𐤉𐤍	𐤄𐤂𐤆𐤓𐤉𐤌
humo	y-antorcha-de	fuego	que	cruzó	entre	las-porciones

15:18

41	58 | 618	17	620	26	401	243 | 803
אלה	יום	הוא	כרת	היה	את	אב + רום
הָאֵֽלֶּה׃	בַּיּ֣וֹם	הַה֗וּא	כָּרַ֧ת	יְהוָ֛ה	אֶת־	אַבְרָ֖ם
. ha'éleh	*Bayom*	*hahú*	*karat*	*YHVH*	*et*	*Avram*
האלה	ביום	ההוא	כרת	יהוה	את	אברם
𐤄𐤀𐤋𐤄	𐤁𐤉𐤅𐤌	𐤄𐤄𐤅𐤀	𐤊𐤓𐤕	𐤉𐤄𐤅𐤄	𐤀𐤕	𐤀𐤁𐤓𐤌
. las-éstas	En-el-día tiempo [la luz]	el-aquel	cortó	YHVH	..	Avram

612	271	327 | 807	860	401	296 | 1106	413
ברה	אמר	זרע	נתן	את	ארץ	זה
בְּרִ֣ית	לֵאמֹ֑ר	לְזַרְעֲךָ֗	נָתַ֙תִּי֙	אֶת־	הָאָ֣רֶץ	הַזֹּ֔את
berit	*lemor*	*lezaraja*	*natati*	*et*	*ha'árets*	*hazot*
ברית	לאמר	לזרעך	נתתי	את	הארץ	הזאת
𐤁𐤓𐤉𐤕	𐤋𐤀𐤌𐤓	𐤋𐤆𐤓𐤏𐤊	𐤍𐤕𐤕𐤉	𐤀𐤕	𐤄𐤀𐤓𐤑	𐤄𐤆𐤀𐤕
pacto alianza	al-decir	a-tu-simiente semilla	he-dado	..	la-tierra [la seca]	la-ésta

295	380 | 940	74	260	42	255	680
נהר	צור	עד	נהר	גדל	נהר	פרה
מִנְּהַ֣ר	מִצְרַ֔יִם	עַד־	הַנָּהָ֥ר	הַגָּדֹ֖ל	נְהַר־	פְּרָֽת׃
minehar	*Mitsráyim*	*ad*	*hanahar*	*hagadol*	*nehar*	*. Perat*
מנהר	מצרים	עד	הנהר	הגדל	נהר	פרת
𐤌𐤍𐤄𐤓	𐤌𐤑𐤓𐤉𐤌	𐤏𐤃	𐤄𐤍𐤄𐤓	𐤄𐤂𐤃𐤋	𐤍𐤄𐤓	𐤐𐤓𐤕
desde-el-río-de brillar; fluir	Mitsráyim	hasta	el-río brillar; fluir	el-grande	río brillar; fluir	. Perat [Éufrates]

15:19

15:20

401	175	407	172	407	209	407
את	קון	את	·	את	קדם	את
אֶת־	הַקֵּינִי֙	וְאֶת־	הַקְּנִזִּ֔י	וְאֵ֖ת	הַקַּדְמֹנִֽי׃	וְאֶת־
Et	*hakeyní*	*ve'et*	*hakenizí*	*ve'et*	*. hakadmoní*	*Ve'et*
את	הקיני	ואת	הקנזי	ואת	הקדמני	ואת
𐤀𐤕	𐤄𐤒𐤉𐤍𐤉	𐤅𐤀𐤕	𐤄𐤒𐤍𐤆𐤉	𐤅𐤀𐤕	𐤄𐤒𐤃𐤌𐤍𐤉	𐤅𐤀𐤕
..	el-keyní	y-···	el-kenizí	y-···	. el-kadmoní	Y-···

15:21

256	407	336 | 896	407	302	407	423
·	את	רפא	את	פרז	את	חתת
הָאֱמֹרִ֙י	וְאֶת־	הָרְפָאִֽים׃	וְאֶת־	הַפְּרִזִּ֔י	וְאֶת־	הַֽחִתִּ֗י
ha'emorí	*Ve'et*	*. harefa'im*	*ve'et*	*haperizí*	*ve'et*	*hajití*
האמרי	ואת	הרפאים	ואת	הפרזי	ואת	החתי
𐤄𐤀𐤌𐤓𐤉	𐤅𐤀𐤕	𐤄𐤓𐤐𐤀𐤉𐤌	𐤅𐤀𐤕	𐤄𐤐𐤓𐤆𐤉	𐤅𐤀𐤕	𐤄𐤇𐤕𐤉
el-emorí	Y-···	. los-refa'im [vigorosos]	y-···	el-perizí	y-···	el-jití

93	407	521	407	205	407
בוס	את	·	את	כנע	את
הַיְבוּסִֽי׃	וְאֶת־	הַגִּרְגָּשִׁ֖י	וְאֶת־	הַֽכְּנַעֲנִ֔י	וְאֶת־
. hayevusí	*ve'et*	*hagirgashí*	*ve'et*	*hakena'aní*	*ve'et*
היבוסי	ואת	הגרגשי	ואת	הכנעני	ואת
𐤄𐤉𐤁𐤅𐤎𐤉	𐤅𐤀𐤕	𐤄𐤂𐤓𐤂𐤔𐤉	𐤅𐤀𐤕	𐤄𐤊𐤍𐤏𐤍𐤉	𐤅𐤀𐤕
. el-yevusí	y-···	el-girgashí	y-···	el-kena'aní	y-···

Total de palabras hebreas: 258.
Total de consonantes hebreas: 961.
Consonantes ausentes: ף (*Pe sofit*).

16:1

516	701	243 | 803	31	49	36	41
שרר	איש	אב + רום	לא	ילד	הוא	הוא
וְשָׂרַי֙	אֵ֣שֶׁת	אַבְרָ֔ם	לֹ֥א	יָֽלְדָ֖ה	ל֑וֹ	וְלָ֛הּ
VeSaray	éshet	Avram	lo	yaldah	lo	velah
ושרי	אשת	אברם	לא	ילדה	לו	ולה
Y-Saray	varona-de	Avram	no	había-engendrado	para-él	y-para-ella

16:2

393	740	351	208	647	510	31
שפח	צור	שם	גור	אמר	שרר	אלה
שִׁפְחָ֣ה	מִצְרִ֖ית	וּשְׁמָ֣הּ	הָגָ֑ר	וַתֹּ֨אמֶר	שָׂרַ֜י	אֶל־
shifjah	mitsrit	ushmah	. Hagar	Vatómer	Saray	el
שפחה	מצרית	ושמה	הגר	ותאמר	שרי	אל
sierva	mitsrit	y-su-nombre [ubicación]	. Hagar	Y-dijo	Saray	a hacia

243 | 803	60	51	420	26	474	8
אב + רום	הן	נא	עצר	היה	ילד	בוא
אַבְרָ֗ם	הִנֵּה־	נָ֞א	עֲצָרַ֤נִי	יְהוָה֙	מִלֶּ֔דֶת	בֹּא־
Avram	hineh	na	atsaraní	YHVH	milédet	bo
אברם	הנה	נא	עצרני	יהוה	מלדת	בא
Avram	¡Mira! he-aquí	por-favor ahora	me-cerró impedir	YHVH	de-engendrar	ven entrar

51	31	798	47	58	135	426
נא	אלה	שפח	אוה	בנה	מן	שמע
נָ֣א	אֶל־	שִׁפְחָתִ֔י	אוּלַ֥י	אִבָּנֶ֖ה	מִמֶּ֑נָּה	וַיִּשְׁמַ֥ע
na	el	shifjatí	ulay	ibaneh	mimenah	vayishmá
נא	אל	שפחתי	אולי	אבנה	ממנה	וישמע
por-favor ahora	a hacia	mi-sierva	tal-vez [implica anhelo]	seré-edificada	de-ella	y-oyó

16:3

243 | 803	166	510	514	510	701	243 | 803
אב + רום	קול	שרר	לקח	שרר	איש	אב + רום
אַבְרָ֖ם	לְק֣וֹל	שָׂרָ֑י	וַתִּקַּ֞ח	שָׂרָֽי׃	אֵֽשֶׁת־	אַבְרָ֗ם
Avram	lekol	. Saray	Vatikaj	. Saray	éshet	Avram
אברם	לקול	שרי	ותקח	שרי	אשת	אברם
Avram	a-voz-de	. Saray	Y-tomó	. Saray	varona-de	Avram

400 | 960	570	230 | 1040	793	745	208	401
שנה	עשר	קצץ	שפח	צור	גור	את
שָׁנִים	עֶשֶׂר	מִקֵּץ	שִׁפְחָתָהּ	הַמִּצְרִית	הָגָר	אֶת־
shanim	*éser*	*mikets*	*shifjatah*	*hamitsrit*	*Hagar*	*et*
שנים	עשר	מקץ	שפחתה	המצרית	הגר	את
𐤔𐤍𐤉𐤌	𐤏𐤔𐤓	𐤌𐤒𐤑	𐤔𐤐𐤇𐤕𐤄	𐤄𐤌𐤑𐤓𐤉𐤕	𐤄𐤂𐤓	𐤀𐤕
años cambio	diez	al-fin-de límite; término	su-sierva	la-mitsrit	Hagar	..

273 | 833	406	856 | 1506	190 | 840	293 | 1103	243 | 803	732
אב + רום	את	נתן	כנע	ארץ	אב + רום	ישב
לְאַבְרָם	אֹתָהּ	וַתִּתֵּן	כְּנָעַן	בְּאֶרֶץ	אַבְרָם	לְשֶׁבֶת
le'Avram	*otah*	*vatitén*	*Kena'an*	*be'érets*	*Avram*	*leshévet*
לאברם	אתה	ותתן	כנען	בארץ	אברם	לשבת
𐤋𐤀𐤁𐤓𐤌	𐤀𐤕𐤄	𐤅𐤕𐤕𐤍	𐤊𐤍𐤏𐤍	𐤁𐤀𐤓𐤑	𐤀𐤁𐤓𐤌	𐤋𐤔𐤁𐤕
para-Avram	a-ella	y-dio	Kena'an	en-tierra-de [la seca]	Avram	para-asentar

16:4

611	208	31	19	336	36	316
הרה	גור	אלה	בוא	איש	הוא	איש
וַתַּהַר	הָגָר	אֶל־	וַיָּבֹא	לְאִשָּׁה׃	לוֹ	אִישָׁהּ
vatáhar	*Hagar*	*el*	*Vayavó*	*. le'ishah*	*lo*	*ishah*
ותהר	הגר	אל	ויבא	לאשה	לו	אישה
𐤅𐤕𐤄𐤓	𐤄𐤂𐤓	𐤀𐤋	𐤅𐤉𐤁𐤀	𐤋𐤀𐤔𐤄	𐤋𐤅	𐤀𐤉𐤔𐤄
y-concibió	Hagar	a hacia	Y-vino entrar	. para-varona	para-él	su-varón

16:5

647	147	610	536	610	30	607
אמר	עין	גבר	קלל	הרה	כי	ראה
וַתֹּאמֶר	בְּעֵינֶיהָ׃	גְּבִרְתָּהּ	וַתֵּקַל	הָרָתָה	כִּי	וַתֵּרֶא
Vatómer	*. be'eyneyha*	*gevirtah*	*vatekal*	*haratah*	*ki*	*vatere*
ותאמר	בעיניה	גברתה	ותקל	הרתה	כי	ותרא
𐤅𐤕𐤀𐤌𐤓	𐤁𐤏𐤉𐤍𐤉𐤄	𐤂𐤁𐤓𐤕𐤄	𐤅𐤕𐤒𐤋	𐤄𐤓𐤕𐤄	𐤊𐤉	𐤅𐤕𐤓𐤀
Y-dijo	. en-sus-ojos	su-ama señora	y-disminuyó	había-concebido	que porque	y-vio

860	81	130 | 610	118	243 | 803	31	510
נתן	אנך	על	חמס	אב + רום	אלה	שרר
נָתַתִּי	אָנֹכִי	עָלֶיךָ	חֲמָסִי	אַבְרָם	אֶל־	שָׂרַי
natati	*anojí*	*aleyja*	*jamasí*	*Avram*	*el*	*Saray*
נתתי	אנכי	עליך	חמסי	אברם	אל	שרי
𐤍𐤕𐤕𐤉	𐤀𐤍𐤊𐤉	𐤏𐤋𐤉𐤊	𐤇𐤌𐤎𐤉	𐤀𐤁𐤓𐤌	𐤀𐤋	𐤔𐤓𐤉
di	yo	sobre-ti	mi-violencia	Avram	a hacia	Saray

147	137	610	30	607	140 | 620	798
עין	קלל	הרה	כי	ראה	חיק	שפח
בְּעֵינֶ֑יהָ	וָאֵקַ֖ל	הָרָ֔תָה	כִּ֣י	וַתֵּ֙רֶא֙	בְּחֵיקֶ֔ךָ	שִׁפְחָתִי֙
be'eyneyha	*va'ekal*	*haratah*	*ki*	*vatere*	*bejeykeja*	*shifjatí*
בעיניה	ואקל	הרתה	כי	ותרא	בחיקך	שפחתי
𐤁𐤏𐤉𐤍𐤉𐤄	𐤅𐤀𐤒𐤋	𐤄𐤓𐤕𐤄	𐤊𐤉	𐤅𐤕𐤓𐤀	𐤁𐤇𐤉𐤒𐤊	𐤔𐤐𐤇𐤕𐤉
en-sus-ojos	y-soy-disminuida	concibió	que porque	y-vio	en-tu-seno	mi-sierva

16:6

31	243 | 803	257	98 | 578	72	26	399
אלה	אב + רום	אמר	בין	בין	היה	שפט
אֶל־	אַבְרָ֔ם	וַיֹּ֨אמֶר	וּבֵינֶֽיךָ׃	בֵּינִ֥י	יְהוָ֖ה	יִשְׁפֹּ֥ט
el	*Avram*	*Vayómer*	*. uveyneyja*	*beyní*	*YHVH*	*yishpot*
אל	אברם	ויאמר	וביניך	ביני	יהוה	ישפט
𐤀𐤋	𐤀𐤁𐤓𐤌	𐤅𐤉𐤀𐤌𐤓	𐤅𐤁𐤉𐤍𐤉𐤊	𐤁𐤉𐤍𐤉	𐤉𐤄𐤅𐤄	𐤉𐤔𐤐𐤈
a hacia	Avram	Y-dijo	. y-entre-ti	entre-mí	YHVH	juzgará

22	35	380	36 | 516	808 | 1288	60	510
טוב	הוא	עשה	יד	שפח	הן	שרר
הַטּ֣וֹב	לָ֖הּ	עֲשִׂי־	בְּיָדֵ֔ךְ	שִׁפְחָתֵךְ֙	הִנֵּ֤ה	שָׂרַ֗י
hatov	*lah*	*así*	*beyadej*	*shifjatej*	*hineh*	*Saray*
הטוב	לה	עשי	בידך	שפחתך	הנה	שרי
𐤄𐤈𐤅𐤁	𐤋𐤄	𐤏𐤔𐤉	𐤁𐤉𐤃𐤊	𐤔𐤐𐤇𐤕𐤊	𐤄𐤍𐤄	𐤔𐤓𐤉
lo-bueno bien; hermoso	a-ella	haz	en-tu-mano	tu-sierva	¡Mira! he-aquí	Saray

16:7

91 | 571	152	185	616	510	531	162 | 642
לאך	מצא	פנה	ברח	שרר	ענה	עין
מַלְאַ֧ךְ	וַֽיִּמְצָאָ֞הּ	מִפָּנֶֽיהָ׃	וַתִּבְרַ֖ח	שָׂרַ֔י	וַתְּעַנֶּ֣הָ	בְּעֵינָ֑יִךְ
malaj	*Vayimtsa'ah*	*. mipaneyha*	*vativraj*	*Saray*	*vate'aneha*	*be'eynáyij*
מלאך	וימצאה	מפניה	ותברח	שרי	ותענה	בעיניך
𐤌𐤋𐤀𐤊	𐤅𐤉𐤌𐤑𐤀𐤄	𐤌𐤐𐤍𐤉𐤄	𐤅𐤕𐤁𐤓𐤇	𐤔𐤓𐤉	𐤅𐤕𐤏𐤍𐤄	𐤁𐤏𐤉𐤍𐤉𐤊
mensajero-de	Y-la-encontró	. de-sus-faces presencia; superficie	y-huyó	Saray	y-la-afligió humillar	en-tus-ojos

135 | 785	100	248	95 | 655	130 | 780	100	26
עין	עלה	דבר	מי	עין	עלה	היה
הָעַ֖יִן	עַל־	בַּמִּדְבָּ֑ר	הַמַּ֖יִם	עֵ֥ין	עַל־	יְהוָ֛ה
ha'ayin	*al*	*bamidbar*	*hamáyim*	*eyn*	*al*	*YHVH*
העין	על	במדבר	המים	עין	על	יהוה
𐤄𐤏𐤉𐤍	𐤏𐤋	𐤁𐤌𐤃𐤁𐤓	𐤄𐤌𐤉𐤌	𐤏𐤉𐤍	𐤏𐤋	𐤉𐤄𐤅𐤄
la-fuente-de	sobre	en-el-desierto	las-aguas	fuente-de	sobre	YHVH

16:8

11	510	788	208	257	506	226 | 706
אי	שרר	שפח	גור	אמר	שור	דרך
אֵי־	שָׂרַי	שִׁפְחַת	הָגָר	וַיֹּאמַר	שׁוּר׃	בְּדֶרֶךְ
ey	*Saray*	*shifjat*	*Hagar*	*Vayomar*	*. Shur*	*bedérej*
אי	שרי	שפחת	הגר	ויאמר	שור	בדרך
𐤀𐤉	𐤔𐤓𐤉	𐤔𐤐𐤇𐤕	𐤄𐤂𐤓	𐤅𐤉𐤀𐤌𐤓	𐤔𐤅𐤓	𐤁𐤃𐤓𐤊
¿Dónde	Saray	sierva-de	Hagar	Y-dijo	. Shur	en-camino-de

510	180	647	460	62	403	52
שרר	פנה	אמר	הלך	אין	בוא	זה
שָׂרַי	מִפְּנֵי	וַתֹּאמֶר	תֵּלֵכִי	וְאָנָה	בָאת	מִזֶּה
Saray	*mipeney*	*vatómer*	*teleji*	*ve'anah*	*vat*	*mizeh*
שרי	מפני	ותאמר	תלכי	ואנה	באת	מזה
𐤔𐤓𐤉	𐤌𐤐𐤍𐤉	𐤅𐤕𐤀𐤌𐤓	𐤕𐤋𐤊𐤉	𐤅𐤀𐤍𐤄	𐤁𐤀𐤕	𐤌𐤆𐤄
Saray	de-las-faces-de presencia; superficie	y-dijo	andarás	y-adónde	vienes	de-éste

16:9

26	91 | 571	35	257	610	81	615
היה	לאך	הוא	אמר	ברח	אנך	גבר
יְהוָה	מַלְאַךְ	לָהּ	וַיֹּאמֶר	בֹּרַחַת׃	אָנֹכִי	גְּבִרְתִּי
YHVH	*malaj*	*lah*	*Vayómer*	*. borajat*	*anojí*	*gevirtí*
יהוה	מלאך	לה	ויאמר	ברחת	אנכי	גברתי
𐤉𐤄𐤅𐤄	𐤌𐤋𐤀𐤊	𐤋𐤄	𐤅𐤉𐤀𐤌𐤓	𐤁𐤓𐤇𐤕	𐤀𐤍𐤊𐤉	𐤂𐤁𐤓𐤕𐤉
YHVH	mensajero-de	a-ella	Y-dijo	. estoy-huyendo	yo	mi-ama señora

16:10

257	29	808	541	625 | 1105	31	318
אמר	יד	תחת	ענה	גבר	אלה	שוב
וַיֹּאמֶר	יָדֶיהָ׃	תַּחַת	וְהִתְעַנִּי	גְּבִרְתֵּךְ	אֶל־	שׁוּבִי
Vayómer	*. yadeyha*	*tájat*	*vehitaní*	*gevirtej*	*el*	*shuví*
ויאמר	ידיה	תחת	והתעני	גברתך	אל	שובי
𐤅𐤉𐤀𐤌𐤓	𐤉𐤃𐤉𐤄	𐤕𐤇𐤕	𐤅𐤄𐤕𐤏𐤍𐤉	𐤂𐤁𐤓𐤕𐤊	𐤀𐤋	𐤔𐤅𐤁𐤉
Y-dijo	. sus-manos	bajo	y-aflígete humillar	tu-ama señora	a hacia	vuelve

297 | 777	401	208	212	26	91 | 571	35
זרע	את	רבה	רבה	היה	לאך	הוא
זַרְעֵךְ	אֶת־	אַרְבֶּה	הַרְבָּה	יְהוָה	מַלְאַךְ	לָהּ
zárej	*et*	*arbeh*	*harbah*	*YHVH*	*malaj*	*lah*
זרעך	את	ארבה	הרבה	יהוה	מלאך	לה
𐤆𐤓𐤏𐤊	𐤀𐤕	𐤀𐤓𐤁𐤄	𐤄𐤓𐤁𐤄	𐤉𐤄𐤅𐤄	𐤌𐤋𐤀𐤊	𐤋𐤄
tu-simiente semilla	..	haré-aumentar crecer; multiplicar	hacer-aumentar ciertamente	YHVH	mensajero-de	a-ella

16:11

26	91 | 571	35	257	242	350	37
היה	לאך	הוא	אמר	רבב	ספר	לא
יְהוָ֔ה	מַלְאַ֣ךְ	לָ֜הּ	וַיֹּ֤אמֶר	מֵרֹֽב׃	יִסָּפֵ֖ר	וְלֹ֥א
YHVH	*malaj*	*lah*	*Vayómer*	*. merov*	*yisáfer*	*veló*
יהוה	מלאך	לה	ויאמר	מרב	יספר	ולא
𐤉𐤄𐤅𐤄	𐤌𐤋𐤀𐤊	𐤋𐤄	𐤅𐤉𐤀𐤌𐤓	𐤌𐤓𐤁	𐤉𐤎𐤐𐤓	𐤅𐤋𐤀
YHVH	mensajero-de	a-ella	Y-dijo	. de-abundante	será-contada	y-no

451	346	707	52 | 702	450	210	75 | 555
שמע + אל	שם	קרא	בנה	ילד	הרה	הן
יִשְׁמָעֵ֑אל	שְׁמוֹ֙	וְקָרָ֤את	בֵּ֔ן	וְיֹלַ֣דְתְּ	הָרָ֖ה	הִנָּ֥ךְ
Yishma'el	*shmó*	*vekarat*	*ben*	*veyoladt*	*harah*	*hinaj*
ישמעאל	שמו	וקראת	בן	וילדת	הרה	הנך
𐤉𐤔𐤌𐤏𐤀𐤋	𐤔𐤌𐤅	𐤅𐤒𐤓𐤀𐤕	𐤁𐤍	𐤅𐤉𐤋𐤃𐤕	𐤄𐤓𐤄	𐤄𐤍𐤊
Yishma'el	su-nombre [ubicación]	y-llamarás	hijo edificador	y-engendrarás	has-concebido	¡Mira-tú! he-aquí

16:12

30	18	150 | 630	31	26	410	30
היה	הוא	ענה	אלה	היה	שמע	כי
יִהְיֶה֙	וְה֤וּא	עָנְיֵֽךְ׃	אֶל־	יְהוָ֖ה	שָׁמַ֥ע	כִּֽי־
yihyeh	*Vehú*	*. onyej*	*el*	*YHVH*	*shamá*	*ki*
יהיה	והוא	עניך	אל	יהוה	שמע	כי
𐤉𐤄𐤉𐤄	𐤅𐤄𐤅𐤀	𐤏𐤍𐤉𐤊	𐤀𐤋	𐤉𐤄𐤅𐤄	𐤔𐤌𐤏	𐤊𐤉
será	Y-él	. tu-aflicción humillar	a hacia	YHVH	oyó	que porque

8	50	20	52	20	45 | 605	281
הוא	כלל	יד	כלל	יד	אדם	פרא
בּ֑וֹ	כֹּ֣ל	וְיַ֥ד	בַכֹּ֔ל	יָד֣וֹ	אָדָ֔ם	פֶּ֣רֶא
bo	*kol*	*veyad*	*vakol*	*yadó*	*adam*	*pere*
בו	כל	ויד	בכל	ידו	אדם	פרא
𐤁𐤅	𐤊𐤋	𐤅𐤉𐤃	𐤁𐤊𐤋	𐤉𐤃𐤅	𐤀𐤃𐤌	𐤐𐤓𐤀
en-él	todos	y-mano-de	en-todo	su-mano	adam hombre; humanidad	asno-montés

16:13

340 | 900	707	380 | 1030	25	50	140	106
שם	קרא	שכן	אח	כלל	פנה	עלה
שֵׁם־	וַתִּקְרָ֤א	יִשְׁכֹּֽן׃	אֶחָ֖יו	כָּל־	פְּנֵ֥י	וְעַל־
shem	*Vatikrá*	*. yishkón*	*ejav*	*jol*	*peney*	*ve'al*
שם	ותקרא	ישכן	אחיו	כל	פני	ועל
𐤔𐤌	𐤅𐤕𐤒𐤓𐤀	𐤉𐤔𐤊𐤍	𐤀𐤇𐤉𐤅	𐤊𐤋	𐤐𐤍𐤉	𐤅𐤏𐤋
nombre-de [ubicación]	Y-llamó	. acampará asentar; posar	sus-hermanos	todos	faces-de presencia; superficie	y-sobre

30	211	31	406	46	211	26
כי	ראה	·	את	אלה	דבר	היה
כִּ֣י	רֳאִ֑י	אֵ֣ל	אַתָּ֖ה	אֵלֶ֔יהָ	הַדֹּבֵ֣ר	יְהוָה֙
ki	*ro'i*	*El*	*atah*	*eleyha*	*hadover*	*YHVH*
כי	ראי	אל	אתה	אליה	הדבר	יהוה
𐤊𐤉	𐤓𐤀𐤉	𐤀𐤋	𐤀𐤕𐤄	𐤀𐤋𐤉𐤄	𐤄𐤃𐤁𐤓	𐤉𐤄𐤅𐤄
que porque	que-me-ve	El	tú	a-ella	el-hablante	YHVH

16:14

100	211	219	621	75 | 635	48 | 608	246
עלה	ראה	אחר	ראה	הלם	גם	אמר
עַל־	רֹאִֽי׃	אַחֲרֵ֥י	רָאִ֖יתִי	הֲלֹ֛ם	הֲגַ֥ם	אָֽמְרָ֔ה
Al	*. ro'i*	*ajarey*	*ra'iti*	*halom*	*hagam*	*amrah*
על	ראי	אחרי	ראיתי	הלם	הגם	אמרה
𐤏𐤋	𐤓𐤀𐤉	𐤀𐤇𐤓𐤉	𐤓𐤀𐤉𐤕𐤉	𐤄𐤋𐤌	𐤄𐤂𐤌	𐤀𐤌𐤓𐤄
Por	. que-me-ve	después-de	he-visto	aquí	¿Acaso-también	dijo

60	211	48	203	233	301	70 | 720
הן	ראה	חיה	באר	באר	קרא	כן
הִנֵּ֥ה	רֹאִ֑י	לַחַ֣י	בְּאֵ֗ר	לַבְּאֵ֔ר	קָרָ֣א	כֵּן֙
hineh	*Ro'i*	*Lajay*	*Be'er*	*labe'er*	*kará*	*ken*
הנה	ראי	לחי	באר	לבאר	קרא	כן
𐤄𐤍𐤄	𐤓𐤀𐤉	𐤋𐤇𐤉	𐤁𐤀𐤓	𐤋𐤁𐤀𐤓	𐤒𐤓𐤀	𐤊𐤍
¡Mira! he-aquí	Ro'í	Lajay	Be'er	al-pozo	llamó	eso enderezar; rectamente

16:15

273 | 833	208	440	206	404	404	62 | 712
אב + רום	גור	ילד	ברד	קדש	קדש	בין
לְאַבְרָ֖ם	הָגָ֛ר	וַתֵּ֧לֶד	בָֽרֶד׃	וּבֵ֥ין	קָדֵ֖שׁ	בֵּין־
le'Avram	*Hagar*	*Vatéled*	*. Báred*	*uveyn*	*Kadesh*	*veyn*
לאברם	הגר	ותלד	ברד	ובין	קדש	בין
𐤋𐤀𐤁𐤓𐤌	𐤄𐤂𐤓	𐤅𐤕𐤋𐤃	𐤁𐤓𐤃	𐤅𐤁𐤉𐤍	𐤒𐤃𐤔	𐤁𐤉𐤍
para-Avram	Hagar	Y-engendró	. Béred	y-entre	Kadesh	entre

49	501	58	340 | 900	243 | 803	317	52 | 702
ילד	אשר	בנה	שם	אב + רום	קרא	בנה
יָלְדָ֥ה	אֲשֶׁר־	בְּנ֛וֹ	שֶׁם־	אַבְרָ֧ם	וַיִּקְרָ֨א	בֵּ֔ן
yaldah	*asher*	*benó*	*shem*	*Avram*	*vayikrá*	*ben*
ילדה	אשר	בנו	שם	אברם	ויקרא	בן
𐤉𐤋𐤃𐤄	𐤀𐤔𐤓	𐤁𐤍𐤅	𐤔𐤌	𐤀𐤁𐤓𐤌	𐤅𐤉𐤒𐤓𐤀	𐤁𐤍
engendró	que	su-hijo edificador	nombre-de [ubicación]	Avram	y-llamó	hijo edificador

16:16

<table>
<tr><td>606</td><td>355</td><td>440 | 1000</td><td>52 | 702</td><td>249 | 809</td><td>451</td><td>208</td></tr>
<tr><td>ששה</td><td>שנה</td><td>שמן</td><td>בנה</td><td>אב + רום</td><td>שמע + אל</td><td>גור</td></tr>
<tr><td>וְשֵׁ֥שׁ</td><td>שָׁנָ֖ה</td><td>שְׁמֹנִ֥ים</td><td>בֶּן־</td><td>וְאַבְרָ֗ם</td><td>יִשְׁמָעֵֽאל׃</td><td>הָגָ֛ר</td></tr>
<tr><td>veshesh</td><td>shanah</td><td>shmonim</td><td>ben</td><td>Ve'Avram</td><td>. Yishma'el</td><td>Hagar</td></tr>
<tr><td>ושש</td><td>שנה</td><td>שמנים</td><td>בן</td><td>ואברם</td><td>ישמעאל</td><td>הגר</td></tr>
<tr><td>𐤅𐤔𐤔</td><td>𐤔𐤍𐤄</td><td>𐤔𐤌𐤍𐤉𐤌</td><td>𐤁𐤍</td><td>𐤅𐤀𐤁𐤓𐤌</td><td>𐤉𐤔𐤌𐤏𐤀𐤋</td><td>𐤄𐤂𐤓</td></tr>
<tr><td>y-seis</td><td>año
cambio</td><td>ochenta</td><td>hijo-de
edificador</td><td>Y-Avram</td><td>. Yishma'el</td><td>Hagar</td></tr>
</table>

<table>
<tr><td>273 | 833</td><td>451</td><td>401</td><td>208</td><td>436</td><td>400 | 960</td></tr>
<tr><td>אב + רום</td><td>שמע + אל</td><td>את</td><td>גור</td><td>ילד</td><td>שנה</td></tr>
<tr><td>לְאַבְרָֽם׃</td><td>יִשְׁמָעֵ֖אל</td><td>אֶת־</td><td>הָגָ֥ר</td><td>בְּלֶֽדֶת־</td><td>שָׁנִ֑ים</td></tr>
<tr><td>. le'Avram</td><td>Yishma'el</td><td>et</td><td>Hagar</td><td>belédet</td><td>shanim</td></tr>
<tr><td>לאברם</td><td>ישמעאל</td><td>את</td><td>הגר</td><td>בלדת</td><td>שנים</td></tr>
<tr><td>𐤋𐤀𐤁𐤓𐤌</td><td>𐤉𐤔𐤌𐤏𐤀𐤋</td><td>𐤀𐤕</td><td>𐤄𐤂𐤓</td><td>𐤁𐤋𐤃𐤕</td><td>𐤔𐤍𐤉𐤌</td></tr>
<tr><td>. para-Avram</td><td>Yishma'el</td><td>..</td><td>Hagar</td><td>en-engendrar</td><td>años
cambio</td></tr>
</table>

Total de palabras hebreas: 223.
Total de consonantes hebreas: 810.
Consonantes ausentes: ף (*Pe sofit*).

BERESHIT 17

17:1

400 | 960	776	355	820 | 1380	52 | 702	243 | 803	31
שנה	שעה	שנה	שעה	בנה	אב + רום	היה
שָׁנִים	וְתֵשַׁע	שָׁנָה	תִּשְׁעִים	בֶּן־	אַבְרָם	וַיְהִי
shanim	*vetesha*	*shanah*	*tishim*	*ben*	*Avram*	*Vayehí*
שנים	ותשע	שנה	תשעים	בן	אברם	ויהי
𐤔𐤍𐤉𐤌	𐤅𐤕𐤔𐤏	𐤔𐤍𐤄	𐤕𐤔𐤏𐤉𐤌	𐤁𐤍	𐤀𐤁𐤓𐤌	𐤅𐤉𐤄𐤉
años cambio	y-nueve	año cambio	noventa	hijo-de edificador	Avram	Y-fue

61	47	257	243 | 803	31	26	217
אנך	אלה	אמר	אב + רום	אלה	היה	ראה
אֲנִי־	אֵלָיו	וַיֹּאמֶר	אַבְרָם	אֶל־	יְהוָה	וַיֵּרָא
aní	*elav*	*vayómer*	*Avram*	*el*	*YHVH*	*vayerá*
אני	אליו	ויאמר	אברם	אל	יהוה	וירא
𐤀𐤍𐤉	𐤀𐤋𐤉𐤅	𐤅𐤉𐤀𐤌𐤓	𐤀𐤁𐤓𐤌	𐤀𐤋	𐤉𐤄𐤅𐤄	𐤅𐤉𐤓𐤀
yo	a-él	y-dijo	Avram	a hacia	YHVH	y-se-apareció ver

17:2

462	490 | 1050	26	170	460 | 940	314	31
נתן	תמם	היה	פנה	הלך	שדד	·
וְאֶתְּנָה	תָמִים׃	וֶהְיֵה	לְפָנַי	הִתְהַלֵּךְ	שַׁדַּי	אֵל
Ve'eténah	*. tamim*	*veheyeh*	*lefanay*	*hithalej*	*shaday*	*El*
ואתנה	תמים	והיה	לפני	התהלך	שדי	אל
𐤅𐤀𐤕𐤍𐤄	𐤕𐤌𐤉𐤌	𐤅𐤄𐤉𐤄	𐤋𐤐𐤍𐤉	𐤄𐤕𐤄𐤋𐤊	𐤔𐤃𐤉	𐤀𐤋
Y-pondré dar	. honrado íntegro; recto	y-sé	ante-mí presencia; superficie	anda	*shaday*	El

45	47	427 | 907	214	88 | 568	72	622
מאד	מאד	את	רבה	בין	בין	ברה
מְאֹד׃	בִּמְאֹד	אוֹתְךָ	וְאַרְבֶּה	וּבֵינֶךָ	בֵּינִי	בְרִיתִי
. me'od	*bime'od*	*otja*	*ve'arbeh*	*uveyneja*	*beyní*	*veriti*
מאד	במאד	אותך	וארבה	ובינך	ביני	בריתי
𐤌𐤀𐤃	𐤁𐤌𐤀𐤃	𐤀𐤅𐤕𐤊	𐤅𐤀𐤓𐤁𐤄	𐤅𐤁𐤉𐤍𐤊	𐤁𐤉𐤍𐤉	𐤁𐤓𐤉𐤕𐤉
. mucho fuerza; poder; vigor	en-mucho fuerza; poder; vigor	a-ti [escritura plena]	y-haré-aumentar crecer; multiplicar	y-entre-ti	entre-mí	mi-pacto alianza

17:3

86 | 646	407	222	146	100	243 | 803	126
אלהה	את	דבר	פנה	עלה	אב + רום	נפל
אֱלֹהִים	אִתּוֹ	וַיְדַבֵּר	פָּנָיו	עַל־	אַבְרָם	וַיִּפֹּל
Elohim	*itó*	*vayedaber*	*panav*	*al*	*Avram*	*Vayipol*
אלהים	אתו	וידבר	פניו	על	אברם	ויפל
𐤀𐤋𐤄𐤉𐤌	𐤀𐤕𐤅	𐤅𐤉𐤃𐤁𐤓	𐤐𐤍𐤉𐤅	𐤏𐤋	𐤀𐤁𐤓𐤌	𐤅𐤉𐤐𐤋
elohim Dios; dioses; magistrados	con-él	y-habló	sus-faces presencia; superficie	sobre	Avram	Y-cayó

17:4

33	431	421 | 901	622	60	61	271
אב	היה	את	ברה	הן	אנך	אמר
לְאַב	וְהָיִיתָ	אִתָּךְ	בְּרִיתִי	הִנֵּה	אֲנִי	לֵאמֹר׃
le'av	*vehayitá*	*itaj*	*verití*	*hineh*	*Aní*	*. lemor*
לאב	והיית	אתך	בריתי	הנה	אני	לאמר
לאב	והיית	אתך	בריתי	הנה	אני	לאמר
para-padre	y-serás	contigo	mi-pacto alianza	¡Mira! he-aquí	Yo	. al-decir

17:5

360 | 840	401	80	311	37	59 | 619	101 | 751
שם	את	עד	קרא	לא	גאה	המה
שִׁמְךָ	אֶת־	עוֹד	יִקָּרֵא	וְלֹא־	גּוֹיִם׃	הֲמוֹן
shimja	*et*	*od*	*yikaré*	*Veló*	*. goyim*	*hamón*
שמך	את	עוד	יקרא	ולא	גוים	המון
שמך	את	עוד	יקרא	ולא	גוים	המון
tu-nombre [ubicación]	..	aún otra-vez	será-llamado	Y-no	. naciones gentil	multitud-de alboroto; tumulto

101 | 751	3	30	248 | 808	360 | 840	26	243 | 803
המה	אב	כי	אב + רום + המון	שם	היה	אב + רום
הֲמוֹן	אַב־	כִּי	אַבְרָהָם	שִׁמְךָ	וְהָיָה	אַבְרָם
hamón	*av*	*ki*	*Avraham*	*shimja*	*vehayah*	*Avram*
המון	אב	כי	אברהם	שמך	והיה	אברם
המון	אב	כי	אברהם	שמך	והיה	אברם
multitud-de alboroto; tumulto	padre-de	que porque	Avraham	tu-nombre [ubicación]	y-será	Avram

17:6

886 | 1366	45	47	421 | 901	701	880 | 1360	59 | 619
נתן	מאד	מאד	את	פרה	נתן	גאה
וּנְתַתִּיךָ	מְאֹד	בִּמְאֹד	אֹתְךָ	וְהִפְרֵתִי	נְתַתִּיךָ׃	גּוֹיִם
unetatija	*me'od*	*bime'od*	*otja*	*Vehifretí*	*. netatija*	*goyim*
ונתתיך	מאד	במאד	אתך	והפרתי	נתתיך	גוים
ונתתיך	מאד	במאד	אתך	והפרתי	נתתיך	גוים
y-te-daré	mucho fuerza; poder; vigor	con-mucho fuerza; poder; vigor	a-ti	Y-haré-fructificar multiplicar; ser-fecundo	. te-he-puesto dar	naciones gentil

17:7

622	401	561	107	100 | 580	146 | 706	89 | 649
ברה	את	קום	יצא	מן	מלך	גאה
בְּרִיתִי	אֶת־	וַהֲקִמֹתִי	יֵצֵאוּ׃	מִמְּךָ	וּמְלָכִים	לְגוֹיִם
berití	*et*	*Vahakimotí*	*. yetse'ú*	*mimeja*	*umelajim*	*legoyim*
בריתי	את	והקמתי	יצאו	ממך	ומלכים	לגוים
בריתי	את	והקמתי	יצאו	ממך	ומלכים	לגוים
mi-pacto alianza	..	Y-levantaré	. saldrán	de-ti	y-reyes	para-naciones gentil

642	674 | 1234	239 | 719	297 | 777	68 | 718	88 | 568	72
ברה	דור	אחר	זרע	בין	בין	בין
לִבְרִית	לְדֹרֹתָם	אַחֲרֶיךָ	זַרְעֲךָ	וּבֵין	וּבֵינֶךָ	בֵּינִי
livrit	*ledorotam*	*ajareyja*	*zaraja*	*uveyn*	*uveyneja*	*beyní*
לברית	לדרתם	אחריך	זרעך	ובין	ובינך	ביני
𐤋𐤁𐤓𐤉𐤕	𐤋𐤃𐤓𐤕𐤌	𐤀𐤇𐤓𐤉𐤊	𐤆𐤓𐤏𐤊	𐤅𐤁𐤉𐤍	𐤅𐤁𐤉𐤍𐤊	𐤁𐤉𐤍𐤉
para-pacto alianza	a-sus-generaciones [lapso de tiempo]	después-de-ti	tu-simiente semilla	y-entre	y-entre-ti	entre-mí

17:8

866	239 | 719	333 | 813	116 | 676	50 | 530	451	146 | 706
נתן	אחר	זרע	אלהה	·	היה	עלם
וְנָתַתִּי	אַחֲרֶיךָ׃	וּלְזַרְעֲךָ	לֵאלֹהִים	לְךָ	לִהְיוֹת	עוֹלָם
Venatatí	*. ajareyja*	*ulezaraja*	*lelohim*	*lejá*	*lihyot*	*olam*
ונתתי	אחריך	ולזרעך	לאלהים	לך	להיות	עולם
𐤅𐤍𐤕𐤕𐤉	𐤀𐤇𐤓𐤉𐤊	𐤅𐤋𐤆𐤓𐤏𐤊	𐤋𐤀𐤋𐤄𐤉𐤌	𐤋𐤊	𐤋𐤄𐤉𐤅𐤕	𐤏𐤅𐤋𐤌
Y-daré	. después-de-ti	y-a-tu-simiente semilla	para-*elohim* Dios; dioses; magistrados	para-ti	para-ser	siempre [*olam* = está escondido]

401	273 | 753	291 | 1101	401	239 | 719	333 | 813	50 | 530
את	גור	ארץ	את	אחר	זרע	·
אֵת	מְגֻרֶיךָ	אֶרֶץ	אֵת	אַחֲרֶיךָ	וּלְזַרְעֲךָ	לְךָ
et	*megureyja*	*érets*	*et*	*ajareyja*	*ulezaraja*	*lejá*
את	מגריך	ארץ	את	אחריך	ולזרעך	לך
𐤀𐤕	𐤌𐤂𐤓𐤉𐤊	𐤀𐤓𐤑	𐤀𐤕	𐤀𐤇𐤓𐤉𐤊	𐤅𐤋𐤆𐤓𐤏𐤊	𐤋𐤊
..	de-tus-residencias [como extranjero]	tierra [la seca]	..	después-de-ti	y-a-tu-simiente semilla	para-ti

75 | 635	441	146 | 706	446	190 | 840	291 | 1101	50
הוא	היה	עלם	אחז	כנע	ארץ	כלל
לָהֶם	וְהָיִיתִי	עוֹלָם	לַאֲחֻזַּת	כְּנַעַן	אֶרֶץ	כָּל־
lahem	*vehayití*	*olam*	*la'ajuzat*	*Kena'an*	*érets*	*kol*
להם	והייתי	עולם	לאחזת	כנען	ארץ	כל
𐤋𐤄𐤌	𐤅𐤄𐤉𐤉𐤕𐤉	𐤏𐤅𐤋𐤌	𐤋𐤀𐤇𐤆𐤕	𐤊𐤍𐤏𐤍	𐤀𐤓𐤑	𐤊𐤋
para-ellos	y-seré	siempre [*olam* = está escondido]	para-posesión propiedad	Kena'an	tierra-de [la seca]	toda

17:9

401	412	248 | 808	31	86 | 646	257	116 | 676
את	את	אב + רום + המון	אלה	אלהה	אמר	אלהה
אֶת־	וְאַתָּה	אַבְרָהָם	אֶל־	אֱלֹהִים	וַיֹּאמֶר	לֵאלֹהִים׃
et	*ve'atah*	*Avraham*	*el*	*Elohim*	*Vayómer*	*. lelohim*
את	ואתה	אברהם	אל	אלהים	ויאמר	לאלהים
𐤀𐤕	𐤅𐤀𐤕𐤄	𐤀𐤁𐤓𐤄𐤌	𐤀𐤋	𐤀𐤋𐤄𐤉𐤌	𐤅𐤉𐤀𐤌𐤓	𐤋𐤀𐤋𐤄𐤉𐤌
..	y-tú	Avraham	a hacia	*elohim* Dios; dioses; magistrados	Y-dijo	. para-*elohim* Dios; dioses; magistrados

17:10

408	674 | 1234	239 | 719	303 | 783	406	940	622
זה	דור	אחר	זרע	את	שמר	ברה
זֹאת	לְדֹרֹתָם׃	אַחֲרֶיךָ	וְזַרְעֲךָ	אַתָּה	תִשְׁמֹר	בְּרִיתִי
Zot	*. ledorotam*	*ajareyja*	*vezaraja*	*atah*	*tishmor*	*berití*
זאת	לדרתם	אחריך	וזרעך	אתה	תשמר	בריתי
𐤆𐤀𐤕	𐤋𐤃𐤓𐤕𐤌	𐤀𐤇𐤓𐤉𐤊	𐤅𐤆𐤓𐤏𐤊	𐤀𐤕𐤄	𐤕𐤔𐤌𐤓	𐤁𐤓𐤉𐤕𐤉
Éste	. para-sus-generaciones [lapso de tiempo]	después-de-ti	y-tu-simiente semilla	tú	guardarás	mi-pacto alianza

297 | 777	68 | 718	138 | 698	72	946	501	622
זרע	בין	בין	בין	שמר	אשר	ברה
זַרְעֲךָ	וּבֵין	וּבֵינֵיכֶם	בֵּינִי	תִּשְׁמְרוּ	אֲשֶׁר	בְּרִיתִי
zaraja	*uveyn*	*uveyneyjem*	*beyní*	*tishmerú*	*asher*	*berití*
זרעך	ובין	וביניכם	ביני	תשמרו	אשר	בריתי
𐤆𐤓𐤏𐤊	𐤅𐤁𐤉𐤍	𐤅𐤁𐤉𐤍𐤉𐤊𐤌	𐤁𐤉𐤍𐤉	𐤕𐤔𐤌𐤓𐤅	𐤀𐤔𐤓	𐤁𐤓𐤉𐤕𐤉
tu-simiente semilla	y-entre	y-entre-vosotros	entre-mí	guardaréis	que	mi-pacto alianza

	17:11					
401	566 | 1126	227	50	90 | 650	81	239 | 719
את	מול	זכר	כלל	·	מול	אחר
אֵת	וּנְמַלְתֶּם	זָכָר׃	כָּל־	לָכֶם	הִמּוֹל	אַחֲרֶיךָ
et	*Unemaltem*	*. zajar*	*kol*	*lajem*	*himol*	*ajareyja*
את	ונמלתם	זכר	כל	לכם	המול	אחריך
𐤀𐤕	𐤅𐤍𐤌𐤋𐤕𐤌	𐤆𐤊𐤓	𐤊𐤋	𐤋𐤊𐤌	𐤄𐤌𐤅𐤋	𐤀𐤇𐤓𐤉𐤊
··	Y-circuncidaréis	. macho	todo	para-vosotros	ser-circuncidado	después-de-ti

138 | 698	72	612	437	26	760 | 1320	502
בין	בין	ברה	אות	היה	ערל	בשר
וּבֵינֵיכֶם׃	בֵּינִי	בְּרִית	לְאוֹת	וְהָיָה	עָרְלַתְכֶם	בְּשַׂר
. uveyneyjem	*beyní*	*berit*	*le'ot*	*vehayah*	*orlatjem*	*besar*
וביניכם	ביני	ברית	לאות	והיה	ערלתכם	בשר
𐤅𐤁𐤉𐤍𐤉𐤊𐤌	𐤁𐤉𐤍𐤉	𐤁𐤓𐤉𐤕	𐤋𐤀𐤅𐤕	𐤅𐤄𐤉𐤄	𐤏𐤓𐤋𐤕𐤊𐤌	𐤁𐤔𐤓
. y-entre-vosotros	entre-mí	pacto alianza	para-señal-de	y-será	vuestro-prepucio incircuncisión	carne-de

						17:12
227	50	90 | 650	86	100 | 660	790	58 | 708
זכר	כלל	·	מול	יום	שמן	בנה
זָכָר	כָּל־	לָכֶם	יִמּוֹל	יָמִים	שְׁמֹנַת	וּבֶן־
zajar	*kol*	*lajem*	*yimol*	*yamim*	*shmonat*	*Uvén*
זכר	כל	לכם	ימול	ימים	שמנת	ובן
𐤆𐤊𐤓	𐤊𐤋	𐤋𐤊𐤌	𐤉𐤌𐤅𐤋	𐤉𐤌𐤉𐤌	𐤔𐤌𐤍𐤕	𐤅𐤁𐤍
macho	todo	para-vosotros	será-circuncidado	días tiempo [la luz]	ocho	E-hijo-de edificador

52 | 702	90	160 | 880	596	412	54	704 | 1264
בנה	כלל	כסף	קנה	בנה	ילד	דור
בֶּן־	מִכֹּל	כֶּסֶף	וּמִקְנַת־	בַּיִת	יְלִיד	לְדֹרֹתֵיכֶם
ben	*mikol*	*késef*	*umiknat*	*báyit*	*yelid*	*ledoroteyjem*
בן	מכל	כסף	ומקנת	בית	יליד	לדרתיכם
𐤁𐤍	𐤌𐤊𐤋	𐤊𐤎𐤐	𐤅𐤌𐤒𐤍𐤕	𐤁𐤉𐤕	𐤉𐤋𐤉𐤃	𐤋𐤃𐤓𐤕𐤉𐤊𐤌
hijo-de edificador	de-todo	plata	y-comprado-de adquirido; ganado	casa	engendrado-de	a-vuestras-generaciones [lapso de tiempo]

17:13

86	81	12	337 | 817	31	501	270
מול	מול	הוא	זרע	לא	אשר	נכר
יִמּוֹל	הִמּוֹל	הוּא׃	מִזַּרְעֲךָ	לֹא	אֲשֶׁר	נֵכָר
yimol	*Himol*	*. hu*	*mizaraja*	*lo*	*asher*	*nejar*
ימול	המול	הוא	מזרעך	לא	אשר	נכר
𐤉𐤌𐤅𐤋	𐤄𐤌𐤅𐤋	𐤄𐤅𐤀	𐤌𐤆𐤓𐤏𐤊	𐤋𐤀	𐤀𐤔𐤓	𐤍𐤊𐤓
será-circuncidado	Ser-circuncidado ciertamente	. él	de-tu-simiente semilla	no	que	extraño

564 | 1124	622	426	180 | 660	596	432 | 912	54
בשר	ברה	היה	כסף	קנה	בנה	ילד
בִּבְשַׂרְכֶם	בְרִיתִי	וְהָיְתָה	כַּסְפֶּךָ	וּמִקְנַת	בֵּיתְךָ	יְלִיד
bivsarjem	*verití*	*vehaytah*	*kaspeja*	*umiknat*	*beytja*	*yelid*
בבשרכם	בריתי	והיתה	כספך	ומקנת	ביתך	יליד
𐤁𐤁𐤔𐤓𐤊𐤌	𐤁𐤓𐤉𐤕𐤉	𐤅𐤄𐤉𐤕𐤄	𐤊𐤎𐤐𐤊	𐤅𐤌𐤒𐤍𐤕	𐤁𐤉𐤕𐤊	𐤉𐤋𐤉𐤃
en-vuestra-carne	mi-pacto alianza	y-será	tu-plata	y-comprado-de adquirido; ganado	en-tu-casa	engendrado

17:14

86	31	501	227	306	146 | 706	642
מול	לא	אשר	זכר	ערל	עלם	ברה
יִמּוֹל	לֹא־	אֲשֶׁר	זָכָר	וְעָרֵל	עוֹלָם׃	לִבְרִית
yimol	*lo*	*asher*	*zajar*	*Ve'arel*	*. olam*	*livrit*
ימול	לא	אשר	זכר	וערל	עולם	לברית
𐤉𐤌𐤅𐤋	𐤋𐤀	𐤀𐤔𐤓	𐤆𐤊𐤓	𐤅𐤏𐤓𐤋	𐤏𐤅𐤋𐤌	𐤋𐤁𐤓𐤉𐤕
será-circuncidado	no	que	macho	Y-prepucio incircuncisión	. siempre [*olam* = está escondido]	para-pacto alianza

165	17	435	681	300	502	401
עמם	הוא	נפש	כרת	ערל	בשר	את
מֵעַמֶּיהָ	הַהִוא	הַנֶּפֶשׁ	וְנִכְרְתָה	עָרְלָתוֹ	בְּשַׂר	אֶת־
me'ameyha	*hahí*	*hanéfesh*	*venijretah*	*orlató*	*besar*	*et*
מעמיה	ההוא	הנפש	ונכרתה	ערלתו	בשר	את
𐤌𐤏𐤌𐤉𐤄	𐤄𐤄𐤅𐤀	𐤄𐤍𐤐𐤔	𐤅𐤍𐤊𐤓𐤕𐤄	𐤏𐤓𐤋𐤕𐤅	𐤁𐤔𐤓	𐤀𐤕
de-sus-pueblos	la-aquella	el-alma aliento; garganta; ser	y-será-cortada	su-prepucio incircuncisión	carne-de	..

17:15

248 | 808	31	86 | 646	257	285	622	401
אב + רום + המון	אלה	אלהה	אמר	פרר	ברה	את
אַבְרָהָ֗ם	אֶל־	אֱלֹהִים֙	וַיֹּ֣אמֶר	הֵפַֽר׃	בְּרִיתִ֑י	אֶת־
Avraham	*el*	*Elohim*	*Vayómer*	*. hefar*	*berití*	*et*
אברהם	אל	אלהים	ויאמר	הפר	בריתי	את
𐤀𐤁𐤓𐤄𐤌	𐤀𐤋	𐤀𐤋𐤄𐤉𐤌	𐤅𐤉𐤀𐤌𐤓	𐤄𐤐𐤓	𐤁𐤓𐤉𐤕𐤉	𐤀𐤕
Avraham	a hacia	*elohim* Dios; dioses; magistrados	Y-dijo	. rompió anular; invalidar; violar	mi-pacto alianza	..

510	345	401	701	31	721 | 1201	510
שרר	שם	את	קרא	לא	איש	שרר
שָׂרָ֖י	שְׁמָ֑הּ	אֶת־	תִקְרָ֥א	לֹא־	אִשְׁתְּךָ֔	שָׂרַ֣י
Saray	*shmah*	*et*	*tikrá*	*lo*	*ishteja*	*Saray*
שרי	שמה	את	תקרא	לא	אשתך	שרי
𐤔𐤓𐤉	𐤔𐤌𐤄	𐤀𐤕	𐤕𐤒𐤓𐤀	𐤋𐤀	𐤀𐤔𐤕𐤊	𐤔𐤓𐤉
Saray	su-nombre [ubicación]	..	llamarás	no	tu-varona	Saray

17:16

860	49 | 609	406	638	345	505	30
נתן	גם	את	ברך	שם	שרר	כי
נָתַ֥תִּי	וְגַ֨ם	אֹתָ֔הּ	וּבֵרַכְתִּ֣י	שְׁמָֽהּ׃	שָׂרָ֖ה	כִּ֥י
natati	*vegam*	*otah*	*Uverajtí*	*. shmah*	*Sarah*	*ki*
נתתי	וגם	אתה	וברכתי	שמה	שרה	כי
𐤍𐤕𐤕𐤉	𐤅𐤂𐤌	𐤀𐤕𐤄	𐤅𐤁𐤓𐤊𐤕𐤉	𐤔𐤌𐤄	𐤔𐤓𐤄	𐤊𐤉
doy	y-también	a-ella	Y-bendeciré	. su-nombre [ubicación]	Sarah	que porque

100	89 | 649	426	643	52 | 702	50 | 530	135
מלך	גאה	היה	ברך	בנה	·	מן
מַלְכֵ֥י	לְגוֹיִ֔ם	וְהָיְתָ֣ה	וּבֵרַכְתִּ֙יהָ֙	בֵּ֑ן	לְךָ֖	מִמֶּ֛נָּה
maljey	*legoyim*	*vehaytah*	*uverajtiha*	*ben*	*lejá*	*mimenah*
מלכי	לגוים	והיתה	וברכתיה	בן	לך	ממנה
𐤌𐤋𐤊𐤉	𐤋𐤂𐤅𐤉𐤌	𐤅𐤄𐤉𐤕𐤄	𐤅𐤁𐤓𐤊𐤕𐤉𐤄	𐤁𐤍	𐤋𐤊	𐤌𐤌𐤍𐤄
reyes-de	para-naciones gentil	y-será	y-la-bendeciré	hijo edificador	para-ti	de-ella

17:17

146	100	248 | 808	126	31	135	160 | 720
פנה	עלה	אב + רום + המון	נפל	היה	מן	עמם
פָּנָ֖יו	עַל־	אַבְרָהָ֛ם	וַיִּפֹּ֧ל	יִהְיֽוּ׃	מִמֶּ֥נָּה	עַמִּ֖ים
panav	*al*	*Avraham*	*Vayipol*	*. yihyú*	*mimenah*	*amim*
פניו	על	אברהם	ויפל	יהיו	ממנה	עמים
𐤐𐤍𐤉𐤅	𐤏𐤋	𐤀𐤁𐤓𐤄𐤌	𐤅𐤉𐤐𐤋	𐤉𐤄𐤉𐤅	𐤌𐤌𐤍𐤄	𐤏𐤌𐤉𐤌
sus-faces presencia; superficie	sobre	Avraham	Y-cayó	. serán	de-ella	pueblos

50	355	46	87 | 737	40	257	214
ילד	שנה	מאה	בנה	לבב	אמר	צחק
יִוָּלֵד	שָׁנָה	מֵאָה־	הַלְּבֶן	בְּלִבּוֹ	וַיֹּאמֶר	וַיִּצְחָק
yivaled	*shanah*	*me'ah*	*halevén*	*belibó*	*vayómer*	*vayitsjak*
יולד	שנה	מאה	הלבן	בלבו	ויאמר	ויצחק
𐤉𐤅𐤋𐤃	𐤔𐤍𐤄	𐤌𐤀𐤄	𐤄𐤋𐤁𐤍	𐤁𐤋𐤁𐤅	𐤅𐤉𐤀𐤌𐤓	𐤅𐤉𐤑𐤇𐤒
será-engendrado	año cambio	cien	¿A-hijo-de edificador	en-su-corazón	y-dijo	y-rió

17:18

257	434	355	820 | 1380	407	505	47 | 607
אמר	ילד	שנה	שעה	בנה	שרר	אם
וַיֹּאמֶר	תֵּלֵד׃	שָׁנָה	תִּשְׁעִים	הֲבַת־	שָׂרָה	וְאִם־
Vayómer	*. téled*	*shanah*	*tishim*	*havat*	*Sarah*	*ve'im*
ויאמר	תלד	שנה	תשעים	הבת	שרה	ואם
𐤅𐤉𐤀𐤌𐤓	𐤕𐤋𐤃	𐤔𐤍𐤄	𐤕𐤔𐤏𐤉𐤌	𐤄𐤁𐤕	𐤔𐤓𐤄	𐤅𐤀𐤌
Y-dijo	. engendrará	año cambio	noventa	hija-de	Sarah	y-si

190 | 670	33	451	36	91 | 651	31	248 | 808
פנה	חיה	שמע + אל	לו / לוא	אלהה	אלה	אב + רום + המון
לְפָנֶיךָ׃	יִחְיֶה	יִשְׁמָעֵאל	לוּ	הָאֱלֹהִים	אֶל־	אַבְרָהָם
. lefaneyja	*yijyeh*	*Yishma'el*	*lu*	*ha'elohim*	*el*	*Avraham*
לפניך	יחיה	ישמעאל	לו	האלהים	אל	אברהם
𐤋𐤐𐤍𐤉𐤊	𐤉𐤇𐤉𐤄	𐤉𐤔𐤌𐤏𐤀𐤋	𐤋𐤅	𐤄𐤀𐤋𐤄𐤉𐤌	𐤀𐤋	𐤀𐤁𐤓𐤄𐤌
. ante-ti presencia; superficie	vivirá	Yishma'el	si a-lo-mejor; ojalá	*ha'elohim* Dios; dioses; magistrados	a hacia	Avraham

17:19

50 | 530	444	721 | 1201	505	33	86 | 646	257
·	ילד	איש	שרר	אבל	אלהה	אמר
לְךָ	יֹלֶדֶת	אִשְׁתְּךָ	שָׂרָה	אֲבָל	אֱלֹהִים	וַיֹּאמֶר
lejá	*yolédet*	*ishteja*	*Sarah*	*aval*	*Elohim*	*Vayómer*
לך	ילדת	אשתך	שרה	אבל	אלהים	ויאמר
𐤋𐤊	𐤉𐤋𐤃𐤕	𐤀𐤔𐤕𐤊	𐤔𐤓𐤄	𐤀𐤁𐤋	𐤀𐤋𐤄𐤉𐤌	𐤅𐤉𐤀𐤌𐤓
para-ti	estará-engendrando	tu-varona	Sarah	verdaderamente	*elohim* Dios; dioses; magistrados	Y-dijo

401	561	208	346	401	707	52 | 702
את	קום	צחק	שם	את	קרא	בנה
אֶת־	וַהֲקִמֹתִי	יִצְחָק	שְׁמוֹ	אֶת־	וְקָרָאתָ	בֵּן
et	*vahakimotí*	*Yitsjak*	*shmó*	*et*	*vekaratá*	*ben*
את	והקמתי	יצחק	שמו	את	וקראת	בן
𐤀𐤕	𐤅𐤄𐤒𐤌𐤕𐤉	𐤉𐤑𐤇𐤒	𐤔𐤌𐤅	𐤀𐤕	𐤅𐤒𐤓𐤀𐤕	𐤁𐤍
··	y-levantaré	Yitsjak	su-nombre [ubicación]	··	y-llamarás	hijo edificador

17:20

487	225	313	146 | 706	642	407	622
שמע + אל	אחר	זרע	עלם	ברה	את	ברה
וּלְיִשְׁמָעֵאל	אַחֲרָיו׃	לְזַרְעוֹ	עוֹלָם	לִבְרִית	אִתּוֹ	בְּרִיתִי
UleYishma'el	*. ajarav*	*lezaró*	*olam*	*livrit*	*itó*	*berití*
ולישמעאל	אחריו	לזרעו	עולם	לברית	אתו	בריתי
𐤅𐤋𐤉𐤔𐤌𐤏𐤀𐤋	𐤀𐤇𐤓𐤉𐤅	𐤋𐤆𐤓𐤏𐤅	𐤏𐤅𐤋𐤌	𐤋𐤁𐤓𐤉𐤕	𐤀𐤕𐤅	𐤁𐤓𐤉𐤕𐤉
Y-para-Yishma'el	. después-de-él	para-su-simiente semilla	siempre [*olam* = está escondido]	para-pacto alianza	con-él	mi-pacto alianza

633	407	711	407	632	60	840 | 1320
רבה	את	פרה	את	ברך	הן	שמע
וְהִרְבֵּיתִי	אֹתוֹ	וְהִפְרֵיתִי	אֹתוֹ	בֵּרַכְתִּי	הִנֵּה	שְׁמַעְתִּיךָ
vehirbeytí	*otó*	*vehifreytí*	*otó*	*berajti*	*hineh*	*shmatija*
והרביתי	אתו	והפריתי	אתו	ברכתי	הנה	שמעתיך
𐤅𐤄𐤓𐤁𐤉𐤕𐤉	𐤀𐤕𐤅	𐤅𐤄𐤐𐤓𐤉𐤕𐤉	𐤀𐤕𐤅	𐤁𐤓𐤊𐤕𐤉	𐤄𐤍𐤄	𐤔𐤌𐤏𐤕𐤉𐤊
y-haré-aumentar crecer; multiplicar	a-él	y-haré-fructificar multiplicar; ser-fecundo	a-él	bendeciré	¡Mira! he-aquí	te-he-oído

60	401 | 961	570	400 | 960	45	47	407
ילד	נשא	עשר	שנה	מאד	מאד	את
יוֹלִיד	נְשִׂיאִם	עָשָׂר	שְׁנֵים־	מְאֹד	בִּמְאֹד	אֹתוֹ
yolid	*nesi'im*	*asar*	*shneym*	*me'od*	*bime'od*	*otó*
יוליד	נשיאם	עשר	שנים	מאד	במאד	אתו
𐤉𐤅𐤋𐤉𐤃	𐤍𐤔𐤉𐤀𐤌	𐤏𐤔𐤓	𐤔𐤍𐤉𐤌	𐤌𐤀𐤃	𐤁𐤌𐤀𐤃	𐤀𐤕𐤅
engendrará	alzados príncipe	diez	dos	mucho fuerza; poder; vigor	en-mucho fuerza; poder; vigor	a-él

17:21

401	147 | 707	622	407	43	49	872
את	קום	ברה	את	גדל	גאה	נתן
אֶת־	אָקִים	בְּרִיתִי	וְאֶת־	גָּדוֹל׃	לְגוֹי	וּנְתַתִּיו
et	*akim*	*berití*	*Ve'et*	*. gadol*	*legoy*	*unetativ*
את	אקים	בריתי	ואת	גדול	לגוי	ונתתיו
𐤀𐤕	𐤀𐤒𐤉𐤌	𐤁𐤓𐤉𐤕𐤉	𐤅𐤀𐤕	𐤂𐤃𐤅𐤋	𐤋𐤂𐤅𐤉	𐤅𐤍𐤕𐤕𐤉𐤅
..	levantaré	mi-pacto alianza	Y-...	. grande [escritura plena]	para-nación gentil	y-le-pondré dar

17	150	505	50 | 530	434	501	208
זה	יעד	שרר	·	ילד	אשר	צחק
הַזֶּה	לַמּוֹעֵד	שָׂרָה	לְךָ	תֵּלֵד	אֲשֶׁר	יִצְחָק
hazeh	*lamo'ed*	*Sarah*	*lejá*	*téled*	*asher*	*Yitsjak*
הזה	למועד	שרה	לך	תלד	אשר	יצחק
𐤄𐤆𐤄	𐤋𐤌𐤅𐤏𐤃	𐤔𐤓𐤄	𐤋𐤊	𐤕𐤋𐤃	𐤀𐤔𐤓	𐤉𐤑𐤇𐤒
la-ésta	a-la-solemnidad cita; convocatoria	Sarah	para-ti	engendrará	que	Yitsjak

17:22

86 | 646	116	407	236	66	614	357
אלהה	עלה	את	דבר	כלה	אחר	שנה
אֱלֹהִים	וַיַּעַל	אִתּוֹ	לְדַבֵּר	וַיְכַל	הָאַחֶרֶת׃	בַּשָּׁנָה
Elohim	*vaya'al*	*itó*	*ledaber*	*Vayejal*	*ha'ajéret*	*bashanah*
אלהים	ויעל	אתו	לדבר	ויכל	האחרת	בשנה
𐤀𐤋𐤄𐤉𐤌	𐤅𐤉𐤏𐤋	𐤀𐤕𐤅	𐤋𐤃𐤁𐤓	𐤅𐤉𐤊𐤋	𐤄𐤀𐤇𐤓𐤕	𐤁𐤔𐤍𐤄
elohim Dios; dioses; magistrados	y-ascendió	con-él	de-hablar	Y-acabó	. el-próximo posterior; siguiente	en-el-año

17:23

58	451	401	248 | 808	124	248 | 808	140
בנה	שמע + אל	את	אב + רום + המון	לקח	אב + רום + המון	עלה
בְּנוֹ	יִשְׁמָעֵאל	אֶת־	אַבְרָהָם	וַיִּקַּח	אַבְרָהָם׃	מֵעַל
benó	*Yishma'el*	*et*	*Avraham*	*Vayikaj*	*. Avraham*	*me'al*
בנו	ישמעאל	את	אברהם	ויקח	אברהם	מעל
𐤁𐤍𐤅	𐤉𐤔𐤌𐤏𐤀𐤋	𐤀𐤕	𐤀𐤁𐤓𐤄𐤌	𐤅𐤉𐤒𐤇	𐤀𐤁𐤓𐤄𐤌	𐤌𐤏𐤋
su-hijo edificador	Yishma'el	··	Avraham	Y-tomó	. Avraham	de-sobre

590	50	407	418	64	50	407
קנה	כלל	את	בנה	ילד	כלל	את
מִקְנַת	כָּל־	וְאֵת	בֵּיתוֹ	יְלִידֵי	כָּל־	וְאֵת
miknat	*kol*	*ve'et*	*veytó*	*yelidey*	*kol*	*ve'et*
מקנת	כל	ואת	ביתו	ילידי	כל	ואת
𐤌𐤒𐤍𐤕	𐤊𐤋	𐤅𐤀𐤕	𐤁𐤉𐤕𐤅	𐤉𐤋𐤉𐤃𐤉	𐤊𐤋	𐤅𐤀𐤕
comprado-de adquirido; ganado	todo	y-···	su-casa	engendrado-de	todo	y-···

86	248 | 808	412	363	227	50	166
מול	אב + רום + המון	בנה	אנש	זכר	כלל	כסף
וַיָּמָל	אַבְרָהָם	בֵּית	בְּאַנְשֵׁי	זָכָר	כָּל־	כַּסְפּוֹ
vayamal	*Avraham*	*beyt*	*be'anshey*	*zajar*	*kol*	*kaspó*
וימל	אברהם	בית	באנשי	זכר	כל	כספו
𐤅𐤉𐤌𐤋	𐤀𐤁𐤓𐤄𐤌	𐤁𐤉𐤕	𐤁𐤀𐤍𐤔𐤉	𐤆𐤊𐤓	𐤊𐤋	𐤊𐤎𐤐𐤅
y-circuncidó	Avraham	casa-de	en-hombres-de mortal	macho	todo	su-plata

521	17	61 | 621	202 | 762	740 | 1300	502	401
אשר	זה	יום	עצם	ערל	בשר	את
כַּאֲשֶׁר	הַזֶּה	הַיּוֹם	בְּעֶצֶם	עָרְלָתָם	בְּשַׂר	אֶת־
ka'asher	*hazeh*	*hayom*	*be'étsem*	*orlatam*	*besar*	*et*
כאשר	הזה	היום	בעצם	ערלתם	בשר	את
𐤊𐤀𐤔𐤓	𐤄𐤆𐤄	𐤄𐤉𐤅𐤌	𐤁𐤏𐤑𐤌	𐤏𐤓𐤋𐤕𐤌	𐤁𐤔𐤓	𐤀𐤕
como según	el-éste	el-día tiempo [la luz]	en-mismo	su-prepucio incircuncisión	carne-de	··

17:24

776	820 | 1380	52 | 702	254 | 814	86 | 646	407	206
שעה	שעה	בנה	אב + רום + המון	אלהה	את	דבר
וָתֵ֫שַׁע	תִּשְׁעִ֫ים	בֶּן־	וְאַבְרָהָ֗ם	אֱלֹהִֽים׃	אִתּ֖וֹ	דִּבֶּ֥ר
vatesha	*tishim*	*ben*	*Ve'Avraham*	*. Elohim*	*itó*	*diber*
ותשע	תשעים	בן	ואברהם	אלהים	אתו	דבר
𐤅𐤕𐤔𐤏	𐤕𐤔𐤏𐤉𐤌	𐤁𐤍	𐤅𐤀𐤁𐤓𐤄𐤌	𐤀𐤋𐤄𐤉𐤌	𐤀𐤕𐤅	𐤃𐤁𐤓
y-nueve	noventa	hijo-de edificador	Y-Avraham	. elohim Dios; dioses; magistrados	con-él	habló

17:25

52 | 702	58	457	300	502	83	355
בנה	בנה	שמע + אל	ערל	בשר	מול	שנה
בֶּן־	בְּנ֔וֹ	וְיִשְׁמָעֵ֣אל	עָרְלָתֽוֹ׃	בְּשַׂ֥ר	בְּהִמֹּל֖וֹ	שָׁנָ֑ה
ben	*benó*	*VeYishma'el*	*. orlató*	*besar*	*behimoló*	*shanah*
בן	בנו	וישמעאל	ערלתו	בשר	בהמלו	שנה
𐤁𐤍	𐤁𐤍𐤅	𐤅𐤉𐤔𐤌𐤏𐤀𐤋	𐤏𐤓𐤋𐤕𐤅	𐤁𐤔𐤓	𐤁𐤄𐤌𐤋𐤅	𐤔𐤍𐤄
hijo-de edificador	su-hijo edificador	Y-Yishma'el	. su-prepucio incircuncisión	carne-de	en-su-circuncidar	año cambio

300	502	401	83	355	575	630
ערל	בשר	את	מול	שנה	עשר	שלש
עָרְלָתֽוֹ׃	בְּשַׂ֥ר	אֵ֖ת	בְּהִמֹּל֕וֹ	שָׁנָ֑ה	עֶשְׂרֵ֖ה	שְׁלֹ֥שׁ
. orlató	*besar*	*et*	*behimoló*	*shanah*	*esreh*	*shlosh*
ערלתו	בשר	את	בהמלו	שנה	עשרה	שלש
𐤏𐤓𐤋𐤕𐤅	𐤁𐤔𐤓	𐤀𐤕	𐤁𐤄𐤌𐤋𐤅	𐤔𐤍𐤄	𐤏𐤔𐤓𐤄	𐤔𐤋𐤔
. su-prepucio incircuncisión	carne-de	··	en-su-circuncidar	año cambio	diez	tres

17:26

58	457	248 | 808	126	17	61 | 621	202 | 762
בנה	שמע + אל	אב + רום + המון	מול	זה	יום	עצם
בְּנֽוֹ׃	וְיִשְׁמָעֵ֖אל	אַבְרָהָ֑ם	נִמּ֖וֹל	הַזֶּ֔ה	הַיּ֣וֹם	בְּעֶ֙צֶם֙
. benó	*veYishma'el*	*Avraham*	*nimol*	*hazeh*	*hayom*	*Be'étsem*
בנו	וישמעאל	אברהם	נמול	הזה	היום	בעצם
𐤁𐤍𐤅	𐤅𐤉𐤔𐤌𐤏𐤀𐤋	𐤀𐤁𐤓𐤄𐤌	𐤍𐤌𐤅𐤋	𐤄𐤆𐤄	𐤄𐤉𐤅𐤌	𐤁𐤏𐤑𐤌
. su-hijo edificador	y-Yishma'el	Avraham	fue-circuncidado	el-éste	el-día tiempo [la luz]	En-mismo

17:27

160 | 880	596	412	54	418	361	56
כסף	קנה	בנה	ילד	בנה	אנש	כלל
כֶּ֖סֶף	וּמִקְנַת־	בָּ֔יִת	יְלִ֣יד	בֵּיתוֹ֙	אַנְשֵׁ֤י	וְכָל־
késef	*umiknat*	*báyit*	*yelid*	*veytó*	*anshey*	*Vejol*
כסף	ומקנת	בית	יליד	ביתו	אנשי	וכל
𐤊𐤎𐤐	𐤅𐤌𐤒𐤍𐤕	𐤁𐤉𐤕	𐤉𐤋𐤉𐤃	𐤁𐤉𐤕𐤅	𐤀𐤍𐤔𐤉	𐤅𐤊𐤋
plata	y-comprado-de adquirido; ganado	casa	engendrado-de	su-casa	hombres-de mortal	Y-todos

407	126	270	52 | 702	441
את	מול	נכר	בנה	את
אִתּֽוֹ׃	נִמֹּלוּ	נֵכָר	בֶּן־	מֵאֵת
. itó	*nimolú*	*nejar*	*ben*	*me'et*
אתו	נמלו	נכר	בן	מאת
𐤀𐤕𐤅	𐤍𐤌𐤋𐤅	𐤍𐤊𐤓	𐤁𐤍	𐤌𐤀𐤕
. con-él	fueron-circuncidados	extraño	hijo-de edificador	de-···

Total de palabras hebreas: 355.
Total de consonantes hebreas: 1388.
Consonantes ausentes: ט (*Tet*).

18:1

312	18	281	93	26	47	217
ישב	הוא	מרא	איל	היה	אלה	ראה
יֹשֵׁב	וְהוּא	מַמְרֵא	בְּאֵלֹנֵי	יְהֹוָה	אֵלָיו	וַיֵּרָא
yoshev	vehú	Mamré	be'eloney	YHVH	elav	Vayerá
ישב	והוא	ממרא	באלני	יהוה	אליו	וירא
⟨paleo⟩	⟨paleo⟩	⟨paleo⟩	⟨paleo⟩	⟨paleo⟩	⟨paleo⟩	⟨paleo⟩
estaba-morando	y-él	Mamré	en-encinar-de [árbol fuerte: roble]	YHVH	a-él	Y-se-apareció ver

18:2

217	146	317	61 | 621	68 | 628	41	488
ראה	עין	נשא	יום	חמם	אהל	פתח
וַיַּרְא	עֵינָיו	וַיִּשָּׂא	הַיּוֹם:	כְּחֹם	הָאֹהֶל	פֶּתַח־
vayar	eynav	Vayisá	. hayom	kejom	ha'óhel	pétaj
וירא	עיניו	וישא	היום	כחם	האהל	פתח
⟨paleo⟩	⟨paleo⟩	⟨paleo⟩	⟨paleo⟩	⟨paleo⟩	⟨paleo⟩	⟨paleo⟩
y-vio	sus-ojos	Y-alzó	. el-día tiempo [la luz]	como-calor	la-tienda	entrada-de

306 | 1116	217	116	192 | 752	401 | 961	635	66
רוץ	ראה	עלה	נצב	אנש	שלש	הן
וַיָּרָץ	וַיַּרְא	עָלָיו	נִצָּבִים	אֲנָשִׁים	שְׁלֹשָׁה	וְהִנֵּה
vayárots	vayar	alav	nitsavim	anashim	shloshah	vehineh
וירץ	וירא	עליו	נצבים	אנשים	שלשה	והנה
⟨paleo⟩	⟨paleo⟩	⟨paleo⟩	⟨paleo⟩	⟨paleo⟩	⟨paleo⟩	⟨paleo⟩
y-corrió	y-vio	sobre-él	erguidos	hombres mortal	tres	y-¡Mira! he-aquí

18:3

65	257	296	730	41	528	771 | 1331
אדן	אמר	ארץ	שחה	אהל	פתח	קרא
אֲדֹנָי	וַיֹּאמַר	אָרְצָה:	וַיִּשְׁתַּחוּ	הָאֹהֶל	מִפֶּתַח	לִקְרָאתָם
Adonay	Vayomar	. artsah	vayishtajú	ha'óhel	mipétaj	likratam
אדני	ויאמר	ארצה	וישתחו	האהל	מפתח	לקראתם
⟨paleo⟩	⟨paleo⟩	⟨paleo⟩	⟨paleo⟩	⟨paleo⟩	⟨paleo⟩	⟨paleo⟩
Adonay	Y-dijo	. a-tierra [la seca]	y-se-postró	la-tienda	de-la-entrada-de	a-su-encuentro

51	31	162 | 642	58 | 708	541	51	41 | 601
נא	אל	עין	חנן	מצא	נא	אם
נָא	אַל־	בְּעֵינֶיךָ	חֵן	מָצָאתִי	נָא	אִם־
na	al	be'eyneyja	jen	matsati	na	im
נא	אל	בעיניך	חן	מצאתי	נא	אם
⟨paleo⟩	⟨paleo⟩	⟨paleo⟩	⟨paleo⟩	⟨paleo⟩	⟨paleo⟩	⟨paleo⟩
por-favor ahora	no	en-tus-ojos	gracia favor	he-encontrado	por-favor ahora	si

18:4

90 | 650	119	51	118	96 | 576	140	672
מי	מעט	נא	לקח	עבד	עלה	עבר
מַּיִם	מְעַט־	נָא	יֻקַּח־	עַבְדֶּךָ׃	מֵעַל	תַּעֲבֹר
máyim	*me'at*	*na*	*Yukaj*	*. avdeja*	*me'al*	*ta'avor*
מים	מעט	נא	יקח	עבדך	מעל	תעבר
𐤌𐤉𐤌	𐤌𐤏𐤈	𐤍𐤀	𐤉𐤒𐤇	𐤏𐤁𐤃𐤊	𐤌𐤏𐤋	𐤕𐤏𐤁𐤓
aguas	poco-de	por-favor ahora	Sea-tomada	. tu-siervo	de-sobre	cruces

18:5

480	120	165 | 975	808	437	303 | 863	310
פתת	לקח	עץ	תחת	שען	רגל	רחץ
פַּת־	וְאֶקְחָה	הָעֵץ׃	תַּחַת	וְהִשָּׁעֲנוּ	רַגְלֵיכֶם	וְרַחֲצוּ
fat	*Ve'ekjah*	*. ha'ets*	*tájat*	*vehisha'anu*	*ragleyjem*	*verajatsú*
פת	ואקחה	העץ	תחת	והשענו	רגליכם	ורחצו
𐤐𐤕	𐤅𐤀𐤒𐤇𐤄	𐤄𐤏𐤑	𐤕𐤇𐤕	𐤅𐤄𐤔𐤏𐤍𐤅	𐤓𐤂𐤋𐤉𐤊𐤌	𐤅𐤓𐤇𐤑𐤅
pedazo-de	Y-tomaré	. el-árbol	bajo	y-recostaos	vuestros-pies	y-lavad

100	30	678	209	92 | 652	146	78 | 638
עלה	כי	עבר	אחר	לבב	סעד	לחם
עַל־	כִּי־	תַּעֲבֹרוּ	אַחַר	לִבְּכֶם	וְסַעֲדוּ	לֶחֶם
al	*ki*	*ta'avorú*	*ajar*	*libéjem*	*vesa'adú*	*léjem*
על	כי	תעברו	אחר	לבכם	וסעדו	לחם
𐤏𐤋	𐤊𐤉	𐤕𐤏𐤁𐤓𐤅	𐤀𐤇𐤓	𐤋𐤁𐤊𐤌	𐤅𐤎𐤏𐤃𐤅	𐤋𐤇𐤌
por	que porque	cruzaréis	después	vuestro-corazón	y-sustentad fortalecer	pan [alimento básico]

775	70 | 720	263	136 | 696	100	712 | 1272	70 | 720
עשה	כן	אמר	עבד	עלה	עבר	כן
תַּעֲשֶׂה	כֵּן	וַיֹּאמְרוּ	עַבְדְּכֶם	עַל־	עֲבַרְתֶּם	כֵּן
ta'aseh	*ken*	*vayomrú*	*avdéjem*	*al*	*avartem*	*ken*
תעשה	כן	ויאמרו	עבדכם	על	עברתם	כן
𐤕𐤏𐤔𐤄	𐤊𐤍	𐤅𐤉𐤀𐤌𐤓𐤅	𐤏𐤁𐤃𐤊𐤌	𐤏𐤋	𐤏𐤁𐤓𐤕𐤌	𐤊𐤍
harás	así enderezar; rectamente	y-dijeron	vuestro-siervo	sobre	cruzasteis	eso enderezar; rectamente

18:6

505	31	46	248 | 808	261	606	521
שרר	אלה	אהל	אב + רום + המון	מהר	דבר	אשר
שָׂרָה	אֶל־	הָאֹהֱלָה	אַבְרָהָם	וַיְמַהֵר	דִּבַּרְתָּ׃	כַּאֲשֶׁר
Sarah	*el*	*ha'ohelah*	*Avraham*	*Vayemaher*	*. dibarta*	*ka'asher*
שרה	אל	האהלה	אברהם	וימהר	דברת	כאשר
𐤔𐤓𐤄	𐤀𐤋	𐤄𐤀𐤄𐤋𐤄	𐤀𐤁𐤓𐤄𐤌	𐤅𐤉𐤌𐤄𐤓	𐤃𐤁𐤓𐤕	𐤊𐤀𐤔𐤓
Sarah	a hacia	a-la-tienda	Avraham	Y-se-apresuró	. hablaste	como según

346	490	148	111 | 671	630	255	257
לוש	סלת	קמח	סאה	שלש	מהר	אמר
לָ֫וּשִׁי	סֹ֫לֶת	קֶ֫מַח	סְאִים֙	שְׁלֹ֤שׁ	מַהֲרִ֞י	וַיֹּ֗אמֶר
lushí	*solet*	*kemaj*	*se'im*	*shlosh*	*maharí*	*vayómer*
לושי	סלת	קמח	סאים	שלש	מהרי	ויאמר
לושי	סלת	קמח	סאים	שלש	מהרי	ויאמר
amasa	fina	harina	*se'im*-de [unidad de medida]	tres	apresúrate	y-dijo

18:7

124	248 | 808	290 | 1100	307	37	479	386
לקח	אב + רום + המון	רוץ	בקר	אלה	עוג	עשה
וַיִּקַּ֞ח	אַבְרָהָ֑ם	רָ֣ץ	הַבָּקָ֖ר	וְאֶל־	עֻגֽוֹת׃	וַעֲשִׂ֥י
vayikaj	*Avraham*	*rats*	*habakar*	*Ve'el*	*. ugot*	*va'así*
ויקח	אברהם	רץ	הבקר	ואל	עגות	ועשי
ויקח	אברהם	רץ	הבקר	ואל	עגות	ועשי
y-tomó	Avraham	corrió	la-res [ganado mayor]	Y-a hacia	. tortas	y-haz

325	31	466 | 1116	23	220 | 700	302	52 | 702
נער	אלה	נתן	טוב	רכך	בקר	בנה
הַנַּ֔עַר	אֶל־	וַיִּתֵּ֣ן	וָטוֹב֙	רַ֤ךְ	בָּקָ֜ר	בֶּן־
hana'ar	*el*	*vayitén*	*vatov*	*raj*	*bakar*	*ben*
הנער	אל	ויתן	וטוב	רך	בקר	בן
הנער	אל	ויתן	וטוב	רך	בקר	בן
el-mozo	a hacia	y-dio	y-bueno bien; hermoso	tierno	res [ganado mayor]	hijo-de edificador

18:8

58 | 708	46	54	124	407	806	261
בנה	חלב	חמא	לקח	את	עשה	מהר
וּבֶן־	וְחָלָ֗ב	חֶמְאָ֜ה	וַיִּקַּ֨ח	אֹתֽוֹ׃	לַעֲשׂ֥וֹת	וַיְמַהֵ֖ר
uvén	*vejalav*	*jemah*	*Vayikaj*	*. otó*	*la'asot*	*vayemaher*
ובן	וחלב	חמאה	ויקח	אתו	לעשות	וימהר
ובן	וחלב	חמאה	ויקח	אתו	לעשות	וימהר
e-hijo-de edificador	y-leche	manteca	Y-tomó	. a-él	para-hacer	y-se-apresuró

114	18	215 | 775	466 | 1116	375	501	307
עמד	הוא	פנה	נתן	עשה	אשר	בקר
עֹמֵ֧ד	וְהֽוּא־	לִפְנֵיהֶ֑ם	וַיִּתֵּ֖ן	עָשָׂ֔ה	אֲשֶׁ֣ר	הַבָּקָר֙
omed	*vehú*	*lifneyhem*	*vayitén*	*asah*	*asher*	*habakar*
עמד	והוא	לפניהם	ויתן	עשה	אשר	הבקר
עמד	והוא	לפניהם	ויתן	עשה	אשר	הבקר
estaba [de pie]	y-él	ante-ellos presencia; superficie	y-dio	hizo	que	la-res [ganado mayor]

18:9

16	47	263	73	165 | 975	808	155 | 715
אין	אלה	אמר	אכל	עץ	תחת	עלה
אַיֵּה	אֵלָיו	וַיֹּאמְרוּ	וַיֹּאכֵלוּ׃	הָעֵץ	תַּחַת	עֲלֵיהֶם
ayeh	*elav*	*Vayomrú*	*. vayojelu*	*ha'ets*	*tájat*	*aleyhem*
איה	אליו	ויאמרו	ויאכלו	העץ	תחת	עליהם
𐤀𐤉𐤄	𐤀𐤋𐤉𐤅	𐤅𐤉𐤀𐤌𐤓𐤅	𐤅𐤉𐤀𐤊𐤋𐤅	𐤄𐤏𐤑	𐤕𐤇𐤕	𐤏𐤋𐤉𐤄𐤌
¿Dónde	a-él	Y-dijeron	. y-comieron	el-árbol	bajo	sobre-ellos

18:10

308	257	38	60	257	721 | 1201	505
שוב	אמר	אהל	הן	אמר	איש	שרר
שׁוֹב	וַיֹּאמֶר	בָאֹהֶל׃	הִנֵּה	וַיֹּאמֶר	אִשְׁתֶּךָ	שָׂרָה
shov	*Vayómer*	*. va'óhel*	*hineh*	*vayómer*	*ishteja*	*Sarah*
שוב	ויאמר	באהל	הנה	ויאמר	אשתך	שרה
𐤔𐤅𐤁	𐤅𐤉𐤀𐤌𐤓	𐤁𐤀𐤄𐤋	𐤄𐤍𐤄	𐤅𐤉𐤀𐤌𐤓	𐤀𐤔𐤕𐤊	𐤔𐤓𐤄
volver ciertamente	Y-dijo	. en-la-tienda	¡Mira! he-aquí	y-dijo	tu-varona	Sarah

535	52 | 702	66	23	490	61 | 541	309
שרר	בנה	הן	חיה	עדה	אלה	שוב
לְשָׂרָה	בֵן	וְהִנֵּה־	חַיָּה	כָּעֵת	אֵלֶיךָ	אָשׁוּב
leSarah	*ven*	*vehineh*	*jayah*	*ka'et*	*eleyja*	*ashuv*
לשרה	בן	והנה	חיה	כעת	אליך	אשוב
𐤋𐤔𐤓𐤄	𐤁𐤍	𐤅𐤄𐤍𐤄	𐤇𐤉𐤄	𐤊𐤏𐤕	𐤀𐤋𐤉𐤊	𐤀𐤔𐤅𐤁
para-Sarah	hijo edificador	y-¡Mira! he-aquí	vida viviente	según-el-tiempo-de	a-ti	volveré

225	18	41	488	810	511	721 | 1201
אחר	הוא	אהל	פתח	שמע	שרר	איש
אַחֲרָיו׃	וְהוּא	הָאֹהֶל	פֶּתַח	שֹׁמַעַת	וְשָׂרָה	אִשְׁתֶּךָ
. ajarav	*vehú*	*ha'óhel*	*pétaj*	*shoma'at*	*veSarah*	*ishteja*
אחריו	והוא	האהל	פתח	שמעת	ושרה	אשתך
𐤀𐤇𐤓𐤉𐤅	𐤅𐤄𐤅𐤀	𐤄𐤀𐤄𐤋	𐤐𐤕𐤇	𐤔𐤌𐤏𐤕	𐤅𐤔𐤓𐤄	𐤀𐤔𐤕𐤊
. tras-él	y-él	la-tienda	entrada-de	estaba-oyendo	y-Sarah	tu-varona

18:11

451	42	102 | 662	53 | 613	207 | 767	511	254 | 814
היה	חדל	יום	בוא	זקן	שרר	אב + רום + המון
לִהְיוֹת	חָדַל	בַּיָּמִים	בָּאִים	זְקֵנִים	וְשָׂרָה	וְאַבְרָהָם
lihyot	*jadal*	*bayamim*	*ba'im*	*zekenim*	*veSarah*	*Ve'Avraham*
להיות	חדל	בימים	באים	זקנים	ושרה	ואברהם
𐤋𐤄𐤉𐤅𐤕	𐤇𐤃𐤋	𐤁𐤉𐤌𐤉𐤌	𐤁𐤀𐤉𐤌	𐤆𐤒𐤍𐤉𐤌	𐤅𐤔𐤓𐤄	𐤅𐤀𐤁𐤓𐤄𐤌
para-ser	cesó	en-días tiempo [la luz]	entrados	ancianos	y-Sarah	Y-Avraham

18:12

271	309	505	604	420 | 980	209	535
אמר	קרב	שרר	צחק	אנש	ארח	שרר
לֵאמֹ֑ר	בְּקִרְבָּ֣הּ	שָׂרָ֖ה	וַתִּצְחַ֥ק	כַּנָּשִֽׁים׃	אֹ֖רַח	לְשָׂרָ֔ה
lemor	*bekirbah*	*Sarah*	*Vatitsjak*	*. kanashim*	*oraj*	*leSarah*
לאמר	בקרבה	שרה	ותצחק	כנשים	ארח	לשרה
𐤋𐤀𐤌𐤓	𐤁𐤒𐤓𐤁𐤄	𐤔𐤓𐤄	𐤅𐤕𐤑𐤇𐤒	𐤊𐤍𐤔𐤉𐤌	𐤀𐤓𐤇	𐤋𐤔𐤓𐤄
al-decir	en-su-interior	Sarah	Y-rió	. como-las-mujeres	costumbre	para-Sarah

157 | 807	71	129	40	420	442	219
זקן	אדן	עדן	·	היה	בלה	אחר
זָקֵֽן׃	וַֽאדֹנִ֖י	עֶדְנָ֔ה	לִ֣י	הָֽיְתָה־	בְלֹתִי֙	אַחֲרֵ֤י
. zakén	*vadoní*	*ednah*	*li*	*haytah*	*velotí*	*ajarey*
זקן	ואדני	עדנה	לי	היתה	בלתי	אחרי
𐤆𐤒𐤍	𐤅𐤀𐤃𐤍𐤉	𐤏𐤃𐤍𐤄	𐤋𐤉	𐤄𐤉𐤕𐤄	𐤁𐤋𐤕𐤉	𐤀𐤇𐤓𐤉
. anciano	y-mi-señor	delicia placer [fem. de *eden*]	para-mí	será	mi-desgastar	después-de

18:13

203	12	75	248 | 808	31	26	257
צחק	זה	מה	אב + רום + המון	אלה	היה	אמר
צָחֲקָ֗ה	זֶּ֣ה	לָ֣מָּה	אַבְרָהָ֑ם	אֶל־	יְהוָ֖ה	וַיֹּ֥אמֶר
tsajakah	*zeh*	*lámah*	*Avraham*	*el*	*YHVH*	*Vayómer*
צחקה	זה	למה	אברהם	אל	יהוה	ויאמר
𐤑𐤇𐤒𐤄	𐤆𐤄	𐤋𐤌𐤄	𐤀𐤁𐤓𐤄𐤌	𐤀𐤋	𐤉𐤄𐤅𐤄	𐤅𐤉𐤀𐤌𐤓
rió	esto	¿Por-qué	Avraham	a hacia	YHVH	Y-dijo

567	67	35	131 | 691	86 | 806	271	505
זקן	אנך	ילד	אמן	אף	אמר	שרר
זָקַֽנְתִּי׃	וַאֲנִ֥י	אֵלֵ֔ד	אֻמְנָ֛ם	הַאַ֥ף	לֵאמֹ֔ר	שָׂרָה֙
. zakanti	*va'aní*	*éled*	*umnam*	*ha'af*	*lemor*	*Sarah*
זקנתי	ואני	אלד	אמנם	האף	לאמר	שרה
𐤆𐤒𐤍𐤕𐤉	𐤅𐤀𐤍𐤉	𐤀𐤋𐤃	𐤀𐤌𐤍𐤌	𐤄𐤀𐤐	𐤋𐤀𐤌𐤓	𐤔𐤓𐤄
. envejecí	y-yo	engendraré	en-verdad	también	al-decir	Sarah

18:14

490	61 | 541	309	150	206	66	126
עדה	אלה	שוב	יעד	דבר	היה	פלא
כָּעֵ֥ת	אֵלֶ֛יךָ	אָשׁ֥וּב	לַמּוֹעֵ֞ד	דָּבָ֑ר	מֵיְהוָ֖ה	הֲיִפָּלֵ֥א
ka'et	*eleyja*	*ashuv*	*lamo'ed*	*davar*	*meYHVH*	*Hayipalé*
כעת	אליך	אשוב	למועד	דבר	מיהוה	היפלא
𐤊𐤏𐤕	𐤀𐤋𐤉𐤊	𐤀𐤔𐤅𐤁	𐤋𐤌𐤅𐤏𐤃	𐤃𐤁𐤓	𐤌𐤉𐤄𐤅𐤄	𐤄𐤉𐤐𐤋𐤀
según-el-tiempo-de	a-ti	volveré	a-la-solemnidad cita; convocatoria	palabra asunto; cosa	de-YHVH	¿Acaso-será-difícil

18:15

31	271	505	734	52 | 702	541	23
לא	אמר	שרר	כחש	בנה	שרר	חיה
לֹ֥א	לֵאמֹ֖ר	שָׂרָ֥ה	וַתְּכַחֵ֨שׁ	בֵֽן׃	וּלְשָׂרָ֥ה	חַיָּ֖ה
lo	*lemor*	*Sarah*	*Vatejajesh*	*. ven*	*uleSarah*	*jayah*
לא	לאמר	שרה	ותכחש	בן	ולשרה	חיה
לא	לאמר	שרה	ותכחש	בן	ולשרה	חיה
no	al-decir	Sarah	Y-negó mentir	. hijo edificador	y-para-Sarah	vida viviente

598	30	31	257	216	30	608
צחק	כי	לא	אמר	ירא	כי	צחק
צָחָֽקְתְּ׃	כִּ֥י	לֹ֔א	וַיֹּ֣אמֶר	יָרֵ֑אָה	כִּ֣י	צָחַ֖קְתִּי
. tsajakt	*ki*	*lo*	*vayómer*	*yaré'ah*	*ki*	*tsajakti*
צחקת	כי	לא	ויאמר	יראה	כי	צחקתי
צחקת	כי	לא	ויאמר	יראה	כי	צחקתי
. reíste	que porque	no	y-dijo	temió	que porque	reí

18:16

104 | 664	140	100	502	406 | 966	380 | 940	162
·	פנה	עלה	שקף	אנש	שם	קום
סְדֹ֑ם	פְּנֵ֣י	עַל־	וַיַּשְׁקִ֖פוּ	הָֽאֲנָשִׁ֔ים	מִשָּׁם֙	וַיָּקֻ֤מוּ
Sdom	*peney*	*al*	*vayashkifú*	*ha'anashim*	*misham*	*Vayakumú*
סדם	פני	על	וישקפו	האנשים	משם	ויקמו
סדם	פני	על	וישקפו	האנשים	משם	ויקמו
Sdom	faces-de presencia; superficie	sobre	y-se-asomaron	los-hombres mortal	de-allí [ubicación]	Y-se-levantaron

18:17

130	241	32	408 | 968	150 | 710	61 | 541	254 | 814
כסה	אמר	היה	שלח	עם	הלך	אב + רום + המון
הַֽמְכַסֶּ֤ה	אָמָ֑ר	וַֽיהוָ֖ה	לְשַׁלְּחָֽם׃	עִמָּ֖ם	הֹלֵ֥ךְ	וְאַבְרָהָ֕ם
hamejaseh	*amar*	*VaYHVH*	*leshaléjam*	*imam*	*holej*	*ve'Avraham*
המכסה	אמר	ויהוה	לשלחם	עמם	הלך	ואברהם
המכסה	אמר	ויהוה	לשלחם	עמם	הלך	ואברהם
¿Estaré-encubriendo	dijo	Y-YHVH	. para-enviarlos [con fuerza o urgencia]	con-ellos	estaba-andando	y-Avraham

18:18

21	254 | 814	375	61	501	288 | 848	61
היה	אב + רום + המון	עשה	אנך	אשר	אב + רום + המון	אנך
הָי֧וֹ	וְאַבְרָהָ֗ם	עֹשֶֽׂה׃	אֲנִ֖י	אֲשֶׁ֥ר	מֵֽאַבְרָהָם֙	אֲנִי֙
hayó	*Ve'Avraham*	*. oseh*	*aní*	*asher*	*me'Avraham*	*aní*
היו	ואברהם	עשה	אני	אשר	מאברהם	אני
היו	ואברהם	עשה	אני	אשר	מאברהם	אני
ser ciertamente	Y-Avraham	. estoy-haciendo	yo	que	de-Avraham	yo

50	8	284	212 | 772	43	49	30
כלל	הוא	ברך	עצם	גדל	גאה	היה
כֹּל	בּוֹ	וְנִבְרְכוּ	וְעָצוּם	גָּדוֹל	לְגוֹי	יִהְיֶה
kol	*vo*	*venivrejú*	*ve'atsum*	*gadol*	*legoy*	*yihyeh*
כל	בו	ונברכו	ועצום	גדול	לגוי	יהיה
𐤊𐤋	𐤁𐤅	𐤅𐤍𐤁𐤓𐤊𐤅	𐤅𐤏𐤑𐤅𐤌	𐤂𐤃𐤅𐤋	𐤋𐤂𐤅𐤉	𐤉𐤄𐤉𐤄
todas	en-él	y-serán-benditas	y-poderosa [por su gran número]	grande [escritura plena]	para-nación gentil	será

18:19

111	501	190 | 840	500	30	296 | 1106	29
צוה	אשר	ענה	ידע	כי	ארץ	גאה
יְצַוֶּה	אֲשֶׁר	לְמַעַן	יְדַעְתִּיו	כִּי	הָאָרֶץ׃	גּוֹיֵי
yetsaveh	*asher*	*lema'án*	*yedativ*	*Ki*	*. ha'árets*	*goyey*
יצוה	אשר	למען	ידעתיו	כי	הארץ	גויי
𐤉𐤑𐤅𐤄	𐤀𐤔𐤓	𐤋𐤌𐤏𐤍	𐤉𐤃𐤏𐤕𐤉𐤅	𐤊𐤉	𐤄𐤀𐤓𐤑	𐤂𐤅𐤉𐤉
mandará	que	para [propósito]	le-conocí	Que porque	. la-tierra [la seca]	naciones-de gentil

224 | 704	552	225	418	407	68	401
דרך	שמר	אחר	בנה	את	בנה	את
דֶּרֶךְ	וְשָׁמְרוּ	אַחֲרָיו	בֵּיתוֹ	וְאֶת־	בָּנָיו	אֶת־
dérej	*veshamrú*	*ajarav*	*beytó*	*ve'et*	*banav*	*et*
דרך	ושמרו	אחריו	ביתו	ואת	בניו	את
𐤃𐤓𐤊	𐤅𐤔𐤌𐤓𐤅	𐤀𐤇𐤓𐤉𐤅	𐤁𐤉𐤕𐤅	𐤅𐤀𐤕	𐤁𐤍𐤉𐤅	𐤀𐤕
camino-de	y-guardarán	después-de-él	su-casa	y-···	sus-hijos edificador	··

26	18	190 | 840	435	199	806	26
היה	בוא	ענה	שפט	צדק	עשה	היה
יְהוָה	הָבִיא	לְמַעַן	וּמִשְׁפָּט	צְדָקָה	לַעֲשׂוֹת	יְהוָה
YHVH	*haví*	*lema'án*	*umishpat*	*tsdakah*	*la'asot*	*YHVH*
יהוה	הביא	למען	ומשפט	צדקה	לעשות	יהוה
𐤉𐤄𐤅𐤄	𐤄𐤁𐤉𐤀	𐤋𐤌𐤏𐤍	𐤅𐤌𐤔𐤐𐤈	𐤑𐤃𐤒𐤄	𐤋𐤏𐤔𐤅𐤕	𐤉𐤄𐤅𐤄
YHVH	traer	para [propósito]	y-juicio	justicia	para-hacer	YHVH

18:20

257	116	206	501	401	248 | 808	100
אמר	עלה	דבר	אשר	את	אב + רום + המון	עלה
וַיֹּאמֶר	עָלָיו׃	דִּבֶּר	אֲשֶׁר־	אֵת	אַבְרָהָם	עַל־
Vayómer	*. alav*	*diber*	*asher*	*et*	*Avraham*	*al*
ויאמר	עליו	דבר	אשר	את	אברהם	על
𐤅𐤉𐤀𐤌𐤓	𐤏𐤋𐤉𐤅	𐤃𐤁𐤓	𐤀𐤔𐤓	𐤀𐤕	𐤀𐤁𐤓𐤄𐤌	𐤏𐤋
Y-dijo	. sobre-él	habló	que	··	Avraham	sobre

464 | 1024	207	30	321	104 | 664	577	26
חטא	רבה	כי	עמר	·	זעק	היה
וְחַטָּאתָ֕ם	רָ֥בָּה	כִּי־	וַעֲמֹרָ֖ה	סְדֹ֛ם	זַעֲקַ֛ת	יְהוָ֔ה
vejatatam	*rabah*	*ki*	*va'Amorah*	*Sdom*	*za'akat*	*YHVH*
וחטאתם	רבה	כי	ועמרה	סדם	זעקת	יהוה
𐤅𐤇𐤈𐤀𐤕𐤌	𐤓𐤁𐤄	𐤊𐤉	𐤅𐤏𐤌𐤓𐤄	𐤎𐤃𐤌	𐤆𐤏𐤒𐤕	𐤉𐤄𐤅𐤄
y-su-pecado	aumentó crecer; multiplicar	que porque	y-Amorah	Sdom	clamor-de alarido; griterío	YHVH

18:21

690	213	51	210	45	31	30
צעק	ראה	נא	ירד	מאד	כבד	כי
הַכְּצַעֲקָתָ֛הּ	וְאֶרְאֶ֔ה	נָּ֣א	אֵֽרֲדָה־	מְאֹֽד׃	כָבְדָ֖ה	כִּ֥י
haketsa'akatah	*ve'ereh*	*na*	*Eradah*	*. me'od*	*javdah*	*ki*
הכצעקתה	ואראה	נא	ארדה	מאד	כבדה	כי
𐤄𐤊𐤑𐤏𐤒𐤕𐤄	𐤅𐤀𐤓𐤀𐤄	𐤍𐤀	𐤀𐤓𐤃𐤄	𐤌𐤀𐤃	𐤊𐤁𐤃𐤄	𐤊𐤉
si-según-su-clamor gritar	y-veré	ahora por-favor	Descenderé	. mucho fuerza; poder; vigor	pesó	que porque

80	31	47 | 607	55	376	41	13
ידע	לא	אם	כלה	עשה	אלה	בוא
אֵדָֽעָה׃	לֹ֖א	וְאִם־	כָּלָ֑ה	עָשׂ֥וּ	אֵלַ֛י	הַבָּאָ֥ה
. eda'ah	*lo*	*ve'im*	*kalah*	*asú*	*elay*	*haba'ah*
אדעה	לא	ואם	כלה	עשו	אלי	הבאה
𐤀𐤃𐤏𐤄	𐤋𐤀	𐤅𐤀𐤌	𐤊𐤋𐤄	𐤏𐤔𐤅	𐤀𐤋𐤉	𐤄𐤁𐤀𐤄
. conoceré	no	y-si	toda-ella	hicieron	a-mí	el-que-vino

18:22

136	254 | 814	109	72	406 | 966	380 | 940	152
עוד	אב + רום + המון	·	הלך	אנש	שם	פנה
עוֹדֶ֥נּוּ	וְאַ֨בְרָהָ֔ם	סְדֹ֑מָה	וַיֵּלְכ֖וּ	הָאֲנָשִׁ֔ים	מִשָּׁם֙	וַיִּפְנ֤וּ
odenú	*ve'Avraham*	*Sdómah*	*vayeljú*	*ha'anashim*	*misham*	*Vayifnú*
עודנו	ואברהם	סדמה	וילכו	האנשים	משם	ויפנו
𐤏𐤅𐤃𐤍𐤅	𐤅𐤀𐤁𐤓𐤄𐤌	𐤎𐤃𐤌𐤄	𐤅𐤉𐤋𐤊𐤅	𐤄𐤀𐤍𐤔𐤉𐤌	𐤌𐤔𐤌	𐤅𐤉𐤐𐤍𐤅
aún-él otra-vez	y-Avraham	a-Sdom	y-anduvieron	los-hombres mortal	de-allí [ubicación]	Y-voltearon

18:23

86 | 806	257	248 | 808	319	26	170	114
אף	אמר	אב + רום + המון	נגש	היה	פנה	עמד
הַאַ֣ף	וַיֹּאמַ֑ר	אַבְרָהָ֖ם	וַיִּגַּ֥שׁ	יְהוָֽה׃	לִפְנֵ֥י	עֹמֵ֖ד
ha'af	*vayomar*	*Avraham*	*Vayigash*	*. YHVH*	*lifney*	*omed*
האף	ויאמר	אברהם	ויגש	יהוה	לפני	עמד
𐤄𐤀𐤐	𐤅𐤉𐤀𐤌𐤓	𐤀𐤁𐤓𐤄𐤌	𐤅𐤉𐤂𐤔	𐤉𐤄𐤅𐤄	𐤋𐤐𐤍𐤉	𐤏𐤌𐤃
¿También	y-dijo	Avraham	Y-se-acercó	. YHVH	ante presencia; superficie	estaba [de pie]

18:24

398 | 958	310	47	570	110 | 670	204	545
חמש	יש	אוה	רשע	עם	צדק	ספה
חֲמִשִּׁים	יֵשׁ	אוּלַי	רָשָׁע׃	עִם־	צַדִּיק	תִּסְפֶּה
jamishim	*yesh*	*Ulay*	*. rashá*	*im*	*tsadik*	*tispeh*
חמשים	יש	אולי	רשע	עם	צדיק	תספה
𐤇𐤌𐤔𐤉𐤌	𐤉𐤔	𐤀𐤅𐤋𐤉	𐤓𐤔𐤏	𐤏𐤌	𐤑𐤃𐤉𐤒	𐤕𐤎𐤐𐤄
cincuenta	hay	Tal-vez [implica anhelo]	. malvado	con	justo	removerás

701	37	545	86 | 806	285	428 | 908	244 | 804
נשא	לא	ספה	אף	עור	תוך	צדק
תִּשָּׂא	וְלֹא־	תִסְפֶּה	הַאַף	הָעִיר	בְּתוֹךְ	צַדִּיקִם
tisá	*veló*	*tispeh*	*ha'af*	*ha'ir*	*betoj*	*tsadikim*
תשא	ולא	תספה	האף	העיר	בתוך	צדיקם
𐤕𐤔𐤀	𐤅𐤋𐤀	𐤕𐤎𐤐𐤄	𐤄𐤀𐤐	𐤄𐤏𐤉𐤓	𐤁𐤕𐤅𐤊	𐤑𐤃𐤉𐤒𐤌
alzarás [perdonar]	y-no	removerás	¿también	la-ciudad	en-medio-de	justos

18:25

73	309	501	249 | 809	398 | 958	190 | 840	216 | 776
חלל	קרב	אשר	צדק	חמש	ענה	קום
חָלִלָה	בְּקִרְבָּהּ׃	אֲשֶׁר	הַצַּדִּיקִם	חֲמִשִּׁים	לְמַעַן	לַמָּקוֹם
Jalilah	*. bekirbah*	*asher*	*hatsadikim*	*jamishim*	*lema'án*	*lamakom*
חללה	בקרבה	אשר	הצדיקם	חמשים	למען	למקום
𐤇𐤋𐤋𐤄	𐤁𐤒𐤓𐤁𐤄	𐤀𐤔𐤓	𐤄𐤑𐤃𐤉𐤒𐤌	𐤇𐤌𐤔𐤉𐤌	𐤋𐤌𐤏𐤍	𐤋𐤌𐤒𐤅𐤌
Lejos [sea profano]	. en-su-interior	que	los-justos	cincuenta	para [propósito]	al-lugar

110 | 670	204	485	17	226	810	50 | 530
עם	צדק	מות	זה	דבר	עשה	·
עִם־	צַדִּיק	לְהָמִית	הַזֶּה	כַּדָּבָר	מֵעֲשֹׂת	לְּךָ
im	*tsadik*	*lehamit*	*hazeh*	*kadavar*	*me'asot*	*lejá*
עם	צדיק	להמית	הזה	כדבר	מעשת	לך
𐤏𐤌	𐤑𐤃𐤉𐤒	𐤋𐤄𐤌𐤉𐤕	𐤄𐤆𐤄	𐤊𐤃𐤁𐤓	𐤌𐤏𐤔𐤕	𐤋𐤊
con	justo	para-hacer-morir	la-ésta	como-la-palabra asunto; cosa	de-hacer	para-ti

394	50 | 530	73	590	224	26	570
שפט	·	חלל	רשע	צדק	היה	רשע
הֲשֹׁפֵט	לָּךְ	חָלִלָה	כָּרָשָׁע	כַצַּדִּיק	וְהָיָה	רָשָׁע
hashofet	*laj*	*jalilah*	*karashá*	*jatsadik*	*vehayah*	*rashá*
השפט	לך	חללה	כרשע	כצדיק	והיה	רשע
𐤄𐤔𐤐𐤈	𐤋𐤊	𐤇𐤋𐤋𐤄	𐤊𐤓𐤔𐤏	𐤊𐤑𐤃𐤉𐤒	𐤅𐤄𐤉𐤄	𐤓𐤔𐤏
¿Acaso-el-juez	para-ti	lejos [sea profano]	como-malvado	como-justo	y-será	malvado

18:26

26	257	429	385	31	296	1106	50
היה	אמר	שפט	עשה	לא	ארץ	כלל
יְהֹוָה	וַיֹּאמֶר	מִשְׁפָּט׃	יַעֲשֶׂה	לֹא	הָאָרֶץ	כָּל־
YHVH	*Vayómer*	*. mishpat*	*ya'aseh*	*lo*	*ha'árets*	*kol*
יהוה	ויאמר	משפט	יעשה	לא	הארץ	כל
𐤉𐤄𐤅𐤄	𐤅𐤉𐤀𐤌𐤓	𐤌𐤔𐤐𐤈	𐤉𐤏𐤔𐤄	𐤋𐤀	𐤄𐤀𐤓𐤑	𐤊𐤋
YHVH	Y-dijo	. juicio	hará	no	la-tierra [la seca]	toda

285	428	908	244	804	398	958	106	666	132	41	601
עור	תוך	צדק	חמש	·	מצא	אם
הָעִיר	בְּתוֹךְ	צַדִּיקִם	חֲמִשִּׁים	בִּסְדֹם	אֶמְצָא	אִם־
ha'ir	*betoj*	*tsadikim*	*jamishim*	*viSdom*	*emtsá*	*im*
העיר	בתוך	צדיקם	חמשים	בסדם	אמצא	אם
𐤄𐤏𐤉𐤓	𐤁𐤕𐤅𐤊	𐤑𐤃𐤉𐤒𐤌	𐤇𐤌𐤔𐤉𐤌	𐤁𐤎𐤃𐤌	𐤀𐤌𐤑𐤀	𐤀𐤌
la-ciudad	en-medio-de	justos	cincuenta	en-Sdom	encuentro	si

18:27

257	248	808	136	786	320	880	191	751	80	767
אמר	אב + רום + המון	ענה	עבר	קום	כלל	נשא
וַיֹּאמַר	אַבְרָהָם	וַיַּעַן	בַּעֲבוּרָם׃	הַמָּקוֹם	לְכָל־	וְנָשָׂאתִי
vayomar	*Avraham*	*Vaya'an*	*. ba'avuram*	*hamakom*	*lejol*	*venasatí*
ויאמר	אברהם	ויען	בעבורם	המקום	לכל	ונשאתי
𐤅𐤉𐤀𐤌𐤓	𐤀𐤁𐤓𐤄𐤌	𐤅𐤉𐤏𐤍	𐤁𐤏𐤁𐤅𐤓𐤌	𐤄𐤌𐤒𐤅𐤌	𐤋𐤊𐤋	𐤅𐤍𐤔𐤀𐤕𐤉
y-dijo	Avraham	Y-respondió	. por-su-causa [por cruce]	el-lugar	a-todo	y-alzaré [perdonar]

87	65	31	236	452	51	60
אנך	אדן	אלה	דבר	יאל	נא	הן
וְאָנֹכִי	אֲדֹנָי	אֶל־	לְדַבֵּר	הוֹאַלְתִּי	נָא	הִנֵּה־
ve'anojí	*Adonay*	*el*	*ledaber*	*ho'altí*	*na*	*hineh*
ואנכי	אדני	אל	לדבר	הואלתי	נא	הנה
𐤅𐤀𐤍𐤊𐤉	𐤀𐤃𐤍𐤉	𐤀𐤋	𐤋𐤃𐤁𐤓	𐤄𐤅𐤀𐤋𐤕𐤉	𐤍𐤀	𐤄𐤍𐤄
y-yo	*Adonay*	a hacia	a-hablar	me-decidí	por-favor ahora	¡Mira! he-aquí

18:28

353	249	809	398	958	334	984	47	356	350
חמש	צדק	חמש	חסר	או	עפר	עפר
חֲמִשָּׁה	הַצַּדִּיקִם	חֲמִשִּׁים	יַחְסְרוּן	אוּלַי	וָאֵפֶר׃	עָפָר
jamishah	*hatsadikim*	*jamishim*	*yajserún*	*Ulay*	*. va'efer*	*afar*
חמשה	הצדיקם	חמשים	יחסרון	אולי	ואפר	עפר
𐤇𐤌𐤔𐤄	𐤄𐤑𐤃𐤉𐤒𐤌	𐤇𐤌𐤔𐤉𐤌	𐤉𐤇𐤎𐤓𐤅𐤍	𐤀𐤅𐤋𐤉	𐤅𐤀𐤐𐤓	𐤏𐤐𐤓
cinco	los-justos	cincuenta	faltarán	Tal-vez [implica anhelo]	. y-ceniza	polvo [simb. tumba]

31	257	285	50	401	355	1123
לא	אמר	עור	כלל	את	חמש	שחת
לֹא	וַיֹּאמֶר	הָעִיר	כָּל־	אֶת־	בַּחֲמִשָּׁה	הֲתַשְׁחִית
lo	*vayómer*	*ha'ir*	*kol*	*et*	*bajamishah*	*hatashjit*
לא	ויאמר	העיר	כל	את	בחמשה	התשחית
𐤋𐤀	𐤅𐤉𐤀𐤌𐤓	𐤄𐤏𐤉𐤓	𐤊𐤋	𐤀𐤕	𐤁𐤇𐤌𐤔𐤄	𐤄𐤕𐤔𐤇𐤉𐤕
no	y-dijo	la-ciudad	toda	..	por-los-cinco	¿Acaso-arruinarás destruir

18:29

156 | 876	359	323 | 883	340 | 900	132	41 | 601	719
יסף	חמש	רבע	שם	מצא	אם	שחת
וַיֹּסֶף	וַחֲמִשָּׁה׃	אַרְבָּעִים	שָׁם	אֶמְצָא	אִם־	אַשְׁחִית
Vayósef	*. vajamishah*	*arba'im*	*sham*	*emtsá*	*im*	*ashjit*
ויסף	וחמשה	ארבעים	שם	אמצא	אם	אשחית
𐤅𐤉𐤎𐤐	𐤅𐤇𐤌𐤔𐤄	𐤀𐤓𐤁𐤏𐤉𐤌	𐤔𐤌	𐤀𐤌𐤑𐤀	𐤀𐤌	𐤀𐤔𐤇𐤉𐤕
Y-añadió continuar	. y-cinco	cuarenta	allí [ubicación]	encuentro	si	arruinaré destruir

340 | 900	193 | 843	47	257	47	236	80
שם	מצא	אוה	אמר	אלה	דבר	עד
שָׁם	יִמָּצְאוּן	אוּלַי	וַיֹּאמַר	אֵלָיו	לְדַבֵּר	עוֹד
sham	*yimatsún*	*ulay*	*vayomar*	*elav*	*ledaber*	*od*
שם	ימצאון	אולי	ויאמר	אליו	לדבר	עוד
𐤔𐤌	𐤉𐤌𐤑𐤀𐤅𐤍	𐤀𐤅𐤋𐤉	𐤅𐤉𐤀𐤌𐤓	𐤀𐤋𐤉𐤅	𐤋𐤃𐤁𐤓	𐤏𐤅𐤃
allí [ubicación]	se-encuentren	tal-vez [implica anhelo]	y-dijo	a-él	a-hablar	aún otra-vez

18:30

257	328 | 888	280	376	31	257	323 | 883
אמר	רבע	עבר	עשה	לא	אמר	רבע
וַיֹּאמֶר	הָאַרְבָּעִים׃	בַּעֲבוּר	אֶעֱשֶׂה	לֹא	וַיֹּאמֶר	אַרְבָּעִים
Vayómer	*ha'arba'im*	*ba'avur*	*e'eseh*	*lo*	*vayómer*	*arba'im*
ויאמר	הארבעים	בעבור	אעשה	לא	ויאמר	ארבעים
𐤅𐤉𐤀𐤌𐤓	𐤄𐤀𐤓𐤁𐤏𐤉𐤌	𐤁𐤏𐤁𐤅𐤓	𐤀𐤏𐤔𐤄	𐤋𐤀	𐤅𐤉𐤀𐤌𐤓	𐤀𐤓𐤁𐤏𐤉𐤌
Y-dijo	. los-cuarenta	por-causa-de [por cruce]	haré	no	y-dijo	cuarenta

197 | 847	47	218	95	218	51	31
מצא	אוה	דבר	אדן	חרה	נא	אל
יִמָּצְאוּן	אוּלַי	וַאֲדַבֵּרָה	לַאדֹנָי	יִחַר	נָא	אַל־
yimatsún	*ulay*	*va'adaberah*	*lAdonay*	*yijar*	*na*	*al*
ימצאון	אולי	ואדברה	לאדני	יחר	נא	אל
𐤉𐤌𐤑𐤀𐤅𐤍	𐤀𐤅𐤋𐤉	𐤅𐤀𐤃𐤁𐤓𐤄	𐤋𐤀𐤃𐤍𐤉	𐤉𐤇𐤓	𐤍𐤀	𐤀𐤋
se-encuentren	tal-vez [implica anhelo]	y-hablaré	a-*Adonay*	aíre [efect. y síntoma de ira]	por-favor ahora	no

132	41 | 601	376	31	257	680 | 1240	340 | 900
מצא	אם	עשה	לא	אמר	שלש	שם
אֶמְצָא	אִם־	אֶעֱשֶׂה	לֹא	וַיֹּאמֶר	שְׁלֹשִׁים	שָׁם
emtsá	*im*	*e'eseh*	*lo*	*vayómer*	*shloshim*	*sham*
אמצא	אם	אעשה	לא	ויאמר	שלשים	שם
𐤀𐤌𐤑𐤀	𐤀𐤌	𐤀𐤏𐤔𐤄	𐤋𐤀	𐤅𐤉𐤀𐤌𐤓	𐤔𐤋𐤔𐤉𐤌	𐤔𐤌
encuentro	si	haré	no	y-dijo	treinta	allí [ubicación]

18:31

236	452	51	60	257	680 | 1240	340 | 900
דבר	יאל	נא	הן	אמר	שלש	שם
לְדַבֵּר	הוֹאַלְתִּי	נָא	הִנֵּה־	וַיֹּאמֶר	שְׁלֹשִׁים:	שָׁם
ledaber	*ho'altí*	*na*	*hineh*	*Vayómer*	*. shloshim*	*sham*
לדבר	הואלתי	נא	הנה	ויאמר	שלשים	שם
𐤋𐤃𐤁𐤓	𐤄𐤅𐤀𐤋𐤕𐤉	𐤍𐤀	𐤄𐤍𐤄	𐤅𐤉𐤀𐤌𐤓	𐤔𐤋𐤔𐤉𐤌	𐤔𐤌
a-hablar	me-decidí	por-favor ahora	¡Mira! he-aquí	Y-dijo	. treinta	allí [ubicación]

257	620 | 1180	340 | 900	197 | 847	47	65	31
אמר	עשר	שם	מצא	אוה	אדן	אלה
וַיֹּאמֶר	עֶשְׂרִים	שָׁם	יִמָּצְאוּן	אוּלַי	אֲדֹנָי	אֶל־
vayómer	*esrim*	*sham*	*yimatsún*	*ulay*	*Adonay*	*el*
ויאמר	עשרים	שם	ימצאון	אולי	אדני	אל
𐤅𐤉𐤀𐤌𐤓	𐤏𐤔𐤓𐤉𐤌	𐤔𐤌	𐤉𐤌𐤑𐤀𐤅𐤍	𐤀𐤅𐤋𐤉	𐤀𐤃𐤍𐤉	𐤀𐤋
y-dijo	veinte	allí [ubicación]	se-encuentren	tal-vez [implica anhelo]	*Adonay*	a hacia

18:32

51	31	257	625 | 1185	280	719	31
נא	אל	אמר	עשר	עבר	שחת	לא
נָא	אַל־	וַיֹּאמֶר	הָעֶשְׂרִים:	בַּעֲבוּר	אַשְׁחִית	לֹא
na	*al*	*Vayómer*	*. ha'esrim*	*ba'avur*	*ashjit*	*lo*
נא	אל	ויאמר	העשרים	בעבור	אשחית	לא
𐤍𐤀	𐤀𐤋	𐤅𐤉𐤀𐤌𐤓	𐤄𐤏𐤔𐤓𐤉𐤌	𐤁𐤏𐤁𐤅𐤓	𐤀𐤔𐤇𐤉𐤕	𐤋𐤀
por-favor ahora	no	Y-dijo	. los-veinte	por-causa-de [por cruce]	arruinaré destruir	no

197 | 847	47	195 | 755	21 | 501	218	95	218
מצא	אוה	פעם	אך	דבר	אדן	חרה
יִמָּצְאוּן	אוּלַי	הַפַּעַם	אַךְ־	וַאֲדַבְּרָה	לַאדֹנָי	יִחַר
yimatsún	*ulay*	*hapá'am*	*aj*	*va'adaberah*	*lAdonay*	*yijar*
ימצאון	אולי	הפעם	אך	ואדברה	לאדני	יחר
𐤉𐤌𐤑𐤀𐤅𐤍	𐤀𐤅𐤋𐤉	𐤄𐤐𐤏𐤌	𐤀𐤊	𐤅𐤀𐤃𐤁𐤓𐤄	𐤋𐤀𐤃𐤍𐤉	𐤉𐤇𐤓
se-encuentren	tal-vez [implica anhelo]	la-esta-vez	solamente	y-hablaré	a-*Adonay*	aíre [efect. y síntoma de ira]

580	280	719	31	257	575	340 | 900
עשר	עבר	שחת	לא	אמר	עשר	שם
הָעֲשָׂרָה׃	בַּעֲבוּר	אַשְׁחִית	לֹא	וַיֹּאמֶר	עֲשָׂרָה	שָׁם
. ha'asarah	*ba'avur*	*ashjit*	*lo*	*vayómer*	*asarah*	*sham*
העשרה	בעבור	אשחית	לא	ויאמר	עשרה	שם
𐤄𐤏𐤔𐤓𐤄	𐤁𐤏𐤁𐤅𐤓	𐤀𐤔𐤇𐤉𐤕	𐤋𐤀	𐤅𐤉𐤀𐤌𐤓	𐤏𐤔𐤓𐤄	𐤔𐤌
. los-diez	por-causa-de [por cruce]	arruinaré destruir	no	y-dijo	diez	allí [ubicación]

18:33

248 | 808	31	236	55	521	26	66 | 546
אב + רום + המון	אלה	דבר	כלה	אשר	היה	הלך
אַבְרָהָם	אֶל־	לְדַבֵּר	כִּלָּה	כַּאֲשֶׁר	יְהוָה	וַיֵּלֶךְ
Avraham	*el*	*ledaber*	*kilah*	*ka'asher*	*YHVH*	*Vayélej*
אברהם	אל	לדבר	כלה	כאשר	יהוה	וילך
𐤀𐤁𐤓𐤄𐤌	𐤀𐤋	𐤋𐤃𐤁𐤓	𐤊𐤋𐤄	𐤊𐤀𐤔𐤓	𐤉𐤄𐤅𐤄	𐤅𐤉𐤋𐤊
Avraham	a hacia	de-hablar	acabó	como según	YHVH	Y-anduvo

216	302	254 | 814
קום	שוב	אב + רום + המון
לִמְקֹמוֹ׃	שָׁב	וְאַבְרָהָם
. limkomó	*shav*	*ve'Avraham*
למקמו	שב	ואברהם
𐤋𐤌𐤒𐤌𐤅	𐤔𐤁	𐤅𐤀𐤁𐤓𐤄𐤌
. a-su-lugar	volvió	y-Avraham

Total de palabras hebreas: 437.
Total de consonantes hebreas: 1072.
Consonantes ausentes: -

19:1

312	51	274	109	146 | 706	360	25
ישב	לוט	ערב	·	לאך	שנה	בוא
יֹשֵׁב	וְלוֹט	בָּעֶרֶב	סְדֹמָה	הַמַּלְאָכִים	שְׁנֵי	וַיָּבֹאוּ
yoshev	*veLot*	*ba'érev*	*Sdómah*	*hamalajim*	*shney*	*Vayavó'u*
ישב	ולוט	בערב	סדמה	המלאכים	שני	ויבאו
𐤉𐤔𐤁	𐤅𐤋𐤅𐤈	𐤁𐤏𐤓𐤁	𐤎𐤃𐤌𐤄	𐤄𐤌𐤋𐤀𐤊𐤉𐤌	𐤔𐤍𐤉	𐤅𐤉𐤁𐤀𐤅
estaba-morando	y-Lot	en-la-tarde anochecer; crepúsculo	a-Sdom	los-mensajeros	dos-de otra-vez [años]	Y-vinieron entrar

730	771 | 1331	156 | 716	45	217	104 | 664	572
שחה	קרא	קום	לוט	ראה	·	שער
וַיִּשְׁתַּחוּ	לִקְרָאתָם	וַיָּקָם	לוֹט	וַיַּרְא־	סְדֹם	בְּשַׁעַר־
vayishtajú	*likratam*	*vayákom*	*Lot*	*vayar*	*Sdom*	*besha'ar*
וישתחו	לקראתם	ויקם	לוט	וירא	סדם	בשער
𐤅𐤉𐤔𐤕𐤇𐤅	𐤋𐤒𐤓𐤀𐤕𐤌	𐤅𐤉𐤒𐤌	𐤋𐤅𐤈	𐤅𐤉𐤓𐤀	𐤎𐤃𐤌	𐤁𐤔𐤏𐤓
y-se-postró	a-su-encuentro	y-se-levantó	Lot	y-vio	Sdom	en-puerta-de [de la ciudad]

19:2

272	65	51	60	257	296	131 | 691
סור	אדן	נא	הן	אמר	ארץ	אנף
סוּרוּ	אֲדֹנַי	נָא־	הִנֶּה	וַיֹּאמֶר	אָרְצָה׃	אַפַּיִם
suru	*Adonay*	*na*	*hineh*	*Vayómer*	*. artsah*	*apáyim*
סורו	אדני	נא	הנה	ויאמר	ארצה	אפים
𐤎𐤅𐤓𐤅	𐤀𐤃𐤍𐤉	𐤍𐤀	𐤄𐤍𐤄	𐤅𐤉𐤀𐤌𐤓	𐤀𐤓𐤑𐤄	𐤀𐤐𐤉𐤌
apartaros	*Adonay*	por-favor ahora	¡Mira! he-aquí	Y-dijo	. a-tierra [la seca]	narices

303 | 863	310	102	136 | 696	412	31	51
רגל	רחץ	לון	עבד	בנה	אלה	נא
רַגְלֵיכֶם	וְרַחֲצוּ	וְלִינוּ	עַבְדְּכֶם	בֵּית	אֶל־	נָא
ragleyjem	*verajatsú*	*velinú*	*avdéjem*	*beyt*	*el*	*na*
רגליכם	ורחצו	ולינו	עבדכם	בית	אל	נא
𐤓𐤂𐤋𐤉𐤊𐤌	𐤅𐤓𐤇𐤑𐤅	𐤅𐤋𐤉𐤍𐤅	𐤏𐤁𐤃𐤊𐤌	𐤁𐤉𐤕	𐤀𐤋	𐤍𐤀
vuestros-pies	y-lavad	y-pernoctad	vuestro-siervo	casa-de	a hacia	por-favor ahora

218	30	31	263	314 | 874	501 | 1061	811 | 1371
רחב	כי	לא	אמר	דרך	הלך	שכם
בָּרְחוֹב	כִּי	לֹּא	וַיֹּאמְרוּ	לְדַרְכְּכֶם	וַהֲלַכְתֶּם	וְהִשְׁכַּמְתֶּם
varejov	*ki*	*lo*	*vayomrú*	*ledarkéjem*	*vahalajtem*	*vehishkamtem*
ברחוב	כי	לא	ויאמרו	לדרככם	והלכתם	והשכמתם
𐤁𐤓𐤇𐤅𐤁	𐤊𐤉	𐤋𐤀	𐤅𐤉𐤀𐤌𐤓𐤅	𐤋𐤃𐤓𐤊𐤊𐤌	𐤅𐤄𐤋𐤊𐤕𐤌	𐤅𐤄𐤔𐤊𐤌𐤕𐤌
en-la-plaza	que porque	no	y-dijeron	a-vuestro-camino	y-andaréis	y-madrugaréis

19:3

25	47	282	45	42 | 602	386	140 | 790
בוא	אלה	סור	מאד	·	פצר	לון
וַיָּבֹ֖אוּ	אֵלָ֑יו	וַיָּסֻ֣רוּ	מְאֹ֔ד	בָּ֣ם	וַיִּפְצַר־	נָלִֽין׃
vayavó'u	*elav*	*vayasuru*	*me'od*	*bam*	*Vayiftsar*	*. nalín*
ויבאו	אליו	ויסרו	מאד	בם	ויפצר	נלין
𐤅𐤉𐤁𐤀𐤅	𐤀𐤋𐤉𐤅	𐤅𐤉𐤎𐤓𐤅	𐤌𐤀𐤃	𐤁𐤌	𐤅𐤉𐤐𐤑𐤓	𐤍𐤋𐤉𐤍
y-vinieron entrar	a-él	y-se-apartaron	mucho fuerza; poder; vigor	con-ellos	Y-porfió insistir	. pernoctaremos

86	542	745	75 | 635	386	418	31
אפה	מצץ	שתה	הוא	עשה	בנה	אלה
אָפָ֖ה	וּמַצּ֥וֹת	מִשְׁתֶּ֔ה	לָהֶם֙	וַיַּ֤עַשׂ	בֵּית֑וֹ	אֶל־
afah	*umatsot*	*mishteh*	*lahem*	*vaya'as*	*beytó*	*el*
אפה	ומצות	משתה	להם	ויעש	ביתו	אל
𐤀𐤐𐤄	𐤅𐤌𐤑𐤅𐤕	𐤌𐤔𐤕𐤄	𐤋𐤄𐤌	𐤅𐤉𐤏𐤔	𐤁𐤉𐤕𐤅	𐤀𐤋
coció	y-ácimos	banquete	para-ellos	e-hizo	su-casa	a hacia

19:4

104 | 664	361	285	367	338	249 | 809	73
·	אנש	עור	אנש	שכב	טרם	אכל
סְדֹם֒	אַנְשֵׁ֤י	הָעִ֜יר	וְאַנְשֵׁ֨י	יִשְׁכָּ֗בוּ	טֶ֣רֶם֮	וַיֹּאכֵֽלוּ׃
Sdom	*anshey*	*ha'ir*	*ve'anshey*	*yishkavú*	*Térem*	*. vayojelu*
סדם	אנשי	העיר	ואנשי	ישכבו	טרם	ויאכלו
𐤎𐤃𐤌	𐤀𐤍𐤔𐤉	𐤄𐤏𐤉𐤓	𐤅𐤀𐤍𐤔𐤉	𐤉𐤔𐤊𐤁𐤅	𐤈𐤓𐤌	𐤅𐤉𐤀𐤊𐤋𐤅
Sdom	hombres-de mortal	la-ciudad	y-hombres-de mortal	se-acostaran	Antes-que	. y-comieron

50	157 | 807	80	360	417	100	118
כלל	זקן	עד	נער	בנה	עלה	סבב
כָּל־	זָקֵ֑ן	וְעַד־	מִנַּ֖עַר	הַבַּ֔יִת	עַל־	נָסַ֣בּוּ
kol	*zakén*	*ve'ad*	*mina'ar*	*habáyit*	*al*	*nasabú*
כל	זקן	ועד	מנער	הבית	על	נסבו
𐤊𐤋	𐤆𐤒𐤍	𐤅𐤏𐤃	𐤌𐤍𐤏𐤓	𐤄𐤁𐤉𐤕	𐤏𐤋	𐤍𐤎𐤁𐤅
todo	anciano	y-hasta	desde-mozo	la-casa	sobre	rodearon

19:5

36	263	45	31	323	235	115 | 675
הוא	אמר	לוט	אלה	קרא	קצה	עמם
ל֔וֹ	וַיֹּאמְרוּ	לוֹט֙	אֶל־	וַיִּקְרְא֤וּ	מִקָּצֶֽה׃	הָעָ֖ם
lo	*vayomrú*	*Lot*	*el*	*Vayikre'ú*	*mikatseh*	*ha'am*
לו	ויאמרו	לוט	אל	ויקראו	מקצה	העם
𐤋𐤅	𐤅𐤉𐤀𐤌𐤓𐤅	𐤋𐤅𐤈	𐤀𐤋	𐤅𐤉𐤒𐤓𐤀𐤅	𐤌𐤒𐤑𐤄	𐤄𐤏𐤌
a-él	y-dijeron	Lot	a hacia	Y-llamaron	. al-extremo	el-pueblo

<table>
<tr><td>152 | 712</td><td>80</td><td>61 | 541</td><td>9</td><td>501</td><td>406 | 966</td><td>16</td></tr>
<tr><td>יצא</td><td>ליל</td><td>אלה</td><td>בוא</td><td>אשר</td><td>אנש</td><td>אין</td></tr>
<tr><td>הוֹצִיאֵם</td><td>הַלָּיְלָה</td><td>אֵלֶיךָ</td><td>בָּאוּ</td><td>אֲשֶׁר־</td><td>הָאֲנָשִׁים</td><td>אַיֵּה</td></tr>
<tr><td>hotsi'em</td><td>haláylah</td><td>eleyja</td><td>ba'u</td><td>asher</td><td>ha'anashim</td><td>ayeh</td></tr>
<tr><td>הוציאם</td><td>הלילה</td><td>אליך</td><td>באו</td><td>אשר</td><td>האנשים</td><td>איה</td></tr>
<tr><td>𐤄𐤅𐤑𐤉𐤀𐤌</td><td>𐤄𐤋𐤉𐤋𐤄</td><td>𐤀𐤋𐤉𐤊</td><td>𐤁𐤀𐤅</td><td>𐤀𐤔𐤓</td><td>𐤄𐤀𐤍𐤔𐤉𐤌</td><td>𐤀𐤉𐤄</td></tr>
<tr><td>sácalos</td><td>esta-noche
[la oscuridad]</td><td>a-ti</td><td>vinieron
entrar</td><td>que</td><td>los-hombres
mortal</td><td>¿Dónde</td></tr>
</table>

19:6

<table>
<tr><td>498</td><td>45</td><td>76 | 636</td><td>107</td><td>441 | 1001</td><td>135</td><td>97</td></tr>
<tr><td>פתח</td><td>לוט</td><td>אלה</td><td>יצא</td><td>את</td><td>ידע</td><td>אל</td></tr>
<tr><td>הַפֶּתְחָה</td><td>לוֹט</td><td>אֲלֵהֶם</td><td>וַיֵּצֵא</td><td>אֹתָם׃</td><td>וְנֵדְעָה</td><td>אֵלֵינוּ</td></tr>
<tr><td>hapétjah</td><td>Lot</td><td>aléhem</td><td>Vayetse</td><td>. otam</td><td>venedah</td><td>eleynu</td></tr>
<tr><td>הפתחה</td><td>לוט</td><td>אלהם</td><td>ויצא</td><td>אתם</td><td>ונדעה</td><td>אלינו</td></tr>
<tr><td>𐤄𐤐𐤕𐤇𐤄</td><td>𐤋𐤅𐤈</td><td>𐤀𐤋𐤄𐤌</td><td>𐤅𐤉𐤑𐤀</td><td>𐤀𐤕𐤌</td><td>𐤅𐤍𐤃𐤏𐤄</td><td>𐤀𐤋𐤉𐤍𐤅</td></tr>
<tr><td>a-la-entrada</td><td>Lot</td><td>a-ellos</td><td>Y-salió</td><td>. a-ellos</td><td>y-conoceremos</td><td>a-nosotros</td></tr>
</table>

19:7

<table>
<tr><td>19</td><td>51</td><td>31</td><td>257</td><td>225</td><td>263</td><td>445</td></tr>
<tr><td>אח</td><td>נא</td><td>אל</td><td>אמר</td><td>אחר</td><td>סגר</td><td>דלה</td></tr>
<tr><td>אַחָי</td><td>נָא</td><td>אַל־</td><td>וַיֹּאמַר</td><td>אַחֲרָיו׃</td><td>סָגַר</td><td>וְהַדֶּלֶת</td></tr>
<tr><td>ajay</td><td>na</td><td>al</td><td>Vayomar</td><td>. ajarav</td><td>sagar</td><td>vehadélet</td></tr>
<tr><td>אחי</td><td>נא</td><td>אל</td><td>ויאמר</td><td>אחריו</td><td>סגר</td><td>והדלת</td></tr>
<tr><td>𐤀𐤇𐤉</td><td>𐤍𐤀</td><td>𐤀𐤋</td><td>𐤅𐤉𐤀𐤌𐤓</td><td>𐤀𐤇𐤓𐤉𐤅</td><td>𐤎𐤂𐤓</td><td>𐤅𐤄𐤃𐤋𐤕</td></tr>
<tr><td>mis-hermanos</td><td>por-favor
ahora</td><td>no</td><td>Y-dijo</td><td>. tras-él</td><td>cerró</td><td>y-la-puerta</td></tr>
</table>

19:8

<table>
<tr><td>501</td><td>458</td><td>710</td><td>40</td><td>51</td><td>60</td><td>676</td></tr>
<tr><td>אשר</td><td>בנה</td><td>שנה</td><td>·</td><td>נא</td><td>הן</td><td>רעע</td></tr>
<tr><td>אֲשֶׁר</td><td>בָנוֹת</td><td>שְׁתֵּי</td><td>לִי</td><td>נָא</td><td>הִנֵּה־</td><td>תָּרֵעוּ׃</td></tr>
<tr><td>asher</td><td>vanot</td><td>shtey</td><td>li</td><td>na</td><td>Hineh</td><td>. tare'ú</td></tr>
<tr><td>אשר</td><td>בנות</td><td>שתי</td><td>לי</td><td>נא</td><td>הנה</td><td>תרעו</td></tr>
<tr><td>𐤀𐤔𐤓</td><td>𐤁𐤍𐤅𐤕</td><td>𐤔𐤕𐤉</td><td>𐤋𐤉</td><td>𐤍𐤀</td><td>𐤄𐤍𐤄</td><td>𐤕𐤓𐤏𐤅</td></tr>
<tr><td>que</td><td>hijas</td><td>dos</td><td>para-mí</td><td>por-favor
ahora</td><td>¡Mira!
he-aquí</td><td>. hagáis-mal</td></tr>
</table>

<table>
<tr><td>101 | 661</td><td>456 | 1106</td><td>51</td><td>113</td><td>311</td><td>90</td><td>31</td></tr>
<tr><td>אלה</td><td>את</td><td>נא</td><td>יצא</td><td>איש</td><td>ידע</td><td>לא</td></tr>
<tr><td>אֲלֵיכֶם</td><td>אֶתְהֶן</td><td>נָא</td><td>אוֹצִיאָה־</td><td>אִישׁ</td><td>יָדְעוּ</td><td>לֹא־</td></tr>
<tr><td>aleyjem</td><td>ethén</td><td>na</td><td>otsi'ah</td><td>ish</td><td>yadú</td><td>lo</td></tr>
<tr><td>אליכם</td><td>אתהן</td><td>נא</td><td>אוציאה</td><td>איש</td><td>ידעו</td><td>לא</td></tr>
<tr><td>𐤀𐤋𐤉𐤊𐤌</td><td>𐤀𐤕𐤄𐤍</td><td>𐤍𐤀</td><td>𐤀𐤅𐤑𐤉𐤀𐤄</td><td>𐤀𐤉𐤔</td><td>𐤉𐤃𐤏𐤅</td><td>𐤋𐤀</td></tr>
<tr><td>a-vosotros</td><td>a-ellas</td><td>por-favor
ahora</td><td>haré-salir</td><td>varón</td><td>conocieron</td><td>no</td></tr>
</table>

<table>
<tr><td>36</td><td>431 | 991</td><td>300</td><td>202 | 762</td><td>37</td><td>85 | 735</td><td>382</td></tr>
<tr><td>אל</td><td>אנש</td><td>רקק</td><td>עין</td><td>טוב</td><td>·</td><td>עשה</td></tr>
<tr><td>הָאֵל</td><td>לָאֲנָשִׁים</td><td>רַק</td><td>בְּעֵינֵיכֶם</td><td>כַּטּוֹב</td><td>לָהֶן</td><td>וַעֲשׂוּ</td></tr>
<tr><td>ha'el</td><td>la'anashim</td><td>rak</td><td>be'eyneyjem</td><td>katov</td><td>lahén</td><td>va'asú</td></tr>
<tr><td>האל</td><td>לאנשים</td><td>רק</td><td>בעיניכם</td><td>כטוב</td><td>להן</td><td>ועשו</td></tr>
<tr><td>𐤄𐤀𐤋</td><td>𐤋𐤀𐤍𐤔𐤉𐤌</td><td>𐤓𐤒</td><td>𐤁𐤏𐤉𐤍𐤉𐤊𐤌</td><td>𐤊𐤈𐤅𐤁</td><td>𐤋𐤄𐤍</td><td>𐤅𐤏𐤔𐤅</td></tr>
<tr><td>los-estos</td><td>a-los-hombres
mortal</td><td>sólo</td><td>en-vuestros-ojos</td><td>según-lo-bueno
bien; hermoso</td><td>a-ellas</td><td>y-haced</td></tr>
</table>

<table>
<tr><td>9</td><td>70 | 720</td><td>100</td><td>30</td><td>206</td><td>776</td><td>31</td></tr>
<tr><td>בוא</td><td>כן</td><td>עלה</td><td>כי</td><td>דבר</td><td>עשה</td><td>אל</td></tr>
<tr><td>בָּאוּ</td><td>כֵּן</td><td>עַל־</td><td>כִּי־</td><td>דָּבָר</td><td>תַּעֲשׂוּ</td><td>אַל־</td></tr>
<tr><td>ba'u</td><td>ken</td><td>al</td><td>ki</td><td>davar</td><td>ta'asú</td><td>al</td></tr>
<tr><td>באו</td><td>כן</td><td>על</td><td>כי</td><td>דבר</td><td>תעשו</td><td>אל</td></tr>
<tr><td>𐤁𐤀𐤅</td><td>𐤊𐤍</td><td>𐤏𐤋</td><td>𐤊𐤉</td><td>𐤃𐤁𐤓</td><td>𐤕𐤏𐤔𐤅</td><td>𐤀𐤋</td></tr>
<tr><td>vinieron
entrar</td><td>eso
enderezar; rectamente</td><td>por</td><td>que
porque</td><td>palabra
asunto; cosa</td><td>hagáis</td><td>no</td></tr>
</table>

19:9

<table>
<tr><td>18</td><td>263</td><td>41</td><td>303</td><td>263</td><td>710</td><td>122</td></tr>
<tr><td>אחד</td><td>אמר</td><td>הל</td><td>נגש</td><td>אמר</td><td>קור</td><td>צלל</td></tr>
<tr><td>הָאֶחָד</td><td>וַיֹּאמְרוּ</td><td>הָלְאָה</td><td>גֶּשׁ־</td><td>וַיֹּאמְרוּ</td><td>קֹרָתִי׃</td><td>בְּצֵל</td></tr>
<tr><td>ha'ejad</td><td>vayomrú</td><td>halah</td><td>gesh</td><td>Vayomrú</td><td>. koratí</td><td>betsel</td></tr>
<tr><td>האחד</td><td>ויאמרו</td><td>הלאה</td><td>גש</td><td>ויאמרו</td><td>קרתי</td><td>בצל</td></tr>
<tr><td>𐤄𐤀𐤇𐤃</td><td>𐤅𐤉𐤀𐤌𐤓𐤅</td><td>𐤄𐤋𐤀𐤄</td><td>𐤂𐤔</td><td>𐤅𐤉𐤀𐤌𐤓𐤅</td><td>𐤒𐤓𐤕𐤉</td><td>𐤁𐤑𐤋</td></tr>
<tr><td>el-uno
único; unido</td><td>y-dijeron</td><td>más-allá
a-la-distancia</td><td>vete</td><td>Y-dijeron</td><td>. mi-viga
[tejado]</td><td>en-sombra-de
amparo</td></tr>
</table>

<table>
<tr><td>50 | 530</td><td>320</td><td>475</td><td>786</td><td>796</td><td>239</td><td>3</td></tr>
<tr><td>·</td><td>רעע</td><td>עת</td><td>שפט</td><td>שפט</td><td>גור</td><td>בוא</td></tr>
<tr><td>לְךָ</td><td>נָרַע</td><td>עַתָּה</td><td>שָׁפוֹט</td><td>וַיִּשְׁפֹּט</td><td>לָגוּר</td><td>בָּא־</td></tr>
<tr><td>lejá</td><td>nará</td><td>atah</td><td>shafot</td><td>vayishpot</td><td>lagur</td><td>ba</td></tr>
<tr><td>לך</td><td>נרע</td><td>עתה</td><td>שפוט</td><td>וישפט</td><td>לגור</td><td>בא</td></tr>
<tr><td>𐤋𐤊</td><td>𐤍𐤓𐤏</td><td>𐤏𐤕𐤄</td><td>𐤔𐤐𐤅𐤈</td><td>𐤅𐤉𐤔𐤐𐤈</td><td>𐤋𐤂𐤅𐤓</td><td>𐤁𐤀</td></tr>
<tr><td>a-ti</td><td>haremos-mal</td><td>ahora
en-este-tiempo</td><td>juzgar
ciertamente</td><td>y-juzgó</td><td>para-residir
[como extranjero]</td><td>vino
entrar</td></tr>
</table>

<table>
<tr><td>532</td><td>325</td><td>45</td><td>47</td><td>313</td><td>392</td><td>85 | 645</td></tr>
<tr><td>שבר</td><td>נגש</td><td>מאד</td><td>לוט</td><td>איש</td><td>פצר</td><td>הוא</td></tr>
<tr><td>לִשְׁבֹּר</td><td>וַיִּגְּשׁוּ</td><td>מְאֹד</td><td>בְּלוֹט</td><td>בָּאִישׁ</td><td>וַיִּפְצְרוּ</td><td>מֵהֶם</td></tr>
<tr><td>lishbor</td><td>vayigeshú</td><td>me'od</td><td>beLot</td><td>va'ish</td><td>vayiftserú</td><td>mehem</td></tr>
<tr><td>לשבר</td><td>ויגשו</td><td>מאד</td><td>בלוט</td><td>באיש</td><td>ויפצרו</td><td>מהם</td></tr>
<tr><td>𐤋𐤔𐤁𐤓</td><td>𐤅𐤉𐤂𐤔𐤅</td><td>𐤌𐤀𐤃</td><td>𐤁𐤋𐤅𐤈</td><td>𐤁𐤀𐤉𐤔</td><td>𐤅𐤉𐤐𐤑𐤓𐤅</td><td>𐤌𐤄𐤌</td></tr>
<tr><td>para-romper</td><td>y-se-acercaron</td><td>mucho
fuerza; poder; vigor</td><td>con-Lot</td><td>con-el-varón</td><td>y-porfiaron
insistir</td><td>más-que-a-ellos</td></tr>
</table>

19:10

<table>
<tr><td>401</td><td>35</td><td>54 | 614</td><td>401</td><td>406 | 966</td><td>360</td><td>439</td></tr>
<tr><td>את</td><td>בוא</td><td>יד</td><td>את</td><td>אנש</td><td>שלח</td><td>דלה</td></tr>
<tr><td>אֶת־</td><td>וַיָּבִ֥יאוּ</td><td>יָדָ֗ם</td><td>אֶת־</td><td>הָאֲנָשִׁים֙</td><td>וַיִּשְׁלְח֣וּ</td><td>הַדָּֽלֶת׃</td></tr>
<tr><td>et</td><td>vayavi'ú</td><td>yadam</td><td>et</td><td>ha'anashim</td><td>Vayishlejú</td><td>. hadálet</td></tr>
<tr><td>את</td><td>ויביאו</td><td>ידם</td><td>את</td><td>האנשים</td><td>וישלחו</td><td>הדלת</td></tr>
<tr><td>𐤀𐤕</td><td>𐤅𐤉𐤁𐤉𐤀𐤅</td><td>𐤉𐤃𐤌</td><td>𐤀𐤕</td><td>𐤄𐤀𐤍𐤔𐤉𐤌</td><td>𐤅𐤉𐤔𐤋𐤇𐤅</td><td>𐤄𐤃𐤋𐤕</td></tr>
<tr><td>··</td><td>e-hicieron-entrar</td><td>sus-manos</td><td>··</td><td>los-hombres
mortal</td><td>Y-enviaron</td><td>. la-puerta</td></tr>
</table>

19:11

<table>
<tr><td>407</td><td>269</td><td>439</td><td>407</td><td>422</td><td>155 | 715</td><td>45</td></tr>
<tr><td>את</td><td>סגר</td><td>דלה</td><td>את</td><td>בנה</td><td>עלה</td><td>לוט</td></tr>
<tr><td>וְאֶת־</td><td>סָגָֽרוּ׃</td><td>הַדֶּ֥לֶת</td><td>וְאֶת־</td><td>הַבָּ֑יְתָה</td><td>אֲלֵיהֶ֖ם</td><td>ל֛וֹט</td></tr>
<tr><td>Ve'et</td><td>. sagarú</td><td>hadélet</td><td>ve'et</td><td>habáytah</td><td>aleyhem</td><td>Lot</td></tr>
<tr><td>ואת</td><td>סגרו</td><td>הדלת</td><td>ואת</td><td>הביתה</td><td>אליהם</td><td>לוט</td></tr>
<tr><td>𐤅𐤀𐤕</td><td>𐤎𐤂𐤓𐤅</td><td>𐤄𐤃𐤋𐤕</td><td>𐤅𐤀𐤕</td><td>𐤄𐤁𐤉𐤕𐤄</td><td>𐤀𐤋𐤉𐤄𐤌</td><td>𐤋𐤅𐤈</td></tr>
<tr><td>Y-···</td><td>. cerraron</td><td>la-puerta</td><td>y-···</td><td>a-la-casa</td><td>a-ellos</td><td>Lot</td></tr>
</table>

<table>
<tr><td>199 | 849</td><td>368 | 928</td><td>31</td><td>417</td><td>488</td><td>501</td><td>406 | 966</td></tr>
<tr><td>קטן</td><td>סנור</td><td>נכה</td><td>בנה</td><td>פתח</td><td>אשר</td><td>אנש</td></tr>
<tr><td>מִקָּטֹ֖ן</td><td>בַּסַּנְוֵרִ֔ים</td><td>הִכּוּ֙</td><td>הַבַּ֗יִת</td><td>פֶּ֣תַח</td><td>אֲשֶׁר־</td><td>הָאֲנָשִׁ֞ים</td></tr>
<tr><td>mikatón</td><td>basanverim</td><td>hikú</td><td>habáyit</td><td>pétaj</td><td>asher</td><td>ha'anashim</td></tr>
<tr><td>מקטן</td><td>בסנורים</td><td>הכו</td><td>הבית</td><td>פתח</td><td>אשר</td><td>האנשים</td></tr>
<tr><td>𐤌𐤒𐤈𐤍</td><td>𐤁𐤎𐤍𐤅𐤓𐤉𐤌</td><td>𐤄𐤊𐤅</td><td>𐤄𐤁𐤉𐤕</td><td>𐤐𐤕𐤇</td><td>𐤀𐤔𐤓</td><td>𐤄𐤀𐤍𐤔𐤉𐤌</td></tr>
<tr><td>desde-pequeño
[no merecer; disminuir]</td><td>con-cegueras</td><td>hirieron</td><td>la-casa</td><td>entrada-de</td><td>que</td><td>los-hombres
mortal</td></tr>
</table>

19:12

<table>
<tr><td>406 | 966</td><td>263</td><td>483</td><td>161</td><td>53</td><td>43</td><td>80</td></tr>
<tr><td>אנש</td><td>אמר</td><td>פתח</td><td>מצא</td><td>לאה</td><td>גדל</td><td>עד</td></tr>
<tr><td>הָאֲנָשִׁ֗ים</td><td>וַיֹּאמְר֨וּ</td><td>הַפָּֽתַח׃</td><td>לִמְצֹ֥א</td><td>וַיִּלְא֖וּ</td><td>גָּד֑וֹל</td><td>וְעַד־</td></tr>
<tr><td>ha'anashim</td><td>Vayomrú</td><td>. hapátaj</td><td>limtsó</td><td>vayilú</td><td>gadol</td><td>ve'ad</td></tr>
<tr><td>האנשים</td><td>ויאמרו</td><td>הפתח</td><td>למצא</td><td>וילאו</td><td>גדול</td><td>ועד</td></tr>
<tr><td>𐤄𐤀𐤍𐤔𐤉𐤌</td><td>𐤅𐤉𐤀𐤌𐤓𐤅</td><td>𐤄𐤐𐤕𐤇</td><td>𐤋𐤌𐤑𐤀</td><td>𐤅𐤉𐤋𐤀𐤅</td><td>𐤂𐤃𐤅𐤋</td><td>𐤅𐤏𐤃</td></tr>
<tr><td>los-hombres
mortal</td><td>Y-dijeron</td><td>. la-entrada</td><td>para-encontrar</td><td>y-se-cansaron
impacientar</td><td>grande
[escritura plena]</td><td>y-hasta</td></tr>
</table>

<table>
<tr><td>458 | 1108</td><td>85</td><td>50 | 530</td><td>50</td><td>80</td><td>45</td><td>31</td></tr>
<tr><td>חתן</td><td>פה</td><td>·</td><td>מי</td><td>עד</td><td>לוט</td><td>אלה</td></tr>
<tr><td>חָתָ֨ן</td><td>פֹּ֔ה</td><td>לְךָ֙</td><td>מִֽי־</td><td>עֹ֣ד</td><td>ל֗וֹט</td><td>אֶל־</td></tr>
<tr><td>jatán</td><td>foh</td><td>lejá</td><td>mi</td><td>od</td><td>Lot</td><td>el</td></tr>
<tr><td>חתן</td><td>פה</td><td>לך</td><td>מי</td><td>עד</td><td>לוט</td><td>אל</td></tr>
<tr><td>𐤇𐤕𐤍</td><td>𐤐𐤄</td><td>𐤋𐤊</td><td>𐤌𐤉</td><td>𐤏𐤃</td><td>𐤋𐤅𐤈</td><td>𐤀𐤋</td></tr>
<tr><td>yerno</td><td>aquí</td><td>a-ti</td><td>¿Quién</td><td>aún
otra-vez</td><td>Lot</td><td>a
hacia</td></tr>
</table>

<table>
<tr><td>102</td><td>282</td><td>50 | 530</td><td>501</td><td>56</td><td>488 | 968</td><td>88 | 568</td></tr>
<tr><td>יצא</td><td>עור</td><td>·</td><td>אשר</td><td>כלל</td><td>בנה</td><td>בנה</td></tr>
<tr><td>הוֹצֵא</td><td>בָּעִיר</td><td>לָךְ</td><td>אֲשֶׁר־</td><td>וְכֹל</td><td>וּבְנֹתֶיךָ</td><td>וּבָנֶיךָ</td></tr>
<tr><td>hotsé</td><td>ba'ir</td><td>lejá</td><td>asher</td><td>vejol</td><td>uvenoteyja</td><td>uvaneyja</td></tr>
<tr><td>הוצא</td><td>בעיר</td><td>לך</td><td>אשר</td><td>וכל</td><td>ובנתיך</td><td>ובניך</td></tr>
<tr><td>𐤄𐤅𐤑𐤀</td><td>𐤁𐤏𐤉𐤓</td><td>𐤋𐤊</td><td>𐤀𐤔𐤓</td><td>𐤅𐤊𐤋</td><td>𐤅𐤁𐤍𐤕𐤉𐤊</td><td>𐤅𐤁𐤍𐤉𐤊</td></tr>
<tr><td>saca</td><td>en-la-ciudad</td><td>a-ti</td><td>que</td><td>y-todo</td><td>y-tus-hijas</td><td>y-tus-hijos
edificador</td></tr>
</table>

19:13

<table>
<tr><td>191 | 751</td><td>401</td><td>115</td><td>798 | 1358</td><td>30</td><td>191 | 751</td><td>90 | 740</td></tr>
<tr><td>קום</td><td>את</td><td>אנך</td><td>שחת</td><td>כי</td><td>קום</td><td>מן</td></tr>
<tr><td>הַמָּקוֹם</td><td>אֶת־</td><td>אֲנַחְנוּ</td><td>מַשְׁחִתִים</td><td>כִּי־</td><td>הַמָּקוֹם׃</td><td>מִן־</td></tr>
<tr><td>hamakom</td><td>et</td><td>anajnu</td><td>mashjitim</td><td>Ki</td><td>. hamakom</td><td>min</td></tr>
<tr><td>המקום</td><td>את</td><td>אנחנו</td><td>משחתים</td><td>כי</td><td>המקום</td><td>מן</td></tr>
<tr><td>𐤄𐤌𐤒𐤅𐤌</td><td>𐤀𐤕</td><td>𐤀𐤍𐤇𐤍𐤅</td><td>𐤌𐤔𐤇𐤕𐤉𐤌</td><td>𐤊𐤉</td><td>𐤄𐤌𐤒𐤅𐤌</td><td>𐤌𐤍</td></tr>
<tr><td>el-lugar</td><td>..</td><td>nosotros</td><td>estamos-arruinando
destruir</td><td>Que
porque</td><td>. el-lugar</td><td>de
desde</td></tr>
</table>

<table>
<tr><td>26</td><td>140</td><td>401</td><td>700 | 1260</td><td>42</td><td>30</td><td>17</td></tr>
<tr><td>היה</td><td>פנה</td><td>את</td><td>צעק</td><td>גדל</td><td>כי</td><td>זה</td></tr>
<tr><td>יְהוָה</td><td>פְּנֵי</td><td>אֶת־</td><td>צַעֲקָתָם</td><td>גָּדְלָה</td><td>כִּי־</td><td>הַזֶּה</td></tr>
<tr><td>YHVH</td><td>peney</td><td>et</td><td>tsa'akatam</td><td>gadelah</td><td>ki</td><td>hazeh</td></tr>
<tr><td>יהוה</td><td>פני</td><td>את</td><td>צעקתם</td><td>גדלה</td><td>כי</td><td>הזה</td></tr>
<tr><td>𐤉𐤄𐤅𐤄</td><td>𐤐𐤍𐤉</td><td>𐤀𐤕</td><td>𐤑𐤏𐤒𐤕𐤌</td><td>𐤂𐤃𐤋𐤄</td><td>𐤊𐤉</td><td>𐤄𐤆𐤄</td></tr>
<tr><td>YHVH</td><td>faces-de
presencia; superficie</td><td>..</td><td>su-clamor
gritar</td><td>engrandeció</td><td>que
porque</td><td>el-éste</td></tr>
</table>

19:14

<table>
<tr><td>31</td><td>222</td><td>45</td><td>107</td><td>743</td><td>26</td><td>410</td></tr>
<tr><td>אלה</td><td>דבר</td><td>לוט</td><td>יצא</td><td>שחת</td><td>היה</td><td>שלח</td></tr>
<tr><td>אֶל־</td><td>וַיְדַבֵּר</td><td>לוֹט</td><td>וַיֵּצֵא</td><td>לְשַׁחֲתָהּ׃</td><td>יְהוָה</td><td>וַיְשַׁלְּחֵנוּ</td></tr>
<tr><td>el</td><td>vayedaber</td><td>Lot</td><td>Vayetse</td><td>. leshajatah</td><td>YHVH</td><td>vayeshalejenu</td></tr>
<tr><td>אל</td><td>וידבר</td><td>לוט</td><td>ויצא</td><td>לשחתה</td><td>יהוה</td><td>וישלחנו</td></tr>
<tr><td>𐤀𐤋</td><td>𐤅𐤉𐤃𐤁𐤓</td><td>𐤋𐤅𐤈</td><td>𐤅𐤉𐤑𐤀</td><td>𐤋𐤔𐤇𐤕𐤄</td><td>𐤉𐤄𐤅𐤄</td><td>𐤅𐤉𐤔𐤋𐤇𐤍𐤅</td></tr>
<tr><td>a
hacia</td><td>y-habló</td><td>Lot</td><td>Y-salió</td><td>. para-arruinarla
destruir</td><td>YHVH</td><td>y-nos-envió
[con fuerza o urgencia]</td></tr>
</table>

<table>
<tr><td>90 | 740</td><td>97</td><td>152</td><td>257</td><td>468</td><td>148</td><td>474</td></tr>
<tr><td>מן</td><td>יצא</td><td>קום</td><td>אמר</td><td>בנה</td><td>לקח</td><td>חתן</td></tr>
<tr><td>מִן־</td><td>צְּאוּ</td><td>קוּמוּ</td><td>וַיֹּאמֶר</td><td>בְנֹתָיו</td><td>לֹקְחֵי</td><td>חֲתָנָיו</td></tr>
<tr><td>min</td><td>tse'ú</td><td>kumu</td><td>vayómer</td><td>venotav</td><td>lokjey</td><td>jatanav</td></tr>
<tr><td>מן</td><td>צאו</td><td>קומו</td><td>ויאמר</td><td>בנתיו</td><td>לקחי</td><td>חתניו</td></tr>
<tr><td>𐤌𐤍</td><td>𐤑𐤀𐤅</td><td>𐤒𐤅𐤌𐤅</td><td>𐤅𐤉𐤀𐤌𐤓</td><td>𐤁𐤍𐤕𐤉𐤅</td><td>𐤋𐤒𐤇𐤉</td><td>𐤇𐤕𐤍𐤉𐤅</td></tr>
<tr><td>de
desde</td><td>salid</td><td>levantaos</td><td>y-dijo</td><td>sus-hijas</td><td>los-que-tomaron-a</td><td>sus-yernos</td></tr>
</table>

285	401	26	758	30	17	191 | 751
עור	את	היה	שחת	כי	זה	קום
הָעִ֑יר	אֶת־	יְהוָ֖ה	מַשְׁחִ֥ית	כִּֽי־	הַזֶּ֔ה	הַמָּק֣וֹם
ha'ir	*et*	*YHVH*	*mashjit*	*ki*	*hazeh*	*hamakom*
העיר	את	יהוה	משחית	כי	הזה	המקום
𐤄𐤏𐤉𐤓	𐤀𐤕	𐤉𐤄𐤅𐤄	𐤌𐤔𐤇𐤉𐤕	𐤊𐤉	𐤄𐤆𐤄	𐤄𐤌𐤒𐤅𐤌
la-ciudad	··	YHVH	está-arruinando destruir	que porque	el-éste	el-lugar

19:15

105	513	72	474	142	258	31
עלה	שחר	כמו	חתן	עין	צחק	היה
עָלָ֔ה	הַשַּׁ֣חַר	וּכְמ֗וֹ	חֲתָנָֽיו׃	בְּעֵינֵ֥י	כִמְצַחֵ֖ק	וַיְהִ֥י
alah	*hashajar*	*Ujemó*	*. jatanav*	*be'eyney*	*jimtsajet*	*vayehí*
עלה	השחר	וכמו	חתניו	בעיני	כמצחק	ויהי
𐤏𐤋𐤄	𐤄𐤔𐤇𐤓	𐤅𐤊𐤌𐤅	𐤇𐤕𐤍𐤉𐤅	𐤁𐤏𐤉𐤍𐤉	𐤊𐤌𐤑𐤇𐤒	𐤅𐤉𐤄𐤉
ascendió	el-alba	Y-como	. sus-yernos	en-ojos-de	como-el-que-riendo [con intensidad]	y-fue

401	108	146 | 706	271	47	146 | 706	123
את	לקח	קום	אמר	לוט	לאך	אוץ
אֶת־	קַ֠ח	ק֞וּם	לֵאמֹ֑ר	בְּל֣וֹט	הַמַּלְאָכִ֖ים	וַיָּאִ֥יצוּ
et	*kaj*	*kum*	*lemor*	*beLot*	*hamalajim*	*vaya'itsú*
את	קח	קום	לאמר	בלוט	המלאכים	ויאיצו
𐤀𐤕	𐤒𐤇	𐤒𐤅𐤌	𐤋𐤀𐤌𐤓	𐤁𐤋𐤅𐤈	𐤄𐤌𐤋𐤀𐤊𐤉𐤌	𐤅𐤉𐤀𐤉𐤑𐤅
··	toma	levántate	al-decir	en-Lot	los-mensajeros	apremiaron

545	130 | 780	586	482 | 962	710	407	721 | 1201
ספה	פן	מצא	בנה	שנה	את	איש
תִּסָּפֶ֖ה	פֶּן־	הַנִּמְצָאֹ֔ת	בְנֹתֶ֙יךָ֙	שְׁתֵּ֤י	וְאֶת־	אִשְׁתְּךָ֞
tisafeh	*pen*	*hanimtsa'ot*	*venoteyja*	*shtey*	*ve'et*	*ishteja*
תספה	פן	הנמצאת	בנתיך	שתי	ואת	אשתך
𐤕𐤎𐤐𐤄	𐤐𐤍	𐤄𐤍𐤌𐤑𐤀𐤕	𐤁𐤍𐤕𐤉𐤊	𐤔𐤕𐤉	𐤅𐤀𐤕	𐤀𐤔𐤕𐤊
seas-removido	no-sea-que quizá	las-encontradas	tus-hijas	dos-de	y-··	tu-varona

19:16

22	22	406 | 966	137	506	285	128 | 778
יד	יד	אנש	חזק	מהה	עור	עוה
וּבְיַד־	בְּיָד֣וֹ	הָאֲנָשִׁ֜ים	וַיַּחֲזִ֨קוּ	וַֽיִּתְמַהְמָ֓הּ	הָעִֽיר׃	בַּעֲוֺ֥ן
uveyad	*beyadó*	*ha'anashim*	*vayajaziku*	*Vayitmahmah*	*. ha'ir*	*ba'avón*
וביד	בידו	האנשים	ויחזקו	ויתמהמה	העיר	בעון
𐤅𐤁𐤉𐤃	𐤁𐤉𐤃𐤅	𐤄𐤀𐤍𐤔𐤉𐤌	𐤅𐤉𐤇𐤆𐤒𐤅	𐤅𐤉𐤕𐤌𐤄𐤌𐤄	𐤄𐤏𐤉𐤓	𐤁𐤏𐤅𐤍
y-en-mano-de	en-su-mano	los-hombres mortal	y-agarraron	Y-retrasándose-éL titubear; vacilar	. la-ciudad	con-la-perversidad-de culpa

116	26	480	468	710	22	707
עלה	היה	חמל	בנה	שנה	יד	איש
עָלָיו	יְהוָה	בְּחֶמְלַת	בְּנֹתָיו	שְׁתֵּי	וּבְיַד	אִשְׁתּוֹ
alav	*YHVH*	*bejemlat*	*venotav*	*shtey*	*uveyad*	*ishtó*
עליו	יהוה	בחמלת	בנתיו	שתי	וביד	אשתו
𐤏𐤋𐤉𐤅	𐤉𐤄𐤅𐤄	𐤁𐤇𐤌𐤋𐤕	𐤁𐤍𐤕𐤉𐤅	𐤔𐤕𐤉	𐤅𐤁𐤉𐤃	𐤀𐤔𐤕𐤅
sobre-él	YHVH	con-piedad-de	sus-hijas	dos-de	y-en-mano-de	su-varona

19:17

441 | 1001	172 | 732	31	310	144 | 954	85	118
את	יצא	היה	עור	חוץ	נוח	יצא
אֹתָם	כְּהוֹצִיאָם	וַיְהִי	לָעִיר׃	מִחוּץ	וַיַּנִּחֻהוּ	וַיֹּצִאֻהוּ
otam	*jehotsi'am*	*Vayehí*	*. la'ir*	*mijuts*	*vayanijuhu*	*vayotsi'uhu*
אתם	כהוציאם	ויהי	לעיר	מחוץ	וינחהו	ויצאהו
𐤀𐤕𐤌	𐤊𐤄𐤅𐤑𐤉𐤀𐤌	𐤅𐤉𐤄𐤉	𐤋𐤏𐤉𐤓	𐤌𐤇𐤅𐤑	𐤅𐤉𐤍𐤇𐤄𐤅	𐤅𐤉𐤑𐤀𐤄𐤅
a-ellos	al-sacarlos	Y-fue	. a-la-ciudad	de-fuera calle	y-le-dieron-descanso	y-lo-sacaron

421	31	450 | 930	100	84	257	114
נבט	אל	נפש	עלה	מלט	אמר	חוץ
תַּבִּיט	אַל־	נַפְשֶׁךָ	עַל־	הִמָּלֵט	וַיֹּאמֶר	הַחוּצָה
tabit	*al*	*nafsheja*	*al*	*himalet*	*vayómer*	*hajutsah*
תביט	אל	נפשך	על	המלט	ויאמר	החוצה
𐤕𐤁𐤉𐤈	𐤀𐤋	𐤍𐤐𐤔𐤊	𐤏𐤋	𐤄𐤌𐤋𐤈	𐤅𐤉𐤀𐤌𐤓	𐤄𐤇𐤅𐤑𐤄
observes	no	tu-alma aliento; garganta; ser	por	escapa	y-dijo	afuera

84	215	245	52	514	106	239 | 719
מלט	הרר	כרר	כלל	עמד	אל	אחר
הִמָּלֵט	הָהָרָה	הַכִּכָּר	בְּכָל־	תַּעֲמֹד	וְאַל־	אַחֲרֶיךָ
himalet	*haharah*	*hakikar*	*bejol*	*ta'amod*	*ve'al*	*ajareyja*
המלט	ההרה	הככר	בכל	תעמד	ואל	אחריך
𐤄𐤌𐤋𐤈	𐤄𐤄𐤓𐤄	𐤄𐤊𐤊𐤓	𐤁𐤊𐤋	𐤕𐤏𐤌𐤃	𐤅𐤀𐤋	𐤀𐤇𐤓𐤉𐤊
escapa	a-la-montaña	la-llanura	en-toda	estés [de pie]	y-no	después-de-ti

19:18

51	31	76 | 636	45	257	545	130 | 780
נא	אל	אלה	לוט	אמר	ספה	פן
נָא	אַל־	אֲלֵהֶם	לוֹט	וַיֹּאמֶר	תִּסָּפֶה׃	פֶּן־
na	*al*	*aléhem*	*Lot*	*Vayómer*	*. tisafeh*	*pen*
נא	אל	אלהם	לוט	ויאמר	תספה	פן
𐤍𐤀	𐤀𐤋	𐤀𐤋𐤄𐤌	𐤋𐤅𐤈	𐤅𐤉𐤀𐤌𐤓	𐤕𐤎𐤐𐤄	𐤐𐤍
por-favor ahora	no	a-ellos	Lot	Y-dijo	. seas-removido	no-sea-que quizá

19:19

162 | 642	58 | 708	96 | 576	131	51	60	65
עין	חנן	עבד	מצא	נא	הן	אדן
בְּעֵינֶיךָ	חֵן	עַבְדְּךָ	מָצָא	נָא	הִנֵּה־	אֲדֹנָי׃
be'eyneyja	*jen*	*avdeja*	*matsá*	*na*	*Hineh*	*. Adonay*
בעיניך	חן	עבדך	מצא	נא	הנה	אדני
𐤁𐤏𐤉𐤍𐤉𐤊	𐤇𐤍	𐤏𐤁𐤃𐤊	𐤌𐤑𐤀	𐤍𐤀	𐤄𐤍𐤄	𐤀𐤃𐤍𐤉
en-tus-ojos	gracia favor	tu-siervo	encontró	por-favor ahora	¡Mira! he-aquí	. Adonay

401	459	124	780	501	92 | 572	443
את	חיה	עמד	עשה	אשר	חסד	גדל
אֶת־	לְהַחֲיוֹת	עִמָּדִי	עָשִׂיתָ	אֲשֶׁר	חַסְדְּךָ	וַתַּגְדֵּל
et	*lehajayot*	*imadí*	*asita*	*asher*	*jasdeja*	*vatagdel*
את	להחיות	עמדי	עשית	אשר	חסדך	ותגדל
𐤀𐤕	𐤋𐤄𐤇𐤉𐤅𐤕	𐤏𐤌𐤃𐤉	𐤏𐤔𐤉𐤕	𐤀𐤔𐤓	𐤇𐤎𐤃𐤊	𐤅𐤕𐤂𐤃𐤋
..	para-hacer-vivir	conmigo a-mi-lado	hiciste	que	tu-bondad	y-engrandeciste

130 | 780	215	114	57	31	87	440
פן	הרר	מלט	יכל	לא	אנך	נפש
פֶּן־	הָהָרָה	לְהִמָּלֵט	אוּכַל	לֹא	וְאָנֹכִי	נַפְשִׁי
pen	*haharah*	*lehimalet*	*ujal*	*lo*	*ve'anojí*	*nafshí*
פן	ההרה	להמלט	אוכל	לא	ואנכי	נפשי
𐤐𐤍	𐤄𐤄𐤓𐤄	𐤋𐤄𐤌𐤋𐤈	𐤀𐤅𐤊𐤋	𐤋𐤀	𐤅𐤀𐤍𐤊𐤉	𐤍𐤐𐤔𐤉
no-sea-que quizá	al-monte	para-escapar	podré	no	y-yo	mi-alma aliento; garganta; ser

19:20

413	285	51	60	456	280	566
זה	עור	נא	הן	מות	רעע	דבק
הַזֹּאת	הָעִיר	נָא	הִנֵּה־	וָמַתִּי׃	הָרָעָה	תִּדְבָּקַנִי
hazot	*ha'ir*	*na*	*Hineh*	*. vamatí*	*hara'ah*	*tidbakaní*
הזאת	העיר	נא	הנה	ומתי	הרעה	תדבקני
𐤄𐤆𐤀𐤕	𐤄𐤏𐤉𐤓	𐤍𐤀	𐤄𐤍𐤄	𐤅𐤌𐤕𐤉	𐤄𐤓𐤏𐤄	𐤕𐤃𐤁𐤒𐤍𐤉
la-ésta	la-ciudad	por-favor ahora	¡Mira! he-aquí	. y-muera	la-maldad	me-alcance

51	85	400	22	345	146	307
נא	מלט	צער	הוא	שם	נוס	קרב
נָּא	אִמָּלְטָה	מִצְעָר	וְהִיא	שָׁמָּה	לָנוּס	קְרֹבָה
na	*imáltah*	*mitsar*	*vehí*	*shamah*	*lanús*	*kerovah*
נא	אמלטה	מצער	והיא	שמה	לנוס	קרבה
𐤍𐤀	𐤀𐤌𐤋𐤈𐤄	𐤌𐤑𐤏𐤓	𐤅𐤄𐤉𐤀	𐤔𐤌𐤄	𐤋𐤍𐤅𐤎	𐤒𐤓𐤁𐤄
por-favor ahora	escaparé	insignificante	y-ella	allí	para-huir	cerca

19:21

257	440	424	12	400	36	345
אמר	נפש	חיה	הוא	צער	לא	שם
וַיֹּאמֶר	נַפְשִׁי׃	וּתְחִי	הִוא	מִצְעָר	הֲלֹא	שָׁמָּה
Vayómer	*. nafshí*	*utejí*	*hi*	*mitsar*	*haló*	*shamah*
ויאמר	נפשי	ותחי	הוא	מצער	הלא	שמה
𐤅𐤉𐤀𐤌𐤓	𐤍𐤐𐤔𐤉	𐤅𐤕𐤇𐤉	𐤄𐤅𐤀	𐤌𐤑𐤏𐤓	𐤄𐤋𐤀	𐤔𐤌𐤄
Y-dijo	. mi-alma aliento; garganta; ser	y-vivirá	ella	insignificante	¿Acaso-no	allí

17	236	43 | 603	160 | 640	761	60	47
זה	דבר	גם	פנה	נשא	הן	אלה
הַזֶּה	לַדָּבָר	גַּם	פָּנֶיךָ	נָשָׂאתִי	הִנֵּה	אֵלָיו
hazeh	*ladavar*	*gam*	*faneyja*	*nasati*	*hineh*	*elav*
הזה	לדבר	גם	פניך	נשאתי	הנה	אליו
𐤄𐤆𐤄	𐤋𐤃𐤁𐤓	𐤂𐤌	𐤐𐤍𐤉𐤊	𐤍𐤔𐤀𐤕𐤉	𐤄𐤍𐤄	𐤀𐤋𐤉𐤅
la-ésta	a-la-palabra asunto; cosa	también	tus-faces presencia; superficie	alzaré	¡Mira! he-aquí	a-él

19:22

245	606	501	285	401	115	472
מהר	דבר	אשר	עור	את	הפך	בלת
מַהֵר	דִּבַּרְתָּ׃	אֲשֶׁר	הָעִיר	אֶת־	הָפְכִּי	לְבִלְתִּי
Maher	*. dibarta*	*asher*	*ha'ir*	*et*	*hofkí*	*levilti*
מהר	דברת	אשר	העיר	את	הפכי	לבלתי
𐤌𐤄𐤓	𐤃𐤁𐤓𐤕	𐤀𐤔𐤓	𐤄𐤏𐤉𐤓	𐤀𐤕	𐤄𐤐𐤊𐤉	𐤋𐤁𐤋𐤕𐤉
Apresúrate	. hablaste	que	la-ciudad	..	destruiré [poner boca abajo]	de-modo-que-no

206	806	57	31	30	345	84
דבר	עשה	יכל	לא	כי	שם	מלט
דָּבָר	לַעֲשׂוֹת	אוּכַל	לֹא	כִּי	שָׁמָּה	הִמָּלֵט
davar	*la'asot*	*ujal*	*lo*	*ki*	*shamah*	*himalet*
דבר	לעשות	אוכל	לא	כי	שמה	המלט
𐤃𐤁𐤓	𐤋𐤏𐤔𐤅𐤕	𐤀𐤅𐤊𐤋	𐤋𐤀	𐤊𐤉	𐤔𐤌𐤄	𐤄𐤌𐤋𐤈
palabra asunto; cosa	para-hacer	podré	no	que porque	allí	escapa

340 | 900	301	70 | 720	100	345	23 | 503	74
שם	קרא	כן	עלה	שם	בוא	עד
שֵׁם־	קָרָא	כֵּן	עַל־	שָׁמָּה	בֹּאֲךָ	עַד־
shem	*kará*	*ken*	*al*	*shamah*	*bo'aja*	*ad*
שם	קרא	כן	על	שמה	באך	עד
𐤔𐤌	𐤒𐤓𐤀	𐤊𐤍	𐤏𐤋	𐤔𐤌𐤄	𐤁𐤀𐤊	𐤏𐤃
nombre-de [ubicación]	llamó	eso enderezar; rectamente	por	allí	tu-entrar venir	hasta

19:23

51	296 | 1106	100	101	645	360	285
לוט	ארץ	עלה	יצא	שמש	צער	עור
וְל֔וֹט	הָאָ֖רֶץ	עַל־	יָצָ֣א	הַשֶּׁ֕מֶשׁ	צֽוֹעַר׃	הָעִ֖יר
veLot	*ha'árets*	*al*	*yatsá*	*Hashémesh*	*. Tsó'ar*	*ha'ir*
ולוט	הארץ	על	יצא	השמש	צוער	העיר
𐤅𐤋𐤅𐤈	𐤄𐤀𐤓𐤑	𐤏𐤋	𐤉𐤑𐤀	𐤄𐤔𐤌𐤔	𐤑𐤅𐤏𐤓	𐤄𐤏𐤉𐤓
y-Lot	la-tierra [la seca]	sobre	salió	El-sol	. Tsó'ar	la-ciudad

19:24

106	104 | 664	100	264	32	365	3
עלה	·	עלה	מטר	היה	צער	בוא
וְעַל־	סְדֹ֛ם	עַל־	הִמְטִ֧יר	וַֽיהוָ֗ה	צֹֽעֲרָה׃	בָּ֥א
ve'al	*Sdom*	*al*	*himtir*	*VaYHVH*	*. Tso'árah*	*ba*
ועל	סדם	על	המטיר	ויהוה	צערה	בא
𐤅𐤏𐤋	𐤎𐤃𐤌	𐤏𐤋	𐤄𐤌𐤈𐤉𐤓	𐤅𐤉𐤄𐤅𐤄	𐤑𐤏𐤓𐤄	𐤁𐤀
y-sobre	Sdom	sobre	hizo-llover	Y-YHVH	. a-Tsó'ar	vino entrar

395 | 955	90 | 740	26	441	307	693	315
שם + מי	מן	היה	את	אש	·	עמר
הַשָּׁמָֽיִם׃	מִן־	יְהוָ֖ה	מֵאֵ֥ת	וָאֵ֑שׁ	גׇּפְרִ֣ית	עֲמֹרָ֖ה
. hashamáyim	*mi*	*YHVH*	*me'et*	*va'esh*	*gofrit*	*Amorah*
השמים	מן	יהוה	מאת	ואש	גפרית	עמרה
𐤄𐤔𐤌𐤉𐤌	𐤌𐤍	𐤉𐤄𐤅𐤄	𐤌𐤀𐤕	𐤅𐤀𐤔	𐤂𐤐𐤓𐤉𐤕	𐤏𐤌𐤓𐤄
. los-cielos [el firmamento]	de desde	YHVH	de-···	y-fuego	azufre	Amorah

19:25

245	50	407	36	325 | 885	401	121 | 601
כרר	כלל	את	אלה	עיר	את	הפך
הַכִּכָּ֑ר	כׇּל־	וְאֵת֙	הָאֵ֔ל	הֶעָרִ֣ים	אֶת־	וַיַּהֲפֹךְ֙
hakikar	*kol*	*ve'et*	*ha'el*	*he'arim*	*et*	*Vayahafoj*
הככר	כל	ואת	האל	הערים	את	ויהפך
𐤄𐤊𐤊𐤓	𐤊𐤋	𐤅𐤀𐤕	𐤄𐤀𐤋	𐤄𐤏𐤓𐤉𐤌	𐤀𐤕	𐤅𐤉𐤄𐤐𐤊
la-llanura	toda	y-···	las-éstas	las-ciudades	··	Y-destruyó [poner boca abajo]

19:26

417	55	144	325 | 885	322	50	407
נבט	אדם	צמח	עיר	ישב	כלל	את
וַתַּבֵּ֥ט	הָאֲדָמָֽה׃	וְצֶ֥מַח	הֶעָרִ֔ים	יֹשְׁבֵ֣י	כׇּל־	וְאֵת֙
Vatabet	*. ha'adamah*	*vetsemaj*	*he'arim*	*yoshvey*	*kol*	*ve'et*
ותבט	האדמה	וצמח	הערים	ישבי	כל	ואת
𐤅𐤕𐤁𐤈	𐤄𐤀𐤃𐤌𐤄	𐤅𐤑𐤌𐤇	𐤄𐤏𐤓𐤉𐤌	𐤉𐤔𐤁𐤉	𐤊𐤋	𐤅𐤀𐤕
Y-observó	. el-terreno [femenino de אדם]	y-brote-de germinado	las-ciudades	moradores-de	todos	y-···

19:27

248 | 808	376 | 936	78	152	421	265	707
אב + רום + המון	שכם	מלח	נצב	היה	אחר	איש
אַבְרָהָם	וַיַּשְׁכֵּם	מֶלַח׃	נְצִיב	וַתְּהִי	מֵאַחֲרָיו	אִשְׁתּוֹ
Avraham	*Vayashkem*	*. melaj*	*netsiv*	*vatehí*	*me'ajarav*	*ishtó*
אברהם	וישכם	מלח	נציב	ותהי	מאחריו	אשתו
𐤀𐤁𐤓𐤄𐤌	𐤅𐤉𐤔𐤊𐤌	𐤌𐤋𐤇	𐤍𐤑𐤉𐤁	𐤅𐤕𐤄𐤉	𐤌𐤀𐤇𐤓𐤉𐤅	𐤀𐤔𐤕𐤅
Avraham	Y-madrugó	. sal	columna-de estatua; pilar	y-fue	de-después-de-él	su-varona

401	340 | 900	114	501	191 | 751	31	304
את	שם	עמד	אשר	קום	אלה	בקר
אֶת־	שָׁם	עָמַד	אֲשֶׁר־	הַמָּקוֹם	אֶל־	בַבֹּקֶר
et	*sham*	*amad*	*asher*	*hamakom*	*el*	*babóker*
את	שם	עמד	אשר	המקום	אל	בבקר
𐤀𐤕	𐤔𐤌	𐤏𐤌𐤃	𐤀𐤔𐤓	𐤄𐤌𐤒𐤅𐤌	𐤀𐤋	𐤁𐤁𐤒𐤓
..	allí [ubicación]	estuvo [de pie]	que	el-lugar	a hacia	por-la-mañana

19:28

321	104 | 664	140	100	436 | 916	26	140
עמר	·	פנה	עלה	שקף	היה	פנה
וַעֲמֹרָה	סְדֹם	פְּנֵי	עַל־	וַיַּשְׁקֵף	יְהוָה׃	פְּנֵי
va'Amorah	*Sdom*	*peney*	*al*	*Vayashkef*	*. YHVH*	*peney*
ועמרה	סדם	פני	על	וישקף	יהוה	פני
𐤅𐤏𐤌𐤓𐤄	𐤎𐤃𐤌	𐤐𐤍𐤉	𐤏𐤋	𐤅𐤉𐤔𐤒𐤐	𐤉𐤄𐤅𐤄	𐤐𐤍𐤉
y-Amorah	Sdom	faces-de presencia; superficie	sobre	Y-se-asomó	. YHVH	faces-de presencia; superficie

66	217	245	291 | 1101	140	50	106
הן	ראה	כרר	ארץ	פנה	כלל	עלה
וְהִנֵּה	וַיַּרְא	הַכִּכָּר	אֶרֶץ	פְּנֵי	כָּל־	וְעַל־
vehineh	*vayar*	*hakikar*	*érets*	*peney*	*kol*	*ve'al*
והנה	וירא	הככר	ארץ	פני	כל	ועל
𐤅𐤄𐤍𐤄	𐤅𐤉𐤓𐤀	𐤄𐤊𐤊𐤓	𐤀𐤓𐤑	𐤐𐤍𐤉	𐤊𐤋	𐤅𐤏𐤋
y-¡Mira! he-aquí	y-vio	la-llanura	tierra-de [la seca]	faces-de presencia; superficie	todas	y-sobre

19:29

710	31	377 | 1027	339	296 | 1106	319	105
שחת	היה	כבש	קטר	ארץ	קטר	עלה
בְּשַׁחֵת	וַיְהִי	הַכִּבְשָׁן׃	כְּקִיטֹר	הָאָרֶץ	קִיטֹר	עָלָה
beshajet	*Vayehí*	*. hakivshán*	*kekitor*	*ha'árets*	*kitor*	*alah*
בשחת	ויהי	הכבשן	כקיטר	הארץ	קיטר	עלה
𐤁𐤔𐤇𐤕	𐤅𐤉𐤄𐤉	𐤄𐤊𐤁𐤔𐤍	𐤊𐤒𐤉𐤈𐤓	𐤄𐤀𐤓𐤑	𐤒𐤉𐤈𐤓	𐤏𐤋𐤄
en-arruinar destruir	Y-fue	. el-horno [de fundición]	como-humo-de vapor	la-tierra [la seca]	humo-de vapor	ascendió

401	86 | 646	243	245	280	401	86 | 646
את	אלהה	זכר	כרר	עיר	את	אלהה
אֶת־	אֱלֹהִים	וַיִּזְכֹּר	הַכִּכָּר	עָרֵי	אֶת־	אֱלֹהִים
et	*Elohim*	*vayizkor*	*hakikar*	*arey*	*et*	*Elohim*
את	אלהים	ויזכר	הככר	ערי	את	אלהים
𐤀𐤕	𐤀𐤋𐤄𐤉𐤌	𐤅𐤉𐤆𐤊𐤓	𐤄𐤊𐤊𐤓	𐤏𐤓𐤉	𐤀𐤕	𐤀𐤋𐤄𐤉𐤌
..	*elohim* Dios; dioses; magistrados	y-recordó	la-llanura	ciudades-de	..	*elohim* Dios; dioses; magistrados

107 | 587	115	466 | 946	45	401	354	248 | 808
הפך	הפך	תוך	לוט	את	שלח	אב + רום + המון
בַּהֲפֹךְ	הַהֲפֵכָה	מִתּוֹךְ	לוֹט	אֶת־	וַיְשַׁלַּח	אַבְרָהָם
bahafoj	*hahafejah*	*mitoj*	*Lot*	*et*	*vayeshalaj*	*Avraham*
בהפך	ההפכה	מתוך	לוט	את	וישלח	אברהם
𐤁𐤄𐤐𐤊	𐤄𐤄𐤐𐤊𐤄	𐤌𐤕𐤅𐤊	𐤋𐤅𐤈	𐤀𐤕	𐤅𐤉𐤔𐤋𐤇	𐤀𐤁𐤓𐤄𐤌
en-el-destruir [poner boca abajo]	la-destrucción [poner boca abajo]	del-medio-de	Lot	..	y-envió [con fuerza o urgencia]	Avraham

19:30

116	45	57 | 707	312	501	325 | 885	401
עלה	לוט	הוא	ישב	אשר	עיר	את
וַיַּעַל	לוֹט׃	בָּהֶן	יָשַׁב	אֲשֶׁר־	הֶעָרִים	אֶת־
Vaya'al	*. Lot*	*bahén*	*yashav*	*asher*	*he'arim*	*et*
ויעל	לוט	בהן	ישב	אשר	הערים	את
𐤅𐤉𐤏𐤋	𐤋𐤅𐤈	𐤁𐤄𐤍	𐤉𐤔𐤁	𐤀𐤔𐤓	𐤄𐤏𐤓𐤉𐤌	𐤀𐤕
Y-ascendió	. Lot	en-ellas	se-asentó	que	las-ciudades	..

116	468	716	207	318	406	45
עם	בנה	שנה	הרר	ישב	צער	לוט
עִמּוֹ	בְנֹתָיו	וּשְׁתֵּי	בָּהָר	וַיֵּשֶׁב	מִצּוֹעַר	לוֹט
imó	*venotav*	*ushtey*	*bahar*	*vayéshev*	*miTsó'ar*	*Lot*
עמו	בנתיו	ושתי	בהר	וישב	מצוער	לוט
𐤏𐤌𐤅	𐤁𐤍𐤕𐤉𐤅	𐤅𐤔𐤕𐤉	𐤁𐤄𐤓	𐤅𐤉𐤔𐤁	𐤌𐤑𐤅𐤏𐤓	𐤋𐤅𐤈
con-él	sus-hijas	y-dos-de	en-el-monte	y-se-asentó	de-Tsó'ar	Lot

12	317	318	368	732	211	30
הוא	עור	ישב	צער	ישב	ירא	כי
הוּא	בַּמְּעָרָה	וַיֵּשֶׁב	בְּצוֹעַר	לָשֶׁבֶת	יָרֵא	כִּי
hu	*bame'arah*	*vayéshev*	*beTsó'ar*	*lashévet*	*yaré*	*ki*
הוא	במערה	וישב	בצוער	לשבת	ירא	כי
𐤄𐤅𐤀	𐤁𐤌𐤏𐤓𐤄	𐤅𐤉𐤔𐤁	𐤁𐤑𐤅𐤏𐤓	𐤋𐤔𐤁𐤕	𐤉𐤓𐤀	𐤊𐤉
él	en-la-cueva	y-se-asentó	en-Tsó'ar	para-asentar	temió	que porque

19:31

69	380	31	242	647	468	716
אב	צער	אלה	בכר	אמר	בנה	שנה
אָבִ֑ינוּ	הַצְּעִירָ֔ה	אֶל־	הַבְּכִירָ֛ה	וַתֹּ֧אמֶר	בְּנֹתָֽיו׃	וּשְׁתֵּ֥י
avinu	*hatse'irah*	*el*	*habejirah*	*Vatómer*	*. venotav*	*ushtey*
אבינו	הצעירה	אל	הבכירה	ותאמר	בנתיו	ושתי
𐤀𐤁𐤉𐤍𐤅	𐤄𐤑𐤏𐤉𐤓𐤄	𐤀𐤋	𐤄𐤁𐤊𐤉𐤓𐤄	𐤅𐤕𐤀𐤌𐤓	𐤁𐤍𐤕𐤉𐤅	𐤅𐤔𐤕𐤉
nuestro-padre	la-menor	a hacia	la-primogénita primicia	Y-dijo	. sus-hijas	y-dos-de

244 | 724	166	39	293 | 1103	61 | 711	317	157 | 807
דרך	עלה	בוא	ארץ	אין	איש	זקן
כְּדֶ֥רֶךְ	עָלֵ֖ינוּ	לָב֣וֹא	בָּאָ֙רֶץ֙	אֵ֤ין	וְאִ֨ישׁ	זָקֵ֑ן
kedérej	*aleynu*	*lavó*	*ba'árets*	*eyn*	*ve'ish*	*zakén*
כדרך	עלינו	לבוא	בארץ	אין	ואיש	זקן
𐤊𐤃𐤓𐤊	𐤏𐤋𐤉𐤍𐤅	𐤋𐤁𐤅𐤀	𐤁𐤀𐤓𐤑	𐤀𐤉𐤍	𐤅𐤀𐤉𐤔	𐤆𐤒𐤍
según-camino	sobre-nosotras	para-venir entrar	en-la-tierra [la seca]	no-hay	y-varón	anciano

19:32

70 | 720	69	401	455	55	296 | 1106	50
יין	אב	את	שקה	הלך	ארץ	כלל
יַ֖יִן	אָבִ֛ינוּ	אֶת־	נַשְׁקֶ֧ה	לְכָ֨ה	הָאָֽרֶץ׃	כָּל־
yayín	*avinu*	*et*	*nashkeh*	*Lejah*	*. ha'árets*	*kol*
יין	אבינו	את	נשקה	לכה	הארץ	כל
𐤉𐤉𐤍	𐤀𐤁𐤉𐤍𐤅	𐤀𐤕	𐤍𐤔𐤒𐤄	𐤋𐤊𐤄	𐤄𐤀𐤓𐤑	𐤊𐤋
vino	nuestro-padre	··	demos-de-beber	Anda	. la-tierra [la seca]	toda

19:33

401	866 | 1516	277	109	79	116	383
את	שקה	זרע	אב	חיה	עם	שכב
אֶת־	וַתַּשְׁקֶ֧יןָ	זָֽרַע׃	מֵאָבִ֖ינוּ	וּנְחַיֶּ֥ה	עִמּ֔וֹ	וְנִשְׁכְּבָ֣ה
et	*Vatashkeyna*	*. zara*	*me'avinu*	*unejayeh*	*imó*	*venishkevah*
את	ותשקין	זרע	מאבינו	ונחיה	עמו	ונשכבה
𐤀𐤕	𐤅𐤕𐤔𐤒𐤉𐤍	𐤆𐤓𐤏	𐤌𐤀𐤁𐤉𐤍𐤅	𐤅𐤍𐤇𐤉𐤄	𐤏𐤌𐤅	𐤅𐤍𐤔𐤊𐤁𐤄
··	Y-dieron-de-beber	. simiente semilla	de-nuestro-padre	y-conservemos	con-él	y-acostémonos

322	242	409	12	77	70 | 720	68 | 718
שכב	בכר	בוא	הוא	ליל	יין	אב
וַתִּשְׁכַּ֣ב	הַבְּכִירָה֙	וַתָּבֹ֤א	ה֑וּא	בַּלַּ֣יְלָה	יַ֖יִן	אֲבִיהֶ֛ן
vatishkav	*habejirah*	*vatavó*	*hu*	*baláylah*	*yayín*	*avihén*
ותשכב	הבכירה	ותבא	הוא	בלילה	יין	אביהן
𐤅𐤕𐤔𐤊𐤁	𐤄𐤁𐤊𐤉𐤓𐤄	𐤅𐤕𐤁𐤀	𐤄𐤅𐤀	𐤁𐤋𐤉𐤋𐤄	𐤉𐤉𐤍	𐤀𐤁𐤉𐤄𐤍
y-se-acostó	la-primogénita primicia	y-vino entrar	aquel	en-la-noche [la oscuridad]	vino	su-padre

19:34

31	159	329	84	37	18	401
היה	קום	שכב	ידע	לא	אב	את
וַיְהִי֙	וּבְקוּמָֽהּ׃	בְּשִׁכְבָ֖הּ	יָדַ֥ע	וְלֹֽא־	אָבִ֑יהָ	אֶת־
Vayehí	*. uvekumah*	*beshijvah*	*yadá*	*veló*	*aviha*	*et*
ויהי	ובקומה	בשכבה	ידע	ולא	אביה	את
𐤅𐤉𐤄𐤉	𐤅𐤁𐤒𐤅𐤌𐤄	𐤁𐤔𐤊𐤁𐤄	𐤉𐤃𐤏	𐤅𐤋𐤀	𐤀𐤁𐤉𐤄	𐤀𐤕
Y-fue	. y-en-levantar-ella	en-acostar-ella	conoció (él)	y-no	su-padre	··

732	55 | 705	380	31	242	647	688
שכב	הן	צער	אלה	בכר	אמר	אחר
שָׁכַ֥בְתִּי	הֵן־	הַצְּעִירָ֔ה	אֶל־	הַבְּכִירָה֙	וַתֹּ֤אמֶר	מִֽמָּחֳרָ֗ת
shajavti	*hen*	*hatse'irah*	*el*	*habejirah*	*vatómer*	*mimajorat*
שכבתי	הן	הצעירה	אל	הבכירה	ותאמר	ממחרת
𐤔𐤊𐤁𐤕𐤉	𐤄𐤍	𐤄𐤑𐤏𐤉𐤓𐤄	𐤀𐤋	𐤄𐤁𐤊𐤉𐤓𐤄	𐤅𐤕𐤀𐤌𐤓	𐤌𐤌𐤇𐤓𐤕
me-acosté	¡Mira! he-aquí	la-menor	a hacia	la-primogénita primicia	y-dijo	al-otro-día

80	43 | 603	70 | 720	506	13	401	341
ליל	גם	יין	שקה	אב	את	אמש
הַלַּ֔יְלָה	גַּם־	יַ֙יִן֙	נַשְׁקֶ֨נּוּ	אָבִ֑י	אֶת־	אֶ֖מֶשׁ
haláylah	*gam*	*yayín*	*nashkenú*	*aví*	*et*	*émesh*
הלילה	גם	יין	נשקנו	אבי	את	אמש
𐤄𐤋𐤉𐤋𐤄	𐤂𐤌	𐤉𐤉𐤍	𐤍𐤔𐤒𐤍𐤅	𐤀𐤁𐤉	𐤀𐤕	𐤀𐤌𐤔
ésta-noche [la oscuridad]	también	vino	démosle-de-beber	mi-padre	··	anoche

19:35

866 | 1516	277	109	79	116	332	19
שקה	זרע	אב	חיה	עם	שכב	בוא
וַתַּשְׁקֶ֜יןָ	זָֽרַע׃	מֵאָבִ֖ינוּ	וּנְחַיֶּ֥ה	עִמּ֔וֹ	שִׁכְבִ֣י	וּבֹ֙אִי֙
Vatashkeyna	*. zara*	*me'avinu*	*unejayeh*	*imó*	*shijví*	*uvo'í*
ותשקין	זרע	מאבינו	ונחיה	עמו	שכבי	ובאי
𐤅𐤕𐤔𐤒𐤉𐤍	𐤆𐤓𐤏	𐤌𐤀𐤁𐤉𐤍𐤅	𐤅𐤍𐤇𐤉𐤄	𐤏𐤌𐤅	𐤔𐤊𐤁𐤉	𐤅𐤁𐤀𐤉
Y-dieron-de-beber	. simiente semilla	de-nuestro-padre	y-conservemos	con-él	acuéstate	y-ve entrar

546 | 1106	70 | 720	68 | 718	401	17	77	43 | 603
קום	יין	אב	את	הוא	ליל	גם
וַתָּ֤קָם	יָ֑יִן	אֲבִיהֶ֖ן	אֶת־	הַה֛וּא	בַּלַּ֧יְלָה	גַּ֣ם
vatákom	*yayín*	*avihén*	*et*	*hahú*	*baláylah*	*gam*
ותקם	יין	אביהן	את	ההוא	בלילה	גם
𐤅𐤕𐤒𐤌	𐤉𐤉𐤍	𐤀𐤁𐤉𐤄𐤍	𐤀𐤕	𐤄𐤄𐤅𐤀	𐤁𐤋𐤉𐤋𐤄	𐤂𐤌
y-se-levantó	vino	su-padre	··	el-aquel	en-la-noche [la oscuridad]	también

159	329	84	37	116	322	380
קום	שכב	ידע	לא	עם	שכב	צער
וּבְקֻמָהּ׃	בְּשִׁכְבָהּ	יָדַע	וְלֹא־	עִמּוֹ	וַתִּשְׁכַּב	הַצְּעִירָה
. uvekumah	beshijvah	yadá	veló	imó	vatishkav	hatse'irah
ובקמה	בשכבה	ידע	ולא	עמו	ותשכב	הצעירה
ובקמה	בשכבה	ידע	ולא	עמו	ותשכב	הצעירה
. y-en-levantar-ella [escritura defectiva]	en-acostar-ella	conoció (él)	y-no	con-él	y-se-acostó	la-menor

19:37

19:36

242	440	108 | 758	45	458	710	671 | 1321
בכר	ילד	אב	לוט	בנה	שנה	הרה
הַבְּכִירָה	וַתֵּלֶד	מֵאֲבִיהֶן׃	לוֹט	בְנוֹת־	שְׁתֵּי	וַתַּהֲרֶיןָ
habejirah	Vatéled	. me'avihén	Lot	venot	shtey	Vatahareyna
הבכירה	ותלד	מאביהן	לוט	בנות	שתי	ותהרין
הבכירה	ותלד	מאביהן	לוט	בנות	שתי	ותהרין
la-primogénita primicia	Y-engendró	. de-su-padre	Lot	hijas-de	dos	Y-concibieron

49	13	12	49	346	707	52 | 702
אב	אב	הוא	אב	שם	קרא	בנה
מוֹאָב	אֲבִי־	הוּא	מוֹאָב	שְׁמוֹ	וַתִּקְרָא	בֵּן
Mo'av	aví	hu	Mo'av	shmó	vatikrá	ben
מואב	אבי	הוא	מואב	שמו	ותקרא	בן
מואב	אבי	הוא	מואב	שמו	ותקרא	בן
Mo'av	padre-de	él	Mo'av	su-nombre [ubicación]	y-llamó	hijo edificador

19:38

52 | 702	49	12	43 | 603	386	61 | 621	74
בנה	ילד	הוא	גם	צער	יום	עד
בֵּן	יָלְדָה	הִוא	גַם־	וְהַצְּעִירָה	הַיּוֹם׃	עַד־
ben	yaldah	hi	gam	Vehatse'irah	. hayom	ad
בן	ילדה	הוא	גם	והצעירה	היום	עד
בן	ילדה	הוא	גם	והצעירה	היום	עד
hijo edificador	engendró	ella	también	Y-la-menor	. hoy día; tiempo [la luz]	hasta

62	13	12	120	52 | 702	346	707
בנה	אב	הוא	עמם	בנה	שם	קרא
בְנֵי־	אֲבִי	הוּא	עַמִּי	בֶּן־	שְׁמוֹ	וַתִּקְרָא
veney	aví	hu	Amí	Ben	shmó	vatikrá
בני	אבי	הוא	עמי	בן	שמו	ותקרא
בני	אבי	הוא	עמי	בן	שמו	ותקרא
hijos-de edificador	padre-de	él	Amí	Ben	su-nombre [ubicación]	y-llamó

61 | 621	74	166 | 816
יום	עד	עמם
הַיּוֹם׃	עַד־	עַמּוֹן
. hayom	*ad*	*Amón*
היום	עד	עמון
𐤄𐤉𐤅𐤌	𐤏𐤃	𐤏𐤌𐤅𐤍
. hoy día; tiempo [la luz]	hasta	Amón

Total de palabras hebreas: 563.
Total de consonantes hebreas: 2146.
Consonantes ausentes: -

20:1

62 | 712	318	60	296	248 | 808	380 | 940	146
בין	ישב	נגב	ארץ	אב + רום + המון	שם	נסע
בֵּין־	וַיֵּשֶׁב	הַנֶּגֶב	אַרְצָה	אַבְרָהָם	מִשָּׁם	וַיִּסַּע
beyn	*vayéshev*	*haNégev*	*artsah*	*Avraham*	*misham*	*Vayisá*
בין	וישב	הנגב	ארצה	אברהם	משם	ויסע
𐤁𐤉𐤍	𐤅𐤉𐤔𐤁	𐤄𐤍𐤂𐤁	𐤀𐤓𐤑𐤄	𐤀𐤁𐤓𐤄𐤌	𐤌𐤔𐤌	𐤅𐤉𐤎𐤏
entre	y-se-asentó	el-Néguev [sur]	a-tierra-de [la seca]	Avraham	de-allí [ubicación]	Y-partió [retirar estacas]

20:2

248 | 808	257	405	219	506	68 | 718	404
אב + רום + המון	אמר	גרר	גור	שור	בין	קדש
אַבְרָהָם	וַיֹּאמֶר	בִּגְרָר׃	וַיָּגָר	שׁוּר	וּבֵין	קָדֵשׁ
Avraham	*Vayómer*	*. biGerar*	*vayagar*	*Shur*	*uveyn*	*Kadesh*
אברהם	ויאמר	בגרר	ויגר	שור	ובין	קדש
𐤀𐤁𐤓𐤄𐤌	𐤅𐤉𐤀𐤌𐤓	𐤁𐤂𐤓𐤓	𐤅𐤉𐤂𐤓	𐤔𐤅𐤓	𐤅𐤁𐤉𐤍	𐤒𐤃𐤔
Avraham	Y-dijo	. en-Gerar	y-residió [como extranjero]	Shur	y-entre	Kadesh

103 | 583	354	12	419	707	505	31
אב + מלך	שלח	הוא	אח	איש	שרר	אלה
אֲבִימֶלֶךְ	וַיִּשְׁלַח	הִוא	אֲחֹתִי	אִשְׁתּוֹ	שָׂרָה	אֶל־
Avimélej	*vayishlaj*	*hi*	*ajotí*	*ishtó*	*Sarah*	*el*
אבימלך	וישלח	הוא	אחתי	אשתו	שרה	אל
𐤀𐤁𐤉𐤌𐤋𐤊	𐤅𐤉𐤔𐤋𐤇	𐤄𐤅𐤀	𐤀𐤇𐤕𐤉	𐤀𐤔𐤕𐤅	𐤔𐤓𐤄	𐤀𐤋
Avimélej	y-envió	ella	mi-hermana	su-varona	Sarah	a hacia

20:3

86 | 646	19	505	401	124	403	90 | 570
אלהה	בוא	שרר	את	לקח	גרר	מלך
אֱלֹהִים	וַיָּבֹא	שָׂרָה׃	אֶת־	וַיִּקַּח	גְּרָר	מֶלֶךְ
Elohim	*Vayavó*	*. Sarah*	*et*	*vayikaj*	*Gerar*	*mélej*
אלהים	ויבא	שרה	את	ויקח	גרר	מלך
𐤀𐤋𐤄𐤉𐤌	𐤅𐤉𐤁𐤀	𐤔𐤓𐤄	𐤀𐤕	𐤅𐤉𐤒𐤇	𐤂𐤓𐤓	𐤌𐤋𐤊
elohim Dios; dioses; magistrados	Y-vino	. Sarah	..	y-tomó	Gerar	rey-de

75 | 555	36	257	80	86 | 646	103 | 583	31
הן	הוא	אמר	ליל	חלם	אב + מלך	אלה
הִנְּךָ	לוֹ	וַיֹּאמֶר	הַלַּיְלָה	בַּחֲלוֹם	אֲבִימֶלֶךְ	אֶל־
hineja	*lo*	*vayómer*	*haláylah*	*bajalom*	*Avimélej*	*el*
הנך	לו	ויאמר	הלילה	בחלום	אבימלך	אל
𐤄𐤍𐤊	𐤋𐤅	𐤅𐤉𐤀𐤌𐤓	𐤄𐤋𐤉𐤋𐤄	𐤁𐤇𐤋𐤅𐤌	𐤀𐤁𐤉𐤌𐤋𐤊	𐤀𐤋
¡Mira-tú! he-aquí	a-él	y-dijo	la-noche [la oscuridad]	en-el-sueño-de	Avimélej	a hacia

502	22	538	501	311	100	440
בעל	הוא	לקח	אשר	איש	עלה	מות
בְּעֻלַת	וְהִוא	לָקַחְתָּ	אֲשֶׁר־	הָאִשָּׁה	עַל־	מֵת
be'ulat	*vehí*	*lakajta*	*asher*	*ha'ishah*	*al*	*met*
בעלת	והוא	לקחת	אשר	האשה	על	מת
𐤁𐤏𐤋𐤕	𐤅𐤄𐤅𐤀	𐤋𐤒𐤇𐤕	𐤀𐤔𐤓	𐤄𐤀𐤔𐤄	𐤏𐤋	𐤌𐤕
casada-con	y-ella	tomaste	que	la-varona	por	muriendo

20:4

65	257	46	302	31	109 | 589	102
אדן	אמר	אלה	קרב	לא	אב + מלך	בעל
אֲדֹנָי	וַיֹּאמַר	אֵלֶיהָ	קָרַב	לֹא	וַאֲבִימֶלֶךְ	בָּעַל׃
Adonay	*vayomar*	*eleyha*	*karav*	*lo*	*Va'Avimélej*	*. ba'al*
אדני	ויאמר	אליה	קרב	לא	ואבימלך	בעל
𐤀𐤃𐤍𐤉	𐤅𐤉𐤀𐤌𐤓	𐤀𐤋𐤉𐤄	𐤒𐤓𐤁	𐤋𐤀	𐤅𐤀𐤁𐤉𐤌𐤋𐤊	𐤁𐤏𐤋
Adonay	y-dijo	a-ella	se-acercó	no	Y-Avimélej	. señor aliado; marido

20:5

241	12	36	608	204	43 | 603	24
אמר	הוא	לא	הרג	צדק	גם	גאה
אָמַר־	הוּא	הֲלֹא	תַּהֲרֹג׃	צַדִּיק	גַּם־	הֲגוֹי
amar	*hu*	*Haló*	*. taharog*	*tsadik*	*gam*	*hagoy*
אמר	הוא	הלא	תהרג	צדיק	גם	הגוי
𐤀𐤌𐤓	𐤄𐤅𐤀	𐤄𐤋𐤀	𐤕𐤄𐤓𐤂	𐤑𐤃𐤉𐤒	𐤂𐤌	𐤄𐤂𐤅𐤉
dijo	él	¿Acaso-no	. matarás	justa	también	¿Acaso-nación gentil

241	12	43 | 603	22	12	419	40
אמר	הוא	גם	הוא	הוא	אח	·
אָמְרָה	הִוא	גַם־	וְהִיא־	הִוא	אֲחֹתִי	לִי
amrah	*hi*	*gam*	*vehí*	*hi*	*ajotí*	*li*
אמרה	הוא	גם	והיא	הוא	אחתי	לי
𐤀𐤌𐤓𐤄	𐤄𐤅𐤀	𐤂𐤌	𐤅𐤄𐤉𐤀	𐤄𐤅𐤀	𐤀𐤇𐤕𐤉	𐤋𐤉
dijo	ella	también	y-ella	ella	mi-hermana	a-mí

790	110	218 | 868	44	442 | 1002	12	19
עשה	כפף	נקה	לבב	תמם	הוא	אח
עָשִׂיתִי	כַּפַּי	וּבְנִקְיֹן	לְבָבִי	בְּתָם־	הִוא	אָחִי
asiti	*kapay*	*uvenikyón*	*levaví*	*betom*	*hu*	*ají*
עשיתי	כפי	ובנקין	לבבי	בתם	הוא	אחי
𐤏𐤔𐤉𐤕𐤉	𐤊𐤐𐤉	𐤅𐤁𐤍𐤒𐤉𐤍	𐤋𐤁𐤁𐤉	𐤁𐤕𐤌	𐤄𐤅𐤀	𐤀𐤇𐤉
hice	mis-palmas	y-con-limpieza-de	mi-corazón	con-honradez-de integridad; rectitud	él	mi-hermano

20:6

81	43 | 603	80 | 640	91 | 651	47	257	408
אנך	גם	חלם	אלהה	אלה	אמר	זה
אָנֹכִ֔י	גַּ֣ם	בַּחֲלֹ֗ם	הָֽאֱלֹהִ֜ים	אֵלָ֜יו	וַיֹּ֨אמֶר	זֹּֽאת׃
anojí	*gam*	*bajalom*	*ha'elohim*	*elav*	*Vayómer*	*. zot*
אנכי	גם	בחלם	האלהים	אליו	ויאמר	זאת
𐤀𐤍𐤊𐤉	𐤂𐤌	𐤁𐤇𐤋𐤌	𐤄𐤀𐤋𐤄𐤉𐤌	𐤀𐤋𐤉𐤅	𐤅𐤉𐤀𐤌𐤓	𐤆𐤀𐤕
yo	también	en-el-sueño [escritura defectiva]	*ha'elohim* Dios; dioses; magistrados	a-él	Y-dijo	. esto

335 | 815	408	780	54 | 534	442 | 1002	30	494
חשך	זה	עשה	לבב	תמם	כי	ידע
וָאֶחְשֹׂ֤ךְ	זֹּ֔את	עָשִׂ֣יתָ	לְבָבְךָ֙	בְתָם־	כִּ֤י	יָדַ֙עְתִּי֙
va'ejsoj	*zot*	*asita*	*levavja*	*vetom*	*ki*	*yadati*
ואחשך	זאת	עשית	לבבך	בתם	כי	ידעתי
𐤅𐤀𐤇𐤔𐤊	𐤆𐤀𐤕	𐤏𐤔𐤉𐤕	𐤋𐤁𐤁𐤊	𐤁𐤕𐤌	𐤊𐤉	𐤉𐤃𐤏𐤕𐤉
y-retuve	esto	hiciste	tu-corazón	con-honradez-de integridad; rectitud	que porque	he-conocido

70 | 720	100	40	63	427 | 907	81	43 | 603
כן	עלה	·	חטא	את	אנך	גם
כֵּ֥ן	עַל־	לִ֑י	מֵחֲטוֹ־	אוֹתְךָ֖	אָנֹכִ֛י	גַּם־
ken	*al*	*li*	*mejató*	*otja*	*anojí*	*gam*
כן	על	לי	מחטו	אותך	אנכי	גם
𐤊𐤍	𐤏𐤋	𐤋𐤉	𐤌𐤇𐤈𐤅	𐤀𐤅𐤕𐤊	𐤀𐤍𐤊𐤉	𐤂𐤌
eso enderezar; rectamente	por	contra-mí	de-pecar	a-ti [escritura plena]	yo	también

20:7

701	307	481	46	153	880 | 1360	31
איש	שוב	עת	אלה	נגע	נתן	לא
אֵֽשֶׁת־	הָשֵׁ֞ב	וְעַתָּ֗ה	אֵלֶֽיהָ׃	לִנְגֹּ֥עַ	נְתַתִּ֖יךָ	לֹא־
éshet	*hashev*	*Ve'atah*	*. eleyha*	*lingo'a*	*netatija*	*lo*
אשת	השב	ועתה	אליה	לנגע	נתתיך	לא
𐤀𐤔𐤕	𐤄𐤔𐤁	𐤅𐤏𐤕𐤄	𐤀𐤋𐤉𐤄	𐤋𐤍𐤂𐤏	𐤍𐤕𐤕𐤉𐤊	𐤋𐤀
varona-de	haz-volver	Y-ahora en-este-tiempo	. a-ella	para-tocar azotar; llagar	te-di	no

29	96 | 576	556	12	63	30	316
חיה	עד	פלל	הוא	נבא	כי	איש
וֶֽחְיֵ֑ה	בַּֽעַדְךָ֖	וְיִתְפַּלֵּ֥ל	ה֔וּא	נָבִ֣יא	כִּֽי־	הָאִ֙ישׁ֙
vejeyeh	*ba'adja*	*veyitpalel*	*hu*	*naví*	*ki*	*ha'ish*
וחיה	בעדך	ויתפלל	הוא	נביא	כי	האיש
𐤅𐤇𐤉𐤄	𐤁𐤏𐤃𐤊	𐤅𐤉𐤕𐤐𐤋𐤋	𐤄𐤅𐤀	𐤍𐤁𐤉𐤀	𐤊𐤉	𐤄𐤀𐤉𐤔
y-vive	por-ti a-tu-favor	e-intercederá	él	profeta	que porque	el-varón

846	446	30	74	352	81 | 561	47 | 607
מות	מות	כי	ידע	שוב	אין	אם
תָּמוּת	מוֹת	כִּי־	דַּע	מֵשִׁיב	אֵינְךָ	וְאִם־
tamut	*mot*	*ki*	*da*	*meshiv*	*eynja*	*ve'im*
תמות	מות	כי	דע	משיב	אינך	ואם
𐤕𐤌𐤅𐤕	𐤌𐤅𐤕	𐤊𐤉	𐤃𐤏	𐤌𐤔𐤉𐤁	𐤀𐤉𐤍𐤊	𐤅𐤀𐤌
morirás	morir ciertamente	que porque	conoce	haciendo-volver	tú-no	y-si

20:8

304	103 | 583	376 | 936	50 | 530	501	56	406
בקר	אב + מלך	שכם	·	אשר	כלל	את
בַּבֹּקֶר	אֲבִימֶלֶךְ	וַיַּשְׁכֵּם	לָךְ׃	אֲשֶׁר־	וְכָל־	אַתָּה
babóker	*Avimélej*	*Vayashkem*	*. laj*	*asher*	*vejol*	*atah*
בבקר	אבימלך	וישכם	לך	אשר	וכל	אתה
𐤁𐤁𐤒𐤓	𐤀𐤁𐤉𐤌𐤋𐤊	𐤅𐤉𐤔𐤊𐤌	𐤋𐤊	𐤀𐤔𐤓	𐤅𐤊𐤋	𐤀𐤕𐤄
por-la-mañana	Avimélej	Y-madrugó	. para-ti	que	y-todo	tú

261 | 821	50	401	222	92	80	317
דבר	כלל	את	דבר	עבד	כלל	קרא
הַדְּבָרִים	כָּל־	אֶת־	וַיְדַבֵּר	עֲבָדָיו	לְכָל־	וַיִּקְרָא
hadevarim	*kol*	*et*	*vayedaber*	*avadav*	*lejol*	*vayikrá*
הדברים	כל	את	וידבר	עבדיו	לכל	ויקרא
𐤄𐤃𐤁𐤓𐤉𐤌	𐤊𐤋	𐤀𐤕	𐤅𐤉𐤃𐤁𐤓	𐤏𐤁𐤃𐤉𐤅	𐤋𐤊𐤋	𐤅𐤉𐤒𐤓𐤀
las-palabras asunto; cosa	todas	..	y-habló	sus-siervos	a-todos	y-llamó

20:9

103 | 583	317	45	406 | 966	223	115 | 675	41
אב + מלך	קרא	מאד	אנש	ירא	אזן	אלה
אֲבִימֶלֶךְ	וַיִּקְרָא	מְאֹד׃	הָאֲנָשִׁים	וַיִּירְאוּ	בְּאָזְנֵיהֶם	הָאֵלֶּה
Avimélej	*Vayikrá*	*. me'od*	*ha'anashim*	*vayirú*	*be'ozneyhem*	*ha'éleh*
אבימלך	ויקרא	מאד	האנשים	וייראו	באזניהם	האלה
𐤀𐤁𐤉𐤌𐤋𐤊	𐤅𐤉𐤒𐤓𐤀	𐤌𐤀𐤃	𐤄𐤀𐤍𐤔𐤉𐤌	𐤅𐤉𐤉𐤓𐤀𐤅	𐤁𐤀𐤆𐤍𐤉𐤄𐤌	𐤄𐤀𐤋𐤄
Avimélej	Y-llamó	. mucho fuerza; poder; vigor	los-hombres mortal	y-temieron	en-sus-oídos	las-éstas

51	86	780	45	36	257	278 | 838
מה	·	עשה	מה	הוא	אמר	אב + רום + המון
וּמֶה־	לָּנוּ	עָשִׂיתָ	מֶה־	לוֹ	וַיֹּאמֶר	לְאַבְרָהָם
umeh	*lanu*	*asita*	*meh*	*lo*	*vayómer*	*le'Avraham*
ומה	לנו	עשית	מה	לו	ויאמר	לאברהם
𐤅𐤌𐤄	𐤋𐤍𐤅	𐤏𐤔𐤉𐤕	𐤌𐤄	𐤋𐤅	𐤅𐤉𐤀𐤌𐤓	𐤋𐤀𐤁𐤓𐤄𐤌
¿Y-qué	a-nosotros	hiciste	¿Qué	a-él	y-dijo	a-Avraham

540	106	110	408	30	50 ǀ 530	428
מלך	עלה	עלה	בוא	כי	·	חטא
מַמְלַכְתִּ֖י	וְעַל־	עָלַ֥י	הֵבֵ֛אתָ	כִּֽי־	לָ֔ךְ	חָטָ֣אתִי
mamlajtí	*ve'al*	*alay*	*heveta*	*ki*	*laj*	*jatati*
ממלכתי	ועל	עלי	הבאת	כי	לך	חטאתי
𐤌𐤌𐤋𐤊𐤕𐤉	𐤅𐤏𐤋	𐤏𐤋𐤉	𐤄𐤁𐤀𐤕	𐤊𐤉	𐤋𐤊	𐤇𐤈𐤀𐤕𐤉
mi-reino	y-sobre	sobre-mí	trajiste	que porque	para-ti	he-pecado

780	386	31	501	460 ǀ 1020	42	23
עשה	עשה	לא	אשר	עשה	גדל	חטא
עָשִׂ֣יתָ	יֵעָשׂ֔וּ	לֹא־	אֲשֶׁ֣ר	מַעֲשִׂים֙	גְּדֹלָ֑ה	חֲטָאָ֣ה
asita	*ye'asú*	*lo*	*asher*	*ma'asim*	*gedolah*	*jata'ah*
עשית	יעשו	לא	אשר	מעשים	גדלה	חטאה
𐤏𐤔𐤉𐤕	𐤉𐤏𐤔𐤅	𐤋𐤀	𐤀𐤔𐤓	𐤌𐤏𐤔𐤉𐤌	𐤂𐤃𐤋𐤄	𐤇𐤈𐤀𐤄
hiciste	se-hacen	no	que	hechos acción, labor	grande	pecado sacrificio-expiatorio

20:10

611	45	248 ǀ 808	31	103 ǀ 583	257	124
ראה	מה	אב + רום + המון	אלה	אב + מלך	אמר	עמד
רָאִ֔יתָ	מָ֣ה	אַבְרָהָ֑ם	אֶל־	אֲבִימֶ֖לֶךְ	וַיֹּ֥אמֶר	עִמָּדִֽי׃
ra'ita	*mah*	*Avraham*	*el*	*Aviméléj*	*Vayómer*	*. imadí*
ראית	מה	אברהם	אל	אבימלך	ויאמר	עמדי
𐤓𐤀𐤉𐤕	𐤌𐤄	𐤀𐤁𐤓𐤄𐤌	𐤀𐤋	𐤀𐤁𐤉𐤌𐤋𐤊	𐤅𐤉𐤀𐤌𐤓	𐤏𐤌𐤃𐤉
viste	¿Qué	Avraham	a hacia	Aviméléj	Y-dijo	. conmigo a-mi-lado

20:11

248 ǀ 808	257	17	211	401	780	30
אב + רום + המון	אמר	זה	דבר	את	עשה	כי
אַבְרָהָ֗ם	וַיֹּ֙אמֶר֙	הַזֶּֽה׃	הַדָּבָ֥ר	אֶת־	עָשִׂ֖יתָ	כִּ֥י
Avraham	*Vayómer*	*. hazeh*	*hadavar*	*et*	*asita*	*ki*
אברהם	ויאמר	הזה	הדבר	את	עשית	כי
𐤀𐤁𐤓𐤄𐤌	𐤅𐤉𐤀𐤌𐤓	𐤄𐤆𐤄	𐤄𐤃𐤁𐤓	𐤀𐤕	𐤏𐤔𐤉𐤕	𐤊𐤉
Avraham	Y-dijo	. la-ésta	la-palabra asunto; cosa	..	hiciste	que porque

188 ǀ 748	86 ǀ 646	611	61 ǀ 711	300	651	30
קום	אלהה	ירא	אין	רקק	אמר	כי
בַּמָּק֣וֹם	אֱלֹהִ֔ים	יִרְאַ֣ת	אֵין־	רַ֚ק	אָמַ֗רְתִּי	כִּ֣י
bamakom	*Elohim*	*yirat*	*eyn*	*rak*	*amarti*	*ki*
במקום	אלהים	יראת	אין	רק	אמרתי	כי
𐤁𐤌𐤒𐤅𐤌	𐤀𐤋𐤄𐤉𐤌	𐤉𐤓𐤀𐤕	𐤀𐤉𐤍	𐤓𐤒	𐤀𐤌𐤓𐤕𐤉	𐤊𐤉
en-el-lugar	elohim Dios; dioses; magistrados	temor-de	no-hay	sólo	dije	que porque

20:12

96	49 | 609	711	206	100	280	17
אמן	גם	איש	דבר	עלה	הרג	זה
אָמְנָה	וְגַם־	אִשְׁתִּי׃	דְּבַר	עַל־	וַהֲרָגוּנִי	הַזֶּה
omnah	*Vegam*	*. ishtí*	*devar*	*al*	*vaharaguní*	*hazeh*
אמנה	וגם	אשתי	דבר	על	והרגוני	הזה
𐤀𐤌𐤍𐤄	𐤅𐤂𐤌	𐤀𐤔𐤕𐤉	𐤃𐤁𐤓	𐤏𐤋	𐤅𐤄𐤓𐤂𐤅𐤍𐤉	𐤄𐤆𐤄
en-verdad	Y-también	. mi-varona	palabra-de asunto; cosa	por	y-me-matarán	el-éste

402	31	21 | 501	12	13	402	419
בנה	לא	אך	הוא	אב	בנה	אח
בַּת־	לֹא	אַךְ	הִוא	אָבִי	בַּת־	אֲחֹתִי
vat	*lo*	*aj*	*hi*	*aví*	*vat*	*ajotí*
בת	לא	אך	הוא	אבי	בת	אחתי
𐤁𐤕	𐤋𐤀	𐤀𐤊	𐤄𐤅𐤀	𐤀𐤁𐤉	𐤁𐤕	𐤀𐤇𐤕𐤉
hija-de	no	sólo-que	ella	mi-padre	hija-de	mi-hermana

20:13

481	521	31	336	40	421	51
תעה	אשר	היה	איש	·	היה	אמם
הִתְעוּ	כַּאֲשֶׁר	וַיְהִי	לְאִשָּׁה׃	לִי	וַתְּהִי־	אִמִּי
hite'ú	*ka'asher*	*Vayehí*	*. le'ishah*	*li*	*vatehí*	*imí*
התעו	כאשר	ויהי	לאשה	לי	ותהי	אמי
𐤄𐤕𐤏𐤅	𐤊𐤀𐤔𐤓	𐤅𐤉𐤄𐤉	𐤋𐤀𐤔𐤄	𐤋𐤉	𐤅𐤕𐤄𐤉	𐤀𐤌𐤉
hicieron-errar	como según	Y-fue	. para-varona	para-mí	y-fue	mi-madre

12	35	247	13	452	86 | 646	411
זה	הוא	אמר	אב	בנה	אלהה	את
זֶה	לָהּ	וָאֹמַר	אָבִי	מִבֵּית	אֱלֹהִים	אֹתִי
zeh	*lah*	*va'omar*	*aví*	*mibeyt*	*elohim*	*otí*
זה	לה	ואמר	אבי	מבית	אלהים	אתי
𐤆𐤄	𐤋𐤄	𐤅𐤀𐤌𐤓	𐤀𐤁𐤉	𐤌𐤁𐤉𐤕	𐤀𐤋𐤄𐤉𐤌	𐤀𐤕𐤉
ésta	a-ella	y-dije	mi-padre	de-casa-de	elohim Dios; dioses; magistrados	a-mí

191 | 751	50	31	124	780	501	92 | 572
קום	כלל	אלה	עמד	עשה	אשר	חסד
הַמָּקוֹם	כָּל־	אֶל	עִמָּדִי	תַּעֲשִׂי	אֲשֶׁר	חַסְדֵּךְ
hamakom	*kol*	*el*	*imadí*	*ta'así*	*asher*	*jasdej*
המקום	כל	אל	עמדי	תעשי	אשר	חסדך
𐤄𐤌𐤒𐤅𐤌	𐤊𐤋	𐤀𐤋	𐤏𐤌𐤃𐤉	𐤕𐤏𐤔𐤉	𐤀𐤔𐤓	𐤇𐤎𐤃𐤊
el-lugar	todo	a hacia	conmigo a-mi-lado	harás	que	tu-bondad

12	19	40	251	345	59	501
הוא	אח	·	אמר	שם	בוא	אשר
הִֽוא׃	אָחִ֖י	לִ֔י	אִמְרִי־	שָׁ֙מָּה֙	נָב֣וֹא	אֲשֶׁ֣ר
. hu	*ají*	*li*	*imrí*	*shamah*	*navó*	*asher*
הוא	אחי	לי	אמרי	שמה	נבוא	אשר
𐤄𐤅𐤀	𐤀𐤇𐤉	𐤋𐤉	𐤀𐤌𐤓𐤉	𐤔𐤌𐤄	𐤍𐤁𐤅𐤀	𐤀𐤔𐤓
. él	mi-hermano	para-mí	di	allí	vayamos entrar	que

20:14

466 | 1116	794	132 | 692	308	141 | 791	103 | 583	124
נתן	שפח	עבד	בקר	צאן	אב + מלך	לקח
וַיִּתֵּ֖ן	וּשְׁפָחֹ֔ת	וַעֲבָדִים֙	וּבָקָ֗ר	צֹ֣אן	אֲבִימֶ֜לֶךְ	וַיִּקַּ֨ח
vayitén	*ushfajot*	*va'avadim*	*uvakar*	*tson*	*Avimélej*	*Vayikaj*
ויתן	ושפחת	ועבדים	ובקר	צאן	אבימלך	ויקח
𐤅𐤉𐤕𐤍	𐤅𐤔𐤐𐤇𐤕	𐤅𐤏𐤁𐤃𐤉𐤌	𐤅𐤁𐤒𐤓	𐤑𐤀𐤍	𐤀𐤁𐤉𐤌𐤋𐤊	𐤅𐤉𐤒𐤇
y-dio	y-siervas	y-siervos	y-res [ganado mayor]	rebaño [ganado menor]	Avimélej	Y-tomó

20:15

257	707	505	401	36	318	278 | 838
אמר	איש	שרר	את	הוא	שוב	אב + רום + המון
וַיֹּ֣אמֶר	אִשְׁתּֽוֹ׃	שָׂרָ֥ה	אֵ֖ת	ל֔וֹ	וַיָּ֣שֶׁב	לְאַבְרָהָ֑ם
Vayómer	*. ishtó*	*Sarah*	*et*	*lo*	*vayáshev*	*le'Avraham*
ויאמר	אשתו	שרה	את	לו	וישב	לאברהם
𐤅𐤉𐤀𐤌𐤓	𐤀𐤔𐤕𐤅	𐤔𐤓𐤄	𐤀𐤕	𐤋𐤅	𐤅𐤉𐤔𐤁	𐤋𐤀𐤁𐤓𐤄𐤌
Y-dijo	. su-varona	Sarah	..	a-él	e-hizo-volver	a-Avraham

302	162 | 642	19	190 | 670	301	60	103 | 583
ישב	עין	טוב	פנה	ארץ	הן	אב + מלך
שֵֽׁב׃	בְּעֵינֶ֖יךָ	בַּטּ֥וֹב	לְפָנֶ֑יךָ	אַרְצִ֖י	הִנֵּ֥ה	אֲבִימֶ֔לֶךְ
. shev	*be'eyneyja*	*batov*	*lefaneyja*	*artsí*	*hineh*	*Avimélej*
שב	בעיניך	בטוב	לפניך	ארצי	הנה	אבימלך
𐤔𐤁	𐤁𐤏𐤉𐤍𐤉𐤊	𐤁𐤈𐤅𐤁	𐤋𐤐𐤍𐤉𐤊	𐤀𐤓𐤑𐤉	𐤄𐤍𐤄	𐤀𐤁𐤉𐤌𐤋𐤊
. asiéntate	en-tus-ojos	en-la-buena bien; hermoso	ante-ti presencia; superficie	mi-tierra [la seca]	¡Mira! he-aquí	Avimélej

20:16

69 | 549	160 | 880	111 | 831	860	60	241	541
אח	כסף	אלף	נתן	הן	אמר	שרר
לְאָחִ֔יךְ	כֶּ֙סֶף֙	אֶ֤לֶף	נָתַ֜תִּי	הִנֵּ֨ה	אָמַ֗ר	וּלְשָׂרָ֣ה
le'ajij	*késef*	*élef*	*natati*	*hineh*	*amar*	*Ule'Sarah*
לאחיך	כסף	אלף	נתתי	הנה	אמר	ולשרה
𐤋𐤀𐤇𐤉𐤊	𐤊𐤎𐤐	𐤀𐤋𐤐	𐤍𐤕𐤕𐤉	𐤄𐤍𐤄	𐤀𐤌𐤓	𐤅𐤋𐤔𐤓𐤄
a-tu-hermano	plata	mil-de	he-dado	¡Mira! he-aquí	dijo	Y-a-Sarah

501	80	180 | 740	486	50 | 530	12	60
אשר	כלל	עין	כסה	·	הוא	הן
אֲשֶׁר	לְכֹל	עֵינָיִם	כְּסוּת	לָךְ	הוּא־	הִנֵּה
asher	*lejol*	*eynáyim*	*kesut*	*laj*	*hu*	*hineh*
אשר	לכל	עינים	כסות	לך	הוא	הנה
𐤀𐤔𐤓	𐤋𐤊𐤋	𐤏𐤉𐤍𐤉𐤌	𐤊𐤎𐤅𐤕	𐤋𐤊	𐤄𐤅𐤀	𐤄𐤍𐤄
que	a-todos	ojos	velo-de cubierta; venda	para-ti	él	¡Mira! he-aquí

20:17

31	248 | 808	556	484	50	407	421 | 901
אלה	אב + רום + המון	פלל	יכח	כלל	את	את
אֶל־	אַבְרָהָם	וַיִּתְפַּלֵּל	וְנֹכָחַת׃	כֹּל	וְאֵת	אִתָּךְ
el	*Avraham*	*Vayitpalel*	*. venojajat*	*kol*	*ve'et*	*itaj*
אל	אברהם	ויתפלל	ונכחת	כל	ואת	אתך
𐤀𐤋	𐤀𐤁𐤓𐤄𐤌	𐤅𐤉𐤕𐤐𐤋𐤋	𐤅𐤍𐤊𐤇𐤕	𐤊𐤋	𐤅𐤀𐤕	𐤀𐤕𐤊
a hacia	Avraham	E-intercedió	. y-eres-vindicada	todos	y-···	contigo

707	407	103 | 583	401	86 | 646	297	91 | 651
איש	את	אב + מלך	את	אלהה	רפא	אלהה
אִשְׁתּוֹ	וְאֶת־	אֲבִימֶלֶךְ	אֶת־	אֱלֹהִים	וַיִּרְפָּא	הָאֱלֹהִים
ishtó	*ve'et*	*Avimélej*	*et*	*Elohim*	*vayirpá*	*ha'elohim*
אשתו	ואת	אבימלך	את	אלהים	וירפא	האלהים
𐤀𐤔𐤕𐤅	𐤅𐤀𐤕	𐤀𐤁𐤉𐤌𐤋𐤊	𐤀𐤕	𐤀𐤋𐤄𐤉𐤌	𐤅𐤉𐤓𐤐𐤀	𐤄𐤀𐤋𐤄𐤉𐤌
su-varona	y-···	Avimélej	··	*elohim* Dios; dioses; magistrados	y-sanó	*ha'elohim* Dios; dioses; magistrados

20:18

76	26	360	360	30	56	468
עד	היה	עצר	עצר	כי	ילד	אמה
בְּעַד	יְהוָה	עָצַר	עָצֹר	כִּי־	וַיֵּלֵדוּ׃	וְאַמְהֹתָיו
be'ad	*YHVH*	*atsar*	*atsor*	*Ki*	*. vayeledú*	*ve'amhotav*
בעד	יהוה	עצר	עצר	כי	וילדו	ואמהתיו
𐤁𐤏𐤃	𐤉𐤄𐤅𐤄	𐤏𐤑𐤓	𐤏𐤑𐤓	𐤊𐤉	𐤅𐤉𐤋𐤃𐤅	𐤅𐤀𐤌𐤄𐤕𐤉𐤅
sobre	YHVH	cerró impedir	cerrar ciertamente	Que porque	. y-engendraron	y-sus-criadas

505	206	100	103 | 583	442	248 | 808	50
שרר	דבר	עלה	אב + מלך	בנה	רחם	כלל
שָׂרָה	דְּבַר	עַל־	אֲבִימֶלֶךְ	לְבֵית	רֶחֶם	כָּל־
Sarah	*devar*	*al*	*Avimélej*	*leveyt*	*réjem*	*kol*
שרה	דבר	על	אבימלך	לבית	רחם	כל
𐤔𐤓𐤄	𐤃𐤁𐤓	𐤏𐤋	𐤀𐤁𐤉𐤌𐤋𐤊	𐤋𐤁𐤉𐤕	𐤓𐤇𐤌	𐤊𐤋
Sarah	palabra-de asunto; cosa	por	Avimélej	para-casa-de	vientre	todo

248 | 808	701
אב + רום + המון	איש
אַבְרָהָֽם׃	אֵשֶׁת
Avraham	*éshet*
אברהם	אשת
𐤀𐤁𐤓𐤄𐤌	𐤀𐤔𐤕
. Avraham	varona-de

Total de palabras hebreas: 282.
Total de consonantes hebreas: 1041.
Consonantes ausentes: ץ (*Tsadi sofit*).

Made in United States
North Haven, CT
09 October 2023

42560160R00065